Albert Buff

Bauordnung im Wandel

Albert Buff

Bauordnung im Wandel

Historisch-politische, soziologische und technische Aspekte

Verlag Georg D. W. Callwey, München

Meiner Frau

ISBN 3 7667 0208 4

Schutzumschlag und Gestaltung: Baur + Belli Design, München
Gesamtherstellung: Graphische Werkstätten Kösel, Kempten
Printed in Germany

Inhaltsverzeichnis

Vorwort

Die Anregung zu dieser Arbeit verdanke ich Gesprächen mit Architekten aus dem freien Beruf und Bauverwaltungen, sowie Juristen und Politikern. Merkwürdigerweise gibt es weder eine zusammenhängende Geschichte der Bauordnung, noch eine wertende Darstellung oder Infragestellung ihrer existentiellen Notwendigkeit. An den Universitäten, auch an den Technischen Universitäten und den Fachhochschulen wird diese Materie bestenfalls durch gelegentliche Vorträge behandelt, nicht aber systematisch gelehrt. Das erklärt ein oft fehlendes Erkennen der Zusammenhänge. Auch in der periodischen Fachliteratur finden sich nur selten und bruchstückweise Einzelbeiträge, die zudem meist nur Teilbereiche behandeln, ohne die großen, übergeordneten Gesichtspunkte zu berücksichtigen.

Für das besondere Interesse an dieser Veröffentlichung und für ihre Förderung sei dem Bundesministerium für Städtebau und Wohnungswesen in Bonn und der Obersten Baubehörde im Bayerischen Staatsministerium des Inneren in München gedankt. Ferner habe ich zu danken einigen Kollegen, auch aus der DDR, aus Österreich und der Schweiz für ihren Rat und ihre Hilfe, sowie dem Verlag Callwey für die sympathische Betreuung.

München / Wuppertal
im Sommer 1971 A. B.

Einführung

Definition und Bedeutung des Begriffs *Bauordnung*

Keine menschliche Tätigkeit tritt gegenüber der Öffentlichkeit so sichtbar in Erscheinung, unterliegt aber auch so stark der Kritik, wie das Bauen. Stadt und Land wurden und werden für Jahrzehnte, oft für Jahrhunderte, durch Bauten aller Art geprägt. Sie zeigen uns das Gesicht, die Kultur, die Macht oder auch das Geltungsbedürfnis längst vergangener Zeiten.

Von alters her galt in Deutschland der Grundsatz der Baufreiheit. Je dichter jedoch eine Landschaft besiedelt ist, desto notwendiger wurde es, daß sich der gesunde Bauwille des einzelnen in die Gemeinschaft integriert: die Baufreiheit erfährt ihre Begrenzung durch eine sinnvolle Ordnung des Bauens. Das Bedürfnis einer Einwirkung auf die Gestaltung der Bauten, deren Benutzung und Verhältnis zueinander, reicht bis in die Frühzeit menschlicher Kultur zurück. In jeder menschlichen Gemeinschaft, die sich seßhaft macht, ergeben sich Gesichtspunkte, nach denen sich der Einzelne mit seinen Bauwünschen dem Interesse der Allgemeinheit einordnen muß. Es ist daher verständlich, daß jede Art schöpferischen Bauens schon früh in bestimmte Bahnen und Ordnungen gelenkt wurde.

Wer Stadt und Land aufmerksam betrachtet, spürt, wie sich Können und Unfähigkeit, Sinn für Schönheit, Eigenwilligkeit, aber auch Egoismus unterschiedlich auszuwirken vermögen, wenn keine Möglichkeit zum ordnenden Eingreifen besteht. Eine solche Möglichkeit soll die *Bauordnung* geben. *Bauordnung* bedeutet somit die Einschränkung der Baufreiheit zugunsten der Allgemeinheit. Sie fixiert schriftlich Gedanken rechtlicher und technischer Natur im Interesse der Öffentlichkeit, der Sicherheit und Ordnung, der Nachbarn. *Bauordnung* bedeutet auch eine Sammlung von Erfahrungen und Hilfen für Bauherrn und Fachleute. Je komplizierter das Gemeinwesen, je enger der Raum, desto notwendiger sind Regelungen erforderlich, die ordnend eingreifen. Das erscheint dem Beteiligten nicht immer und unbedingt erstrebenswert, ist aber eine kaum verzichtbare Notwendigkeit für ein geregeltes Zusammenleben in einem geordneten Staatsorganismus. Jede Ordnung des Bauens bedeutet also vielseitige und manchmal lebensbedingte Eingriffe in die wirtschaftlichen, hygienischen und sozialen Verhältnisse der Bevölkerung. Sie umfaßt Richtlinien des Staates für eine Ordnung der gesamten Bautätigkeit. Das geschah und geschieht in höchst unterschiedlicher Weise.

Im weitesten Sinne ist unter dem Baurecht die Rechtsmaterie zu verstehen, die auf das Baugeschehen Einfluß nimmt. Das Baurecht entwickelte sich aber im Laufe der Zeit zum speziellen Recht der Planung und zum allgemeinen und weitertragenden Bauordnungsrecht. Beide Materien behandeln die öffentliche Sicherheit und Ordnung bei der Nutzung der Grundstücke bzw. bei der Errichtung und Nutzung von Gebäuden. Im Rahmen dieser Arbeit wird die Problematik der Zusammengehörigkeit und des Auseinanderfallens beider Rechtsgebiete analysiert, der Schwerpunkt aber auf das Bauordnungsrecht gelegt. Erst spät entwickelte sich im Zuge der Spezialisierung ein selbständiges Planungs- bzw. Städtebaurecht, das im Zusammenhang dieser Arbeit nicht behandelt werden kann. Die bedauerliche Tatsache, daß die Bauordnungen infolge ihrer traditionellen Uneinheitlichkeit, Unübersichtlichkeit und partikularen Vielfalt fast zu einer Wissenschaft wurden, die nur von Spezialisten beherrscht wird, führte zu einer verbreiteten und verständlichen Unsicherheit. Dabei handelt es sich um eine Materie, die zwar spröde erscheint, wenn man sie nicht kennt, aber doch ungemein lebensnah ist, weil sie im engen Kontakt zum Bauen steht, also mitten im Leben der Gesellschaft. Die Bauordnungen konnten selten organisch wachsen, sondern mußten sich immer wieder den sich ständig wandelnden Bedürfnissen des Bauens und den gesellschaftlichen Gegebenheiten mit unterschiedlichen Rechtsauffassungen anpassen und fortentwickeln.

Es soll daher versucht werden, die *Bauordnung* in einen größeren Zusammenhang zu stellen und einen Überblick von ihrem Werden und Wachsen durch die Jahrhunderte zu geben.

I. Historische Entwicklungstendenzen und Grundbedingungen

Wer nicht von vielhundert Jahren
Sich weiß Rechenschaft zu geben,
Bleib im Dunkeln unerfahren,
Mag von Tag zu Tage leben. [1]

Ordnungsfaktoren im frühen Mittelalter

Um die Entwicklung des Wesens aller Ordnungen in den richtigen Proportionen zu erkennen und die Wandlungen durch die Jahrhunderte aufzuspüren und einzuordnen, soll zunächst den Grundlagen ihres Werdens und Wachsens in den wechselnden Zeiten nachgegangen werden.

Gewisse Ordnungen für das Bauen in Stadt und Land sind in jedem Gemeinwesen notwendig. Je komplizierter und dichter besiedelt dieses ist, desto intensiver müssen im allgemeinen die gesetzten Ordnungen sein. In Griechenland gab es bereits ante Christum natum Vorschriften über Baufluchten, Standsicherheit von Gebäuden, Trennwände usw. In den Großstädten des Römischen Reiches finden wir Baubeschränkungen in sanitärer und feuerpolizeilicher Hinsicht. Meist wurden solche notwendigen Bestimmungen erst geschaffen, wenn die Wohnungsverhältnisse besonders schlecht geworden waren. Das wiederholte sich immer wieder, zuletzt in der 2. Hälfte des 19. Jahrhunderts. Von dieser Zeit wird noch zu sprechen sein.

In der fränkischen Zeit hat der Staat ausgesprochen öffentlich-rechtlichen Charakter. Er beruht auf dem allgemeinen Untertanenverband. Die Untertanen werden aber nicht aufgefaßt als subditi oder subiecti, sondern als fideles. Das Untertanenverhältnis beruht auf Treue, der König nennt sie fideles nostri. Ein Treueid tritt hinzu, die Untertanen stehen im allgemeinen Königsschutz und -frieden.

Das fränkische Reich, insbesondere die Karolingerzeit, hat bereits einen Beamtenstaat geschaffen [2], der in gewisser Weise schon im altgermanischen Volksstaat mit Ansätzen vorhanden war. Sippenälteste und Volksweise konnte man allerdings nicht Beamte – eher Räte – nennen, denn ihre Zahl war gering, und sie waren nur Vollzieher des Volkswillens. Die neuen staatlichen Beamten aber waren Beauftragte des Königs. In gefährdeten Gebieten – Grenzgebieten und Unruhezentren – sind die Beauftragten Präfekte, Militärgouverneure, die nach Beruhigung der Atmosphäre wieder *Zivilbeauftragte* werden. Die zentrale Position der Präfekten hat sich später im Westen des Reiches durchgesetzt bzw. bis in das 19. Jahrhundert erhalten. Bei der Behandlung der Freiherr von Steinschen Reformen wird das noch erwähnt.

Diese durch die Jahrhunderte bestehende Ordnung wandelt sich im Interregnum vom Beamtenstaat zum Feudalstaat. Das Amt wird zum Lehen und dadurch die Grundlage der Verfassung geändert: der Beamteneid wird zum Lehnseid. Durch das Lehnswesen werden jetzt die öffentlichen Gerichtsbezirke und die in ihnen lebendenden Untertanen dem Reich unmittelbar entzogen. Es vollzieht sich eine Einfluß-Verlagerung vom Kaiser und König zu den Reichsfürsten. Aber nicht nur das Ämterwesen wird feudalisiert, in dem die Ämter zu Lehen gegeben werden, sondern auch die öffentlichen Gewalten und alle hoheitlichen Rechte werden als Lehen behandelt. Das führt nach und nach zur Zersetzung und Minderung der Staatsgewalt. So wandelt sich unter den Regalienrechten – das sind die wirtschaftlich nutzbaren Hoheitsrechte wie Markt-, Boden- oder Bergrecht, später vor allem die Zölle – das Bodenregal in der Weise, daß herrenloses, erobertes oder Rodeland nicht mehr dem König zusteht, sondern in landesherrliche Gewalt übergeht. Das führt zu größerer Nähe zwischen den landesherrlichen Gewalten und den an der Bewirtschaftung bzw. Bebauung des Bodens Beteiligten. Es entwickeln sich im Unterschied zu der aus der antiken Staatsidee stammenden imperialen Befehlsgewalt die allerersten Ansätze zu einer noch sehr beschränkten Art von Selbstverwaltung. So konnte der Lehnsmann das Lehnsgut zwar nicht weiter verleihen oder verkaufen ohne Zustimmung des Herrn, doch durfte dieser auch nicht in die bauliche Nutzung eingreifen oder anderweitig darüber verfügen. Wohl aber konnte er das Lehnsgut in Eigentum umwandeln.

Aus dem Lehnswesen, dem Recht des Bodenregals und aus ersten Ansätzen einer gewissen Selbstverwaltung für den Grund und Boden ergeben sich dann im Rahmen einer nicht bestrittenen Baufreiheit reale Baumöglichkeiten für die Besitzer des Bodens.

Der Sachsenspiegel [3]

Für Jahrhunderte wurde der Sachsenspiegel ein stabilisierender und wegweisender Faktor auch für das Baurecht. Unter den Rechtsbüchern des Mittelalters ist er das älteste und bedeutendste. Bis dahin lebte das Recht fast ausschließlich in mündlicher Überlieferung. Es war Gewohnheitsrecht geworden und verfiel immer mehr der Zersplitterung, weil es nur in kleinen Kreisen gepflegt wurde. Es ist wenig bekannt, daß der Sachsenspiegel, mit dem die Schriftlichkeit des Rechts – auch des Baurechts – hauptsächlich herbeigeführt wurde, eine Fülle von Rechtsgrundsätzen für die Ordnung des Bauens in der Gemeinschaft aufgestellt hat und daß er in dieser Beziehung bisher noch nicht genügend untersucht wurde.

Der Sachsenspiegel war ursprünglich in lateinischer Sprache abgefaßt. Dieser nicht mehr vorhandene Text wurde etwa zwischen 1221 und 1224 durch den ostsächsischen Ritter und Schöffen Eike von Repgow ins Deutsche übertragen.

Es ist ein umfangreiches Werk, das unendlich viel Mühe gekostet hat und offensichtlich auch nicht ohne Widerstände entstanden ist, denn Eike bekennt:

Nun danket allgemein
Dem von Valkenstein,
Der Graf Hoyer ist genannt,
Daß ins Deutsche ist gewandt
Dies Buch auf seinen Rat:
Eike von Repgow es tat.
Hart es ihn ankam;
Als er aber vernahm,
Wie groß danach des Herrn Begehr,
Da wußte er sich keine Wehr;
Zuletzt er doch sich ermannte,
Daß er's ins Deutsche wandte.
(Vers 261–266)

Eike gibt eine Begründung für den Namen seines Werkes und verbindet damit eine Huldigung vor den Frauen:

Spiegel der Sachsen
Sei dies Buch genannt,
Denn Sachsenrecht wird darin erkannt,

Wie in einem Spiegel die Frauen
Ihr Antlitz beschauen.
(Reimvorrede Vers 178–182)

Abb. 1 Das Königsgericht. (Ldr. III, 33 §§ 1,2)

Die Abbildung [4] symbolisiert dieses Geschehen: Der thronende König mit dem Lilienzepter spricht Recht. Neben einer Dame mit Schleier stehen die Vertreter deutscher Stämme. Der Sachse (dem König zunächst) und der Franke (hinter dem Sachsen) weisen mit typischer Handgebärde auf sich selbst, um anzudeuten, daß sie nach ihrem Stammesrecht beurteilt zu werden verlangen. Diese Gebärde hat im Wandel der Zeit ihre Bedeutung bewahrt, denn ein zentrales Recht blieb auf dem Gebiet des in dieser Arbeit in Rede stehenden Baurechts stets umstritten, wie bei der Analyse der Einheits- und der Muster-Bauordnungen in unserem Jahrhundert noch ausführlich untersucht wird.

Aus der Fülle der Baurechts-Grundsätze können hier nur einige charakteristische Gruppen: Boden-, Planungs- und Nachbarrecht, Verkehr und Sicherheit ausgewählt werden.

Für die Bauerlaubnis ist der Richter des Landes zuständig (III, 66 § 2). Es herrscht grundsätzlich Baufreiheit, die im öffentlichen und privaten Interesse beschränkt wird. An diesem Grundsatz hat sich bis heute nichts geändert.

Bodenrecht:

Wofern man aber Grundeigen übergibt oder Grundeigen versetzt ... dessen muß der Richter ... Zeuge sein. (I, 88 § 1)

Ohne des Richters Erlaubnis kann man so tief graben, wie ein Mann mit einem Spaten die Erde aufwerfen kann, so, daß er keine Absätze mache. (III, 66 § 3)

Jede Eigenmächtigkeit bei seiner Rechtsfindung weist Eike vorsorglich zurück und deutet den Ursprung dieses Landrechtes an, das also im Volksbewußtsein schon lange verankert ist:

Dies Recht hab ich nicht selbst erdacht,
Es haben von Alters auf uns gebracht
Unsere guten Vorfahren.
Wenn ich kann, will ich bewahren
Daß mein Schatz unter der Erde
Mit mir nicht vergehen werde.
(Vorrede Vers 151–156)

Und selbstbewußt fährt er fort:

Die gottgegebene Gnade mein
Soll aller Welt Gemeingut sein.
(Vers 157–158)

Tatsächlich setzte sich der Sachsenspiegel (er will ja das Recht wiedergeben [spiegeln] und geht z. T. bis auf Karl den Großen zurück) bald durch, wurde ins Mittel- und Oberdeutsche, ins Niederländische, Polnische und Tschechische übersetzt und viele hundert Male abgeschrieben. Allein 200 z. T. sehr kunstvolle Handschriften sind noch heute vorhanden. Als Rechtsquelle wurde der Sachsenspiegel jahrhundertelang beachtet. Zuletzt wurde er sogar noch zwischen den beiden Weltkriegen angewendet (Reichsgericht Leipzig, Zivilentscheidungen 1927, Bd. 137, S. 343).

Allgemeines Bau- und Nachbarrecht:

Eine Baufreiheit wird proklamiert, die alles übersteigt, was in späteren Jahrhunderten dazu gesagt wird. Sie bleibt keine Theorie, denn:

... man kann auch bauen ohne des Richters Erlaubnis mit Holz oder mit Stein 3 Stockwerke übereinander, eins auf die Erde, die anderen zwei darüber, wofern man die Tür hat im unteren Stockwerk, kniehoch über der Erde. (gemeint ist ein Sockel mit einigen Stufen) (III, 66 § 3)

Abb. 2 Die baulustigen Siedler berufen sich auf ihr Recht.
(Ldr. Buch III, Art 79 § 2)

Aber! Nun folgen die Einschränkungen zum Wohle der Allgemeinheit:
Man kann auch einen Hof befestigen mit Zäunen oder mit Stangen oder Mauer so hoch, wie ein Mann auf einem Roß sitzend reichen kann; Zinnen und Brustwehr sollen nicht daran sein. (III, 66 § 3)

Man darf keine Burg, die wegen Verbrechens mit Urteilen gebrochen wird, wieder aufbauen ohne des Richters Erlaubnis. Bricht man aber eine Veste gewaltsam oder läßt sie der Herr zerfallen aus Mutwillen oder wegen Armut, die kann man wieder bauen ohne Erlaubnis. (III, 66 § 4)

Abb. 3 Die Siedler des Dorfes beim Erdaushub und bei Zimmerarbeiten. Übergabe des Leihebriefes, mit dem auch die Baugenehmigung verbunden ist.
(Ldr. Buch III, Art 79 § 1)

Für Nachbarrecht, Traufordnung, Bauwich, Einfriedigungen, Brandschutz, Grenzabstände und Fensterrecht erfolgen Festlegungen:

Es darf niemand seine Traufe in eines anderen Mannes Hof hängen, noch soll man ein Fenster nach eines anderen Mannes Hof haben. (II, 49 § 1)

Jeder soll auch seinen Teil des Hofes einfriedigen; wer das nicht tut, geschieht Schaden davon, er soll ihn büßen; geschieht ihm selbst Schaden, er bleibt dessen ohne Buße. Backofen und Abtritt und Schweinekoben sollen 3 Fuß von dem Zaune stehen. (51 § 1)

Jeder soll auch abdecken seinen Backofen und seine Mauer, daß die Funken nicht in eines anderen Mannes Hof fliegen, jenem zu Schaden. (§ 2)

Abtritte, die nach eines anderen Mannes Hof hin stehen, soll man auch einfriedigen bis an die Erde. (§ 3)

Auch über Landesplanung und Verkehrsregelung macht der Sachsenspiegel Aussagen:

Man darf keinen Markt dem anderen auf eine Meile nahe bauen. (III, 66 § 1)

Man darf auch keine Burg bauen noch Stadt befestigen mit Planken oder mit Mauern, noch Wall oder Insel bauen, noch Türme innerhalb eines Dorfes ohne Erlaubnis des Richters des Landes. (§ 2)

Des Königs Straße soll so breit sein, daß ein Wagen dem anderen ausweichen kann. Der leere Wagen soll ausweichen dem beladenen und wieder beladene dem schwereren. Der Berittene weiche dem Wagen aus und der Gehende dem Berittenen; sind sie aber in einem engen Wege oder auf einer Brücke, oder jagt man einen Berittenen oder einen zu Fuß, so soll der Wagen still stehen, bis daß sie vorbei kommen können. Welcher Wagen zu allererst auf die Brücke kommt, der soll zu allererst hinübergehen, er sei leer oder beladen. (II, 59 § 3)

Wer zuerst zu der Mühle kommt, der soll zuerst mahlen (§ 4) (Noch heute als Sprichwort geläufig)

Weiter wird geregelt, daß Brückenzoll entrichtet wird, wobei interessant ist, daß die Privilegierten (Pfaffen, Ritter und deren Gesinde) zollfrei sein sollen. Flurschaden steht ausdrücklich unter Strafe; wer ihn verursacht, kann gepfändet werden.

Auch um die Sicherheit ist der Sachsenspiegel besorgt:

Der Mann soll den Schaden bezahlen, der anderen Leuten infolge seiner Unachtsamkeit geschieht, sei es durch Brand oder durch einen Brunnen, den er nicht einfriedigt kniehoch über der Erde. (II, 38)

Eike von Repgow war Schöffe, also Praktiker des Rechts. Darum gibt er den Benutzern des Sachsenspiegels in dichterischer Form den guten Rat:

Wer an diesem Buche
Erfragte Antwort suche,
Falls ihm daran was nicht behage,
Führe er nicht gleich darüber Klage.
Sondern wäge die Sache in seinem Sinne
Nach dem Ausgang und nach dem Beginne
Und bespreche sich mit weisen Leuten,
Die die Wahrheit können deuten.
(Vorrede Vers 195–202)

Ein derartiger Anruf an die Selbständigkeit des Denkens setzt bei den Angesprochenen bemerkenswerte geistige Mündigkeit und selbstverständliche Bereitschaft zu öffentlicher Mitverantwortung voraus, wie wir sie uns auch für die Gegenwart wünschen möchten.

Ordnungen des Mittelalters

Im frühen Mittelalter waren – wie wir gesehen haben – die Ansätze für ein öffentliches Recht noch sehr selten. Die Verfassungen bzw. verfassungsähnlichen Urkunden und Gemeinschaftsbeziehungen haben mehr privatrechtlichen Charakter. [5]

Der frühe mittelalterliche Staat war ein Patrimonialstaat; in ihm herrschte statt öffentlich-rechtlicher Gebundenheit privatrechtliches Belieben. Der König oder Fürst betrachtete sein Reich wie ein großes Landgut. Im Volksmund spricht man noch heute vom *Vater Staat.* Er konnte dort bauen und bauen lassen, war selbst oder durch Beauftragte Bauherr und Baumeister in einer Person.

Als Besitzer des Grund und Bodens brauchte er niemand nach dem *Wie* oder gar nach dem *Ob* zu fragen. Dem mittelalterlichen Menschen fehlte die Vorstellung und das Unterscheidungsvermögen zwischen öffentlichen und privaten Berechtigungen, dennoch haben im Mittelalter auch öffentliche Rechte eine Sonderexistenz gehabt. Der moderne Staat hält seine Hoheitsrechte eifersüchtig fest, im Mittelalter aber wurden Hoheitsrechte – z. B. der Gerichtsbezirk oder das Recht auf Militärhilfe – verpfändet. Die Deutschen hatten unter den fränkischen, sächsischen und staufischen Kaisern viele Jahrhunderte einen einheitlichen Staat, der aber allmählich durch das Aufkommen neuer selbständiger Gewalten, Territorien und freier Städte, aufgelockert wurde. Damit setzte zu Lasten der Einheitlichkeit eine politische Zersplitterung ein, die aber gleichzeitig auch zu einer Übertragung von Verantwortung nach unten führte, weil der überschaubare kleinere Bereich das Engagement des Einzelnen förderte.

Mit der wachsenden Bedeutung des Geldes trat seit dem 13. Jahrhundert an die Stelle der Belehnung mit Reichsgut und Reichsrechten die Verpfändung. Das bedeutete eine weitere Minderung des Reichseinflusses an Macht, zumal die Verpfändungen oft nicht eingelöst wurden, wenn die Inhaber des Pfandgutes zu mächtig wurden. Größere Verpfändungen von Reichsgut konnten nur durch Kollektivkonsens der Kurfürsten erfolgen, sie ließen also ein gewisses Majoritätsprinzip [6] zur Geltung kommen.

Das bedeutete eine Stärkung der Stellung der Kurfürsten gegenüber der Zentralgewalt. Die Kurfürsten stellten eigene Konsensurkunden – Willebriefe – aus. In dieser Zeit hatte sich – wie bei der Analyse des Sachsenspiegels dargelegt – die Schriftlichkeit des Rechtes und des Geschäftsverkehrs nach und nach eingebürgert.

Die Militärhoheit bleibt noch beim König, soweit es das Aufgebot für einen Reichskrieg betrifft. Sie schwindet jedoch mit zunehmender Schwäche des Königtums, bedingt durch den Wechsel der Dynastien – der Könige aus verschiedenen Häusern – vor allem im 13. Jahrhundert, langsam dahin, und zwischen König und Krieger schiebt sich der Landesherr. Mit steigendem militärischen Ansehen nimmt er auch die Baurechte für sich in Anspruch, so vor allem den Bau von Befestigungen und Burgen. Aber selbst wenn die Baufreiheit weitgehend von den Landesherren und Grafen praktiziert wurde, so bedurften sie doch bei Befestigungsarbeiten der königlichen Erlaubnis. Die Grafen übten im Namen des Königs, der schon infolge der Ausdehnung des Reiches und der mit wachsender Unsicherheit vermehrten Notwendigkeit eines Befestigungsschutzes nicht mehr alles übersehen konnte, die Funktion einer Art Befestigungsbaupolizei aus. Sie gaben im Namen des Königs die Bauerlaubnis. Dieser Begriff taucht erstmalig in dieser Zeit des 14. Jahrhunderts auf.

Die Gemeinden, die seit dem 12. Jahrhundert als Städte gelten, zeichnen sich durch besondere Rechte aus. Unfreie und Hörige streifen in der Stadt die Merkmale ihrer Gebundenheit ab und erhalten – etwa im 12. Jahrhundert – sogar das Privilegium als Freie, wenn sie eine gewisse Zeit unbeanstandet in der Stadt gewohnt haben. Das Ergebnis ist zuletzt eine freie, verantwortungsbewußte Bürgerschaft, die ihre Angelegenheiten selbst regelt.

Die Städte haben u. a. einen eigenen Markt – Marktrecht häufig = Stadtrecht –, sind befestigt mit Burg und Mauer, bieten also auch Schutz für die Landbevölkerung. Die Städte erhielten oder erkämpften sich dank ihres Gründungsrechts manche Privilegien, die eifrig gehütet wurden. Marktplatz und Straßen wurden in eigener Bauhoheit nach einem bestimmten Plan abgesteckt, und für Ansiedler, die man heranzog oder erwartete, wurden Grundstücke für ihre Häuser in bestimmter und in die Verhältnisse der Stadt passender Größe ausgewiesen.

Interessant ist, daß die Eigentümer Grundstücke zur Bebauung verliehen gegen festen jährlichen unablösbaren Zins. Der Beliehene erwarb dafür ein vererbliches, zeitlich meist unbegrenztes Recht auf Nutzung des Bodens und an Bauwerken. Das heutige Erbbaurecht – geregelt durch die §§ 1012–1017 BGB und durch die Verordnung vom 15. 1. 1919 – hat hier seinen Ursprung.

Der mittelalterliche Städtebau zog, übrigens entgegen der landläufigen Ansicht, verhältnismäßig weite Flächen in seinen Bereich ein. Der so geschaffene, für lange

Zeit ausreichende Bodenvorrat machte einen Rückgriff und eine Neugestaltung des vorhandenen Baulandes überflüssig. Durch das Institut der Bodenleihe wurde das erforderliche Land unmittelbar und in sozialer Weise – Trennung des Eigentums am Boden vom Eigentum am Bauwerk – der Bebauung zugeführt. [7]

Im Laufe der Zeit gab es bereits Planungen, die eine Stadtentwicklung andeuteten. Landschaftlich waren diese durchaus differenziert. Relativ eng und verwinkelt im Westen, weiträumig, entsprechend den ebenen Flächen, mit großem Markt im Norden und Osten.

Ihre historische Stellung mußten die Städter in harten Auseinandersetzungen mit den weltlichen und geistlichen Herren erkämpfen, oft war sie Gegenleistung für geleistete Dienste. Die mühsam und oft mit großen Opfern erreichten Rechte wurden naturgemäß zäh bewahrt, verteidigt und durch den Ausbau von Verfassungen gefestigt. Das führte zu Einrichtungen von eigenen Verwaltungen (Rat, Bürgermeister und in gewisser Weise auch Berufsbeamte, z. B. Stadtschreiber). Der moderne Staat hat in Deutschland in der mittelalterlichen Stadt sein erstes Vorbild. Zu den vielseitigen Zuständigkeiten des Rates, die sich direkt auf den Bürger auswirkten, gehörten neben der Rechtsprechung, dem Finanz- und Steuerwesen, auch die Bildung einer eigenen Straßen-, Bau- und Feuerpolizei, für deren Tätigkeit örtlich oft Satzungen (Bauordnungen) ausgearbeitet wurden.

Für die Zeit nach dem Interregnum gilt, was in den späteren Jahren noch deutlicher wurde: daß der deutsche Kaiser *keines Schuhes breit Land und Leute hat, noch ein Land in seinem Namen regiert wird, noch er die Einkünfte daraus ziehet.* [8]

Die Einführung von Reichssteuern in Gestalt des *gemeinen Pfennigs* führte zu keinem Erfolg. Es fehlte die Möglichkeit, ihn einzuziehen, da die Masse der Einwohner mittelbare Untertanen geworden waren und die Territorialherren das Hausinteresse dem Reichsgedanken verhängnisvoll voranstellten. Reformvorschläge: Ständiges Gericht mit festem Sitz und Vollstreckungsmöglichkeit für Urteile, drangen nicht durch. Keineswegs nur kriegerische sondern auch die religiösen Auseinandersetzungen in der vorreformatorischen Zeit absorbierten wesentliche Kräfte des Geistes. Die politische Entwicklung wirkte sich so aus, daß das Reich bei den Beratungen, die zum Westfälischen Frieden in Münster und Osnabrück führten, überhaupt nicht beteiligt wurde und am Friedensschluß nicht teilnahm.

Im Zuge der Entwicklung zur Dezentralisation bildeten sich bei den Fürsten neben der Hofverwaltung im 13. und 14. Jahrhundert Ansätze von Behörden für die Landesverwaltung. Die älteste Behörde ist überall die Kanzlei, die Stellen des *scriptor* oder *notarius* waren zuerst mit Geistlichen besetzt, da diese des Lesens und Schreibens kundig waren. Für die Geldverwaltung war die Rentei zuständig. Einzelne Personen wurden zu Räten ernannt, die einen Diensteid zu leisten hatten und ein Entgelt erhielten. Ihre Bedeutung war noch gering, sie hatten auch noch keinen festen Wirkungskreis, sondern führten jeweils bestimmte Aufträge des Landesherrn aus. So war etwa der Burg- oder Schloßvogt nicht lediglich Befehlshaber, sondern übte auch Polizeigewalt aus und beaufsichtigte die seinem Schutz anvertrauten Bauten. Wir können ihn so etwa als den Vorläufer des ersten Baupolizisten betrachten. Die Bezeichnungen für ihn wechseln je nach Landesbrauch, oft heißt er Amtmann, und unter ihm steht ein Richter. Der Fortschritt gegenüber dem Lehnswesen ist die öffentlich-rechtliche Funktion im Auftrage des Landesherrn.

Der Unabhängigkeitsdrang gegenüber der landesherrlichen Gewalt führte bald zur Entstehung der Landstände. Es bildete sich der ritterliche Adel, der starken Einfluß auf die Gerichtsbarkeit nahm und von kriegerischen Notlagen profitierte (Raubrittertum im 14. Jahrhundert). Nach und nach entwickelte sich eine Autonomie der Städte, die sich vor allem auf wirtschaftlichem Gebiet festigte.

Das Charakteristikum dieser Zeit ist ein ständiger Wandel und das Suchen nach festen Ordnungen.

Der Einfluß von Fachbünden auf die Entwicklung der Bauordnungen

Das Zunftwesen

Große Bedeutung erlangen im 14. und 15. Jahrhundert die Zünfte (mittelhochdeutsch: Was sich *ziehmt*) mit festgefügten Ordnungen, die u. a. auch das Bauen vor nicht fachkundigen Einwirkungen schützten. Als Organisationsform aller selbständigen Handwerker haben sie in ganz Europa bestimmenden Einfluß gehabt. Sie entstanden in Deutschland bereits im 11. und 12. Jahrhundert. Im Einvernehmen mit dem Stadtrat sorgten sie für angemessene Preise gegenüber den Verbrauchern und Bauherren, für standesgemäßes Einkommen der Meister und verhinderten durch produktionsregelnde Vorschriften wirtschaftliche Ungleichheit unter den Zunftgenossen. Es bestand Zunftzwang. Die Notwendigkeit von örtlichen oder regionalen Bauordnungen schien kaum dringlich zu sein, weil mindestens die Sicherheit durch Qualitätsarbeit garantiert war. Trotz mancher Ordnungen, die vor allem durch den Sachsenspiegel gesetzt worden waren, unterblieb so eine weitere Entwicklung der BO in der Zeit der Zünfte. Ihr Wirken berücksichtigte allerdings das öffentliche Wohl nur wenig. Zwar wurde handwerklich einwandfrei gebaut, doch zeigen die gewiß recht romantischen, aber winkeligen, engen Gassen und die Häuser ohne Licht und Sonneneinfall, noch heute den Mangel an städtebaulichen Konzeptionen und das Fehlen bestimmter Grundsätze, wie sie im Sachsenspiegel vorgezeichnet waren. Die enge Zusammenballung innerhalb der mittelalterlichen Städte aus Gründen der Verteidigung konnte nur eine teilweise und keineswegs befriedigende Erklärung sein. Für lange Zeit bedeutete diese Entwicklung einen Rückschlag.

Die Rechte und Pflichten der Zunftangehörigen waren in Zunftordnungen niedergelegt und wurden – oft nach harten inneren Auseinandersetzungen – durch Stadtrat, Landesherrn oder Kaiser bei Bedarf erneuert oder bestätigt.

Die Bauhütten

Kein Handwerkszweig brachte es im Mittelalter zu einer so festen Verbindung wie die Steinmetze und Maurer. Die großen Kirchen und Dome wären ohne die Bauhütten undenkbar. Diese sind aus dem klösterlichen Bauwesen der romanischen Zeit hervorgegangen und haben ihre Vorläufer in Bruderschaften, die ohne festen Wohnsitz von Bau zu Bau zogen. Ein fester Bund umfaßte die Steinmetze der Großbauten; ihm waren Bauhütten für kleinere lokale Bauten zugeordnet. Führende Hütte war die Straßburger Bauhütte. Weitere Hauptbauhütten gab es in Köln, Wien und Bern. Das Straßburger Übergewicht war eng verbunden mit dem Fortschreiten des Münsterturmes, der 1452 vollendet wurde. Noch heute sind im südlich des Münsters gelegenen maison de notre dame die maßstabgetreuen Konstruktionszeichnungen zu sehen, die unter Leitung Meister Erwins von Steinbach entwickelt worden waren.

Wo immer der Gedanke zum Bau einer großen Kirche auftauchte, war die Frage nach dem Baumeister entscheidend. Es war naheliegend, sich dorthin zu wenden, wo man ihn vermuten konnte. Das waren die Bauhütten von Kirchenbauten, an denen ein Meister seine künstlerische Phantasie und seine technische Geschicklichkeit hatte erwerben, erproben und ausüben können. Viele Meister zogen von Ort zu Ort, andere blieben Jahrzehnte an der gleichen Bauhütte und bildeten Mitarbeiter heran. So entwickelten sich überall Bauhütten und mit ihnen ein Gemeinschaftsgeist und ein Gefühl der Zusammengehörigkeit nicht nur mit den Mitarbeitern der lokalen Hütte, sondern auch mit den Berufsgenossen der anderen Hütten, zu denen vielfach persönliche Beziehungen durch jahrelange gemeinsame Arbeit bestanden.

Nach der Überlieferung begann jeder Tag mit der Messe, alle Mahlzeiten wurden gemeinsam eingenommen.

Der aus einer Bauhütte hervorgegangene Meister hat sich zweifellos in schwierigen Fällen an seinen früheren Meister gewandt und ihn um Rat gebeten. Das führte zu einer gewissen Einheitlichkeit der Grundsätze und der *anerkannten Regeln der Baukunst,* der statischen Erfahrungen, der Materialgerechtigkeit und der allgemeinen Sicherheit. Es sind zwar keine Steinmetz-Ordnungen überliefert, doch deutet vieles darauf hin, daß sie bestanden haben.

Straßburg blieb bis ins 18. Jahrhundert die anerkannte Hauptbauhütte. Die Bauhüttenordnung wurde durch Eidesleistung für alle Hüttenangehörigen bindend. Örtliche Änderungen wurden zugelassen, wenn sie auf Grund ordnungsgemäßer Beschlüsse erfolgten.

Der Meister trug dem Bauherrn gegenüber die alleinige, volle Verantwortung. Er allein hatte anzuordnen, was geschehen sollte.

Eine solche Verantwortung am Bau hat es dann jahrhundertelang nicht gegeben, bis sie durch die Muster-BO 1958 – variiert durch die Landes-BOen – in unserer Zeit in sehr behutsamer Weise andeutend wieder eingeführt wurde.

Im Verhältnis zu den Gesellen war der Meister im Rahmen einer Arbeits- und Lebensgemeinschaft nur primus inter pares. Sein Vertreter war der Parlier – der Polier hat sich auf der Baustelle bis heute erhalten –, der besonders auf die Ordnungen der Hütte vereidigt wurde. Die technischen Ordnungen blieben aber in mündlicher Überlieferung geheim, sind daher auch nicht auf uns gekommen. Es durfte nichts aufgeschrieben werden. So tappen wir über die Entstehung vieler Kirchen und Dome im Dunkeln, wissen selten etwas über die Meister und können bei Gründungs- oder Konstruktionsschäden nur beschränkt auf Unterlagen der Bauzeit zurückgreifen. Die Leistungen der Bauhütten wie der Zünfte sind zwar hoch einzuschätzen, haben aber durch ihre Exklusivität die Entwicklung der Bauordnungen auf lange Sicht gehemmt.

Die neben den eigentlichen Bauhütten bestehenden Steinmetz-Zünfte arbeiteten im Unterschied zu den Hüttensteinmetzen meist bei den großen weltlichen Bauten in den Städten. Die Zünfte waren ja rein handwerkliche Organisationen. Ihre Angehörigen konnten sich mit dem *Meisterstück* das Recht und den Titel eines Meisters erwerben. In den Bauhütten konnte aber jeder Geselle Meister werden, der die Fähigkeit und Kraft zu künstlerischer Planung und technischer Leitung eines Bauwerkes in sich fühlte.

Die Ordnungen des Bauens in den Städten

Das Recht zum Bauen in der Stadt hatte nur der Bürger. Das Bürgerrecht war mit Grundstücksbesitz verbunden. Noch um 1300 war Grundbesitz Bedingung für die Erlangung des Bürgerrechts, d. h. der Rat wollte nur den bauen lassen, der ständig in der Stadt wohnte und zu den Lasten des Gemeinwesens herangezogen werden konnte. Die örtliche Hoheit über das Bauen gehörte also schon damals zum Grundrecht des Rates. Infolgedessen waren viele Einwohner vom Recht zum Bauen ausgeschlossen, vor allem das Gesinde, die Mieter und die Pfahlbürger (Landbewohner), die nur zeitweise in der Stadt wohnten und draußen ihren Grundbesitz hatten. Die bereits besprochene *Bodenleihe* war ja immer abhängig vom guten Willen des Eigentümers.

Flächenmäßig waren die mittelalterlichen Städte nicht so eingeengt, wie es den Anschein hatte. Ein Studium der Stadtgrundrisse u. a. von Frankfurt/M., Köln und Magdeburg, die ihren Umfang vom 12. bis zum 19. Jahrhundert kaum veränderten, zeigt, daß durchaus freier Raum vorhanden war, wenn man von den typischen Burgstädten des 10. und 11. Jahrhunderts absieht. Bei Belagerungen war dieser freie Raum notwendig, um der Aushungerung vorzubeugen.

In Frankfurt am Main konnte schon im 14. Jahrhundert das Bürgerrecht, mit dem das Baurecht verbunden war, gekauft werden. Das Bürgergeld wurde von der Gemeinde je nach Zweckmäßigkeit hoch oder niedrig festgesetzt, und die Praxis war in den verschiedenen Zeiten und in den einzelnen Kommunen höchst unterschiedlich, je nachdem, ob nach Kriegs- oder Seuchenzeiten eine Zunahme der Bür-

Abb. 4 Frankfurt/Main als Beispiel eines spätmittelalterlichen Stadtbildes.

ger erwünscht war. Indirekt war damit auch eine gewisse Regulierung der Bautätigkeit verbunden.

Die Blütezeit des deutschen Städtewesens mit unabhängiger Verwaltung reicht bis weit ins 16. Jahrhundert hinein. Ihre Macht und Stärke – vor allem auch der Hanse – war begründet durch die politische Schwäche der nordischen Reiche. Es kann hier nicht untersucht werden, wie weit ein starkes deutsches Staatswesen ihnen eine Stütze gewesen wäre. Aber nicht nur die Unruhe der Kriege (spanisch-niederländische Kämpfe) verursachten die Stagnation und den Verfall der wirtschaftlichen Macht der Städte, sondern auch Mißstände in der eigenen Verwaltung. Oft verwandte der Rat, der sich aus den eigenen Familien ergänzte, das städtische Vermögen nicht zum Nutzen der Allgemeinheit, sondern für sich selbst. Endlose Zunftstreitigkeiten traten hinzu und lähmten die freie Entfaltung junger Kräfte.

So war es ganz natürlich, daß die Landesherrschaft den Städten gegenüber vordrang. Ein erster bedeutungsvoller Schritt auf diesem Wege, der dann beispielge-

Abb. 5 Die Bauordnung von Leonhart Frönsperger 1564 ▷

Bauw Ordnung.

Von Burger vnd Nachbarlichen Gebeuwen/ in Stetten/ Mercktẽn/ Flecken/ Dörffern / vnd auff dem Land/

sampt derselbigen anhangenden Handwercker kosten/ gebrauch vnd gerechtigkeit/ in drey Theil verfast vnd zusammen gezogen/ welches Innhalt nach der Vorred weiter auff das aller kürtzest zuvernemmen ist. Allen Oberkeiten vnd Vnderthanen nütz vnd dienstlich zu gebrauchen / Vormals in Druck nie außgangen / ꝛc.

Durch

Leonhart Frönsperger.

Mit Röm. Key. Mayt. Freyheit/ in zehen jaren nicht nach zutrucken.

M. D. LXIIII.

bend wurde, war die Unterwerfung von Berlin 1442 durch Kurfürst Friedrich II. von Hohenzollern.

Die Verwaltung der Landesherren hatte inzwischen von den Städten gelernt und solche Fortschritte gemacht, daß sie der städtischen Verwaltung ebenbürtig war, ja diese übertraf, indem der Rahmen weitergespannt wurde. Die Landesherren beseitigten zunächst die politische Unabhängigkeit der Städte und verstaatlichten dann die innere Verwaltung mehr oder weniger. Mißbräuche und Eifersüchteleien im Zunftwesen wurden gemildert. Das alles war zwar eine geschichtlich zwangsläufige Entwicklung, doch wurde dadurch auch eine wertvolle demokratische Eigeninitiative und Verantwortung zurückgestoßen. Erst eine spätere Zeit sollte die Gewichte neu verteilen und zur Geltung bringen. Darüber wird bei den Steinschen Reformen noch zu reden sein.

Innhalt dises Buchs.

DAs erst Theil ist vnnd belanget Bürger vnd nachbarliche gebeuw/in Stetten/Merckten/Flecken/Dörffern/vnd auff dem land/so einer gegen einem andern vorhabens ist oder were/an alten oder neuwen gebeuwen/der Behausungen an stedel oder scheuren/vñ dergleichen/mit abbrechen oder auffrichten/es sey hoch oder nidrig/ober vnnd vnder der Erden/gemein/eigen/noch vertheilt/vmb helle/lufft/liecht/auß vnnd einsehens halben/an winckel vnd träffrechten/feuwrstetten/hauß/grund vnd hof plätzen/sampt aller derselbigen vnnd anderen anhangenden nottürfftigen gebreuchen vnd gerechtigkeiten/ꝛc.

Das ander Theil von erkanntnuß natur vnnd eigenschafft Bauwholtz zů erwehlen vnd fellen / auch an kalck / sand / Zigel / rauch vnd gebacken stein / wie viel solches oder dergleichen auff ein Bauw an Werckschuwhen / klaffter vnd ruten / vberschlagen vnnd gerechnet / zů vermauwren werden / sampt allen andern notwendigen kosten vnd Exempel der gebeuw / mit belohnung nach gebür / im taglohn oder verdingwerck / zů Sommer vnd Winters zeiten / ꝛc.

Das dritt Theil / von den angehörigen Meistern vnd Gesellen / Jungen vnd dergleichen Handwercker gebrauch vnnd gerechtigkeit / als der Steinmetzen / Mauwrer / Zimmerleut / Schreiner / Kupffer / Klein / Golt / vnnd ander Schmid / Schlosser / Glaser / Häfner / Decker / Besetzer / Pflesterer / Düncher / Gipser oder Kleiber vñ dergleichen / darauß alle andere Handwercks notturfft zů vernemmen ist / ꝛc.

Innhalt

Abb. 6 Inhaltsverzeichnis der Bauordnung von 1564

Bauordnung zwischen Stadthoheit und Fürstenmacht

Einer der frühesten Versuche, die Bautätigkeit landschaftlich zu ordnen, war die *Bauw Ordnung von Burger und Nachbarlichen Gebeuwen in Stetten / Merckten / Flecken / Dörffern / und auff dem Land.* [9]

Diese wahrscheinlich erste deutsche Bauordnung wurde von Kaiser Ferdinand I. 1564 durch einen gewissen Leonhard Frönsperger für die schwäbischen Lande erarbeitet und eingeführt. Es ist ein umfangreiches Werk, das aus 3 Büchern mit 224

Seiten und einer Vorrede besteht. Teil I behandelt das eigentliche Baurecht, Teil II die Kosten und rechte Verwendung des Baumaterials und Teil III befaßt sich mit den Bauhandwerkern.

Ob und wie weit sich diese Bauordnung durchsetzen konnte, ist unbekannt.

In keinem Land ist die Grenze zwischen dem Mittelalter und der neuen Zeit so deutlich geworden wie in der Mark Brandenburg, wo die Hohenzollern auf den Trümmern der mittelalterlichen Verfassungen einen neuen Staat aufbauten. Die Zeit der Sonderrechte des Mittelalters ging mit dem Zurückdrängen der Landesherrschaft und der vielfältigen Autonomien zu Ende und wandelte sich in Auseinandersetzungen mit den Ritterschaften und Städten zu neuen Rechtsordnungen.

Das Neue, das im 15. Jahrhundert aufzukommen beginnt, ist der Staatsgedanke, der dem Wesen des alten fürstlichen Regimentes einen anderen Sinn gibt. Die Fürsten spüren, daß sie ihren Untertanen gegenüber Verpflichtungen haben und nicht nur Rechte, die sie außerdem noch oft zu steigern suchten. Durch die Reformation hat der Gedanke einer besonderen Verantwortung für das fürstliche Amt eine Verinnerlichung und Vertiefung erfahren. Das gilt nicht nur für die protestantischen, sondern sehr bald auch für die katholischen Fürsten. Das Bewußtsein der Pflichterfüllung durch ein von Gott übertragenes Amt tritt stärker in Erscheinung als das Ziel, das Prestige der Dynastie zu fördern.

Das Geltungsbedürfnis und die Prunkliebe der Fürsten – nicht soziale oder hygienische Gründe – führten zu einem Wandel in der Anlage der Städte. In der Renaissance- und Barockzeit entstanden weiträumige Plätze und Straßen nach einheitlichen Ideen. An die Stelle der oft verkümmerten Bauordnungen der Städte traten landesfürstliche Weisungen an die Architekten.

Der neue Staatsgedanke mit seinem doppelten Inhalt – Steigerung der fürstlichen Pflichten und Rechte – wirkte sich auf die Gesetze und Verordnungen in einem freiheitlichen Sinne aus. Das *gemeine Recht* beginnt sich gegenüber den mittelalterlichen Privilegien durchzusetzen. Es wird allgemein bekannt gemacht, z. T. durch Vorlesen und Ausrufen, um auch des Lesens Unkundige zu erreichen. Vieles wird – offenbar einer deutschen Charaktereigenschaft entsprechend – gut gemeint, aber kleinlich reglementiert. Das gilt auch für die Handwerker, die scharfer staatlicher Aufsicht unterstellt werden.

Die Zünfte werden z. T. aufgelöst. Die engen Zunftsitten hatten sich im ausgehenden Mittelalter schon gelockert. Innere Auseinandersetzungen, Streitigkeiten mit den Städte-Regierungen und den Landesherren beschleunigten den Verfall. Es gab *Reichsabschiede* gegen Mißstände im Zunftwesen. Mit dem Reichsbeschluß von 1731 ging später die Zunftgesetzgebung im alten Deutschen Reich zu Ende.

Die Bauhandwerker erhalten ihre Aufträge weniger von privaten Bauherren, sondern steigend von Landesherren. Die Ausdehnung der Staatstätigkeit hatte naturgemäß eine Vergrößerung der Verwaltungsorganisation zur Folge mit juristisch bzw. technisch geschulten Beamten, die aber meist heimatlos waren, ohne Grundbesitz und daher oft ihre Dienste wechselten und dorthin gingen, wo ihnen mehr geboten wurde. Es gab übrigens oft kein schriftliches Recht, vielfach wurde von Fall zu Fall und nach Befragen der Stände entschieden. Nahezu unbegrenzt aber war das Recht der Beschwerde, ein deutliches Zeichen dafür, wie stark im Bewußtsein der Bevölkerung das Recht auf Baufreiheit vorhanden war. Auch unter den sich in der Wandlung begriffenen Machtverhältnissen war sie nicht bereit, auf diese Freiheit zu verzichten.

Bauordnungen fehlen im Zeitalter des Absolutismus

Die Bautätigkeit nach dem Westfälischen Frieden war gelähmt, u. a. durch die starke Verschuldung des Grundbesitzes und die Schwierigkeit, die seit Jahren unbezahlten Zinsen zu zahlen. Der *Regensburger Reichsabschied* von 1654 brachte einen fast revolutionären Beschluß zu Gunsten beider Seiten: Volle Rückzahlung der Kapitalien innerhalb von 10 Jahren mit gewissen Kündigungsterminen bei Erlaß von ¾ aller Zinsen und einem Moratorium für das restliche Viertel. Dieser Beschluß kam zwar recht spät und beeinträchtigte die Wirkung, da die Landstände sich bereits durch Vereinbarungen oder private Regelungen geholfen hatten, aber es zeigte sich doch eine geschickte Initiative, ob sie nun genutzt wurde oder nicht.

Die Verheerungen des Krieges wirkten sich nicht nur negativ aus. Mit Mut und Freudigkeit gingen besonders die Städte – ähnlich wie nach dem 2. Weltkrieg – an den Wiederaufbau. Die Städte waren vom Krieg mehr verschont als das flache Land. Es gab viele verlassene Dörfer, aber keine verlassenen Städte, und das Bürgertum hielt gute Ordnung. Besonders in Süddeutschland brachten vertriebene protestantische Flüchtlinge aus Österreich und Böhmen Vermögen und Erkenntnisse mit, die vorteilhaft verwertet wurden.

Zwar blieben zahlreiche Bürgerhäuser der Renaissancezeit in Schutt und Asche und der Wiederaufbau vollzog sich bescheiden und schmucklos, jedoch meist solide und den gewandelten Bedürfnissen entsprechend, allerdings den dürftigen Mitteln angepaßt (ähnlich nach 1948).

Einzelne Fürsten griffen mit den Mitteln des Absolutismus helfend ein. Sie förderten die Bautätigkeit, gaben Steuererleichterungen und holten – so vor allem der Große Kurfürst – Kolonisten in das entvölkerte Land. Diese kamen aus den Niederlanden, aus Pommern, dem Rheinland und brachten ihre hochwertigen Kenntnisse mit.

Die Freiheit der Städte ging allerdings in dieser Zeit zu Ende. Der Handel aus der Blütezeit der Hanse hatte sich nach England, Schweden und den Niederlanden verlagert, und der letzte Hansetag von 1669 in Lübeck blieb ergebnislos.

Die politische Entmachtung der Städte – im Elsaß durch die Franzosen, in Brandenburg/Preußen durch den Großen Kurfürsten – war eine logische Folge.

Mit Recht und Gesetz nahm man es nicht genau. Ludwig XIV. besetzte 1673 10 elsässische Reichsstädte mit französischen Truppen, zwang die Bürger ihre Stadtwälle zu schleifen und trieb hohe Kontributionen ein.

Der Große Kurfürst griff im Kampf mit Königsberg sogar zum Menschenraub. Er ließ den der Huldigung Königsbergs von 1663 sich widersetzenden Christian Kalckstein, der nach Warschau geflohen war, um dort Hilfe zu holen, entführen. 1672 wurde er in Memel als Hochverräter enthauptet, obwohl die Stände – ohne Kalcksteins Schuld zu bestreiten – gegen die Gewaltsamkeit protestierten.

Die Städte aber gewann der weitblickende Kurfürst durch eine auch für ihn vorteilhafte Steueränderung. Anstelle der drückenden Kopf- und Grundsteuer (Contribution genannt) führte er ab 1667 eine indirekte Besteuerung ein in Form einer allgemeinen Konsumptionsabgabe auf Bodenerzeugnisse und Kaufmannswaren (*Accise* = Ungeld, heute würden wir sagen: Mehrwertsteuer), durch die er sich von den Landständen unabhängig machte. Die Wohltat dieser Steuer wirkte sich schnell aus, die Baulust erwachte, die wüsten Stadtteile und Landstriche wurden wieder aufgebaut, Handel und Wandel regten sich. Aus der Schule der Accise-Verwaltung aber entwickelte sich das Preußische Finanzbeamtentum, in das die Baubeamten integriert wurden. In mehreren Ländern der Bundesrepublik Deutschland ist das auch heute noch der Fall.

Schon sehr früh wurde unter dem Großen Kurfürsten die Verwaltung durchgreifend geändert. Die kollegialen Geheimen Räte in den Landesteilen faßte er 1641 zu einer Zentralbehörde zusammen mit 19 festen Referaten, von denen die Rentei (später Domänenverwaltung genannt) und das Generalfinanzdirektorium am stärksten auf die Bautätigkeit einwirkten, für die es noch kein eigenes Referat gab. Der Kurfürst selbst gehörte nicht zu dem Rat, sondern dieser *berichtete* ihm, und der Kurfürst entschied – wie es hieß – *ins geheim.* In Rechts- und Baurechtsfragen galt der Grundsatz *in dubio pro fisco* noch durch Jahrzehnte. Das Beamtentum hatte nur zum kleinsten Teil wissenschaftliche Vorbildung. Lehrstühle für Kameralwissenschaften gab es erst seit 1727 in Preußen. Meist wurden noch die leitenden Stellen mit Offizieren besetzt. Das war bequem für den Fürsten. Die große Zahl von Subalternbeamten nahmen ehemalige Unteroffiziere ein, die den rauhen Ton auch in ihren neuen zivilen Bereich mit hineinnahmen. Es entstand ein Beamtentum, in dem der Einzelne bei geringem Gehalt seine Pflicht gegenüber dem *Landesherrn* zu erfüllen hatte. Es durften daher nur Landeskinder Beamte werden, eine Neuerung, die zunächst auf Preußen beschränkt war.

Im Zeitalter des Absolutismus (17. und 18. Jahrhundert) entstanden durch das Streben der Fürsten nach Machtentfaltung großartige Bauten, meist in den zahlreichen Residenzen. Die Fürsten verfügten über unbeschränkte Mittel, holten sich bekannte Baumeister und handelten als Bauherrn in eigener Verantwortung oft ebenso willkürlich wie genial. Eine Bau- oder Bodenordnung interessierte sie nicht.

Nicht mehr das Gemeinwesen bestimmte, sondern nur der Wille des Fürsten war oberstes Gesetz. Es besteht kein Zweifel, daß in dieser Epoche bedeutende Projekte, u. a. Schlösser, Stadtplanungen, Parkanlagen, verwirklicht wurden.

Die technische Leitung und Verantwortung für die Sicherheit lag bei diesen Vorhaben allein in der Hand des Architekten ohne das Korrektiv einer überwachenden Instanz. Unter den nur vereinzelt bekannt gewordenen Baukatastrophen ist die Affäre um Schlüters Münzturm besonders tragisch.

Von 1695 bis 1705 entwarf und baute Andreas Schlüter [10] als Hofbaudirektor des jungen preußischen Königs Friedrich I. den etwa 100 m hohen, und ohne Bindung an ein zugehöriges Bauwerk, freistehenden Münzturm nahe dem Berliner Schloß als Wahrzeichen der Residenz. Er sollte aller Welt die Macht des preußischen Staates zeigen, denn der König forderte zunächst, der Turm müsse höher werden als das Straßburger Münster und St. Stephan in Wien. Schlüter hatte gewarnt. Er kannte das Gelände zwischen zwei Spreearmen und den ungünstigen Baugrund, wahrscheinlich Schwemmsand. Aber er mußte gehorchen. Die Sicherheit wurde dem Willen zur Macht untergeordnet.

Das Risiko ahnend, kämpfte der Meister 4 Jahre um das Gelingen, einsam, dem Befehl folgend, ohne Vertraute. Kurz vor der Fertigstellung – das Glockenspiel war bereits eingebaut und der Triumph nahe – bekam der Turm Risse, drohte einzustürzen und mußte abgetragen werden. Nachträglich sollten die Gründe überprüft werden durch den zu der Zeit berühmten Mathematikprofessor Sturm aus Frankfurt/Oder, der aber ergebnislos wieder abreiste.

Es kamen noch andere Einstürze hinzu, mit denen Schlüter belastet wurde. Ein Lusthaus Friedrichs I. in Freienwalde wurde durch Sandmassen, die von einem steil abgetragenen Hang abgerutscht waren, stark beschädigt, während der König dort wohnte. Auch in der Berliner Schloßkapelle wurde ein schwerer Schaden offenbar.

Schlüter hielt sich nur noch wenige Jahre in Berlin als Hofbildhauer und ging dann als gebrochener Mann nach St. Petersburg. Dort starb er tragisch 1714 nach einjähriger Tätigkeit. Nie wurde geklärt, ob der Einsturz des Münzturms auf rechnerischen Fehlern oder Gründungsschwierigkeiten beruhte. Bauordnungen, kontrollierende Instanzen oder Bauhütten mit den vielseitigen Erfahrungen eines geschulten Teams gab es nicht oder nicht mehr. In einem auf Mitverantwortung aufgebauten Gemeinwesen mit fachlicher Verwaltung hätte eine derartige Baukatastrophe, die auch einen Prestigeverlust für den prunksüchtigen König bedeutete und finanzielle Folgen hatte, kaum geschehen können, oder man würde zumindest weittragende Konsequenzen gezogen haben.

Das Problem des *Verantwortlichen Bauleiters,* auf das bei der Untersuchung der Musterbauordnung von 1959 eingegangen wird (siehe Seite 104) und das bis heute grundsätzlich noch nicht rechtsverbindlich geklärt werden konnte, war also im Absolutismus recht willkürlich geregelt. Der Rechtsgrundsatz *in dubio pro reo,* der sinngemäß auch im Baurecht anzuwenden ist, blieb in jener Zeit unberücksichtigt.

Abb. 7 Das Bild repräsentiert den baulustigen Absolutismus. Friedrich Wilhelm I., der persönlich nach dem Rechten sieht und sogar Einzelheiten überwacht bei Bauten in der Berliner Friedrichstadt.

Die beginnende Rechtsstaatlichkeit

Unter Friedrich Wilhelm I. wurde ein einheitliches Berufsbeamtentum geschaffen, für den jungen Staat ein tragendes Fundament, dessen Anfänge bereits der Große Kurfürst gelegt hatte. So galt Preußen bereits seit Jahrzehnten als der bestverwaltete Staat in Deutschland. Auch in den Städten griff der König – von seinem Recht als absoluter Monarch überzeugt – hart durch und brach die Macht der alten privilegierten Ratsfamilien zugunsten eines paritätisch besetzten Bürgerausschusses.

Der Mißwirtschaft von z. T. korrupten Ratsherren war es zu verdanken, daß es dem König leicht fiel, auch in den Städten die Verwaltung über Steuern, Justiz und Polizei in die Hände des Staates zu übernehmen. Den Städten blieb zwar nur geringe Selbstverwaltung, aber Ordnung und Rechtsgleichheit machten manche Kräfte zum Nutzen des Staates frei. Das veraltete Innungswesen zu reformieren war wesentlich schwieriger, weil die zäh an den Zunftgesetzen festhaltenden Handwerker mit der Auswanderung drohten. Friedrich Wilhelm I. erreichte jedoch – wie bei der Analyse über die Zünfte bereits angedeutet – von dem altersmüden Reichstag, daß noch einmal mit dem Reichsbeschluß von 1731 eine Reichszunftordnung beschlossen wurde, die als Versuch einer Zwischenlösung eine gemeinsame Basis gegen die schlimmsten Mißbräuche schuf. Die Zünfte standen danach unter Polizeiaufsicht des Staates und durften keine Beschlüsse fassen ohne Zustimmung der *ordentlichen Obrigkeit*. Das führte zu einer weitgehenden Liberalisierung, durch die das Bauwesen besonders starke Impulse erhielt.

Erst Friedrich der Große stellte als aufgeklärter absoluter König bewußt den Staat über die Dynastie. Der Fürst ist der *Erste Diener des Staates*. Einen Höhepunkt in der Entwicklung vom Staatsabsolutismus zum Rechtsstaat bildet das *Allgemeine Gesetzbuch* vom 20. 3. 1791, das im Entwurf bereits 1784 – also noch unter Friedrich dem Großen – veröffentlicht worden war.

Dieses *Allgemeine Gesetzbuch* steht zwar noch auf dem Boden des Absolutismus, beseitigt aber alle politischen Vorrechte und ordnet sie dem Staate unter. Die Domänen werden Staatseigentum, die Beamten dem Befehl des Königs entzogen und dem Staat unterstellt, der sie nur mit Mehrheitsbeschluß des Staatsrats entlassen kann. Sie sind damit nicht mehr an die Person des Königs gebunden, sondern Staatsdiener geworden. Der Bürger wird nicht mehr vom König, sondern vom Staat bevormundet oder – sagen wir es neutraler – regiert. Hier setzt allerdings bereits wenige Jahrzehnte später unter dem Einfluß der Französischen Revolution und den Schlägen Napoleons die Kritik ein.

Es führt ein weiter Weg vom regierten und passiven Untertan zum späteren aktiven und mündigen Staatsbürger, der selbstbewußt seine Rechte kennt und wahrnimmt. In dieser zu Ende gehenden Epoche weiß die Gesellschaft nichts mehr von einer Baufreiheit, die lediglich an das Allgemeinwohl gebunden ist. Man ahnt aber die sich anbahnenden Entwicklungen.

Das Allgemeine Preußische Landrecht setzt Bauordnungsrecht neu

Aus dem *Allgemeinen Gesetzbuch* ist 1794 unter Friedrich Wilhelm II. das *Preußische Allgemeine Landrecht* (ALR) hervorgegangen. [11]

Die ersten Anregungen kamen bereits 1713 von Friedrich Wilhelm I. Er hatte, was bei der Mentalität des Königs einem Befehl gleichkam, die Forderung erhoben, ein solches Rechtsbuch innerhalb eines Jahres zu schaffen. Doch dauerte es schließlich drei Generationen bis zum Abschluß. Ein junger Regierungsrat namens Samuel von Cocceji – zwei Jahrzehnte später der erste Justizminister – war die schöpferische Kraft an der Seite des Königs und hatte die leitenden Gedanken. Er stellte Leitbilder rechtlicher Ordnungen von großer politischer und sozialer Bedeutung auf. Im ALR wurden wesentliche, das Baurecht betreffende Rechte gesetzt, die vom Nachbarrecht und Eigentum handelten. Bei der Verkündigung des ALR wurde zu seiner Begründung gesagt, es würde *an die Stelle des Römischen und anderer fremder gemeiner Rechte* [12] treten.

In einem Abschnitt über Licht und Aussicht wird festgelegt, daß jedermann Fenster in seine Mauern machen kann, auch wenn dadurch eine Aussicht auf das Nachbargrundstück gegeben ist. Einschränkungen gelten nur für Brandmauern. Bei Grenzwänden müssen die Fenster 6 Fuß oberhalb des Fußbodens angelegt oder aber vergittert werden. Neue Gebäude müssen von älteren mindestens 3 Schuhe zurücktreten.

Die Rücksicht auf den Nachbarn ist beinahe rührend, wenn in § 142 gesagt wird: *Hat der Nachbar schon länger als 10 Jahre Fenster in seinem Hause, so muß der Neubau so weit zurücktreten, daß der Nachbar aus den ungeöffneten Fenstern des unteren Stockwerkes den Himmel erblicken* [13] kann. Eine derart unklar gefaßte

Bestimmung würde heute kaum ohne gerichtliche Entscheidungen realisiert werden können, zumal es ferner heißt: *Wenn der Nachbar aber von einer anderen Seite Licht bekommt, genügt es, daß er aus den ungeöffneten Fenstern des zweiten Stockwerks den Himmel sehen kann.* [14] Ein weitergehendes Nachbarrecht besteht nur bei eingetragener Grundgerechtigkeit. Neue Türen dürfen nicht auf des Nachbarn Grund und Boden führen.

Eingehender als in den heutigen Bauordnungen wird die Einzäunung von Grundstücken geregelt. Das gilt für Material, Unterhaltungspflicht und teilweise auch für Höhen (nicht unter 5 Fuß = 5 × 31 = 155 cm). Lebenden Hecken wird der Vorzug gegeben (Teil I Titel 8 §§ 120 bis 190).

Vorsichtig wird über Erdbewegungen gesprochen. Aufschüttungen müssen 3 Fuß vom Nachbarn entfernt bleiben, der Anspruch auf etwa entstehenden Schaden hat.

Grundgerechtigkeiten müssen nach dem ALR besonders erworben werden. Das gilt ebenso für die Benutzung gemeinsamer oder nachbarlicher Mauern, wie für Dachtraufen oder einen Ausguß auf das benachbarte Grundstück. Wer anbaut, muß unterhalb der Traufe des Nachbarn bleiben. Erstaunlicherweise schließt das Recht der freien Aussicht die Befugnis ein, auch in einer an den Nachbarn anstoßenden Mauer neue Fenster zu öffnen. Licht und Sonne haben offensichtlich den Vorrang vor Nachbarbelangen (Titel 22 §§ 55 bis 62).

Das Recht auf Baufreiheit ist der bestimmende Faktor, auf dem sich das öffentliche und private Baurecht aufbaut. Die entscheidende Formulierung lautet in der Originalfassung wörtlich: *In der Regel ist jeder Eigentümer seinen Grund und Boden mit Gebäuden zu besetzen oder seine Gebäude zu verändern wohl befugt.* [15] Dieses subjektive Baurecht ist von alters her bis heute nie bestritten, ausgenommen vielleicht zeitweise im Absolutismus und Zeiten einer Diktatur, aber auch dort niemals generell. Allerdings kann es nicht der Willkür jeden Eigentümers überlassen bleiben, was er tun will, sondern es *soll zum Schaden ... des gemeinen Wesens ... kein Bau und keine Veränderung vorgenommen werden.* [16]

Die zwischen 1919 und 1971 entwickelten Bauordnungen handeln im entsprechenden Zusammenhang von öffentlichen Belangen oder von allgemeinem Wohl. Gemeint ist stets dasselbe, doch unterliegt die Bestimmung dessen, was im öffentlichen Interesse liegt, sehr stark den Wandlungen, die die sich ständig verändernde Welt mit sich bringt.

Zu den Einschränkungen gehört nach dem ALR das Gebot der Erhaltung und

Pflege der Bausubstanz und das Verbot willkürlichen Abbruchs. Die Tatsache, daß in diesem Zusammenhang ausdrücklich Statuen und Denkmäler erwähnt sind, läßt mancherlei Schlüsse zu. Wer seine Pflicht vernachlässigt, muß durch die Obrigkeit *Zur Veranstaltung der notwendigen Reparatur* [17] angehalten werden. Das gilt besonders zur Abwendung dringender Gefahr. In einer Fußnote zu § 43 heißt es dazu kurz und bündig: *Darüber, ob eine Gefahr eine dringende gewesen ist, steht dem Richter kein Urteil zu.* Das Vertrauen des Königs zur Objektivität und Fachkunde der Baupolizei war offensichtlich groß.

Im ALR ist festgelegt, daß ein Bauherr seine Absicht, in der Stadt einen Bau zu errichten, vorher der Obrigkeit zur Beurteilung vorlegen muß, d. h. er muß eine Baugenehmigung beantragen. Auf dieser Bestimmung beruhen alle folgenden Bauordnungen. Erst viel später findet sie allgemeine Anwendung auf das platte Land. Indirekt ist aber durch den Passus, daß jede Feuerstelle in Stadt und Land eine Erlaubnis erhalten muß, das Bauen auch auf dem Lande allein für untergeordnete Bauten – wozu z. B. Scheunen, Remisen usw. gehören – ohne Genehmigung möglich.

Nur behutsam wird das Stadtbild angesprochen mit der Forderung, daß Straßen und öffentliche Plätze nicht verengt (Erker, Vorbauten, Kellerausgänge), verunreinigt oder verunstaltet werden dürfen. Städtebauliche Gesichtspunkte fehlen noch völlig.

Es ist erstaunlich, mit wie wenig Vorschriften und Paragraphen man damals auskam. Zweifellos bestand eine gesellschaftliche Ordnung, die den Einzelnen in seinem Tun verpflichtete. Immerhin konnten nähere Bestimmungen durch Polizeigesetze örtlich geregelt werden. Von diesem Recht ist dann allerdings – wie später noch dargelegt wird, in großem Umfange Gebrauch gemacht worden, was zu einer verwirrenden Vielfalt unterschiedlicher Bauordnungen in Stadt und Land führte.

Das ALR wurde laufend durch das Eingreifen neuer Landes- und später Reichsgesetze einer Anpassung an den Wandel der Zeit unterzogen. Aber auch zahlreiche zivile Prozesse trugen zu Änderungen des materiellen Baurechts bei. Das ALR blieb über 100 Jahre gültig, weit über die Reichsgründung von 1871 hinaus, bis es ab 1. 1. 1900 durch das Bürgerliche Gesetzbuch abgelöst wurde. Die baurechtlichen Grundgedanken des ALR haben sich später den differenzierten Verhältnissen der Gegenwart entsprechend angepaßt, doch blieben die entscheidenden Faktoren – Gefahrenabwehr, Schutz der Öffentlichkeit, Sorge um das Allgemeinwohl und der Nachbarn – bestehen.

Gebundene Freiheit durch die Steinschen Reformen auch für die Ordnung des Bauens

Erst das 19. Jahrhundert brachte den Ausgleich im Verhältnis zwischen Staatsautorität und Gemeindefreiheit zu einem Abschluß, der seit Jahrzehnten in der Schwebe geblieben war. Von einer Selbständigkeit der Städte konnte schon längst keine Rede mehr sein, aber es war bisher auch nicht zu einem geregelten Ausgleich der Systeme gekommen.

Unter den legislativen Maßnahmen zu diesem Problem nimmt die preußische Städteordnung vom 9. 11. 1808 den hervorragendsten Platz ein. Ihr Schöpfer, der Freiherr von Stein, hat seine genaue Kenntnis von der großen Zeit der mittelalterlichen Städte in sein Werk eingebaut. Er hat, ohne die politische Selbständigkeit der Städte zu erneuern, die Selbstverwaltung festgelegt und damit die Eigeninitiative auf der untersten Ebene fruchtbar gemacht und in den Staat integriert. Hier wird eine höchst unterschiedliche deutsche Form der Demokratie sichtbar im Vergleich zur französischen Demokratie. Deren Zentralismus – er regiert durch Präfekten, eine Verwaltungsform, die in Deutschland, wie zu Anfang dieser Arbeit (siehe Seite 15) erwähnt wurde, nur in Grenzgebieten und Unruhezentren zeitweilig praktiziert wurde – brachte den Stadtgemeinden trotz der Freiheit, die die französische Revolution schuf, nicht entfernt jene kommunale Selbständigkeit, wie sie die Steinschen Reformen entwickelten.

Das Neue, das in Preußen nach 1807 entstand, wandelte die Ideen von 1789. Konservative und revolutionäre Gedanken rangen miteinander um ihre existenzielle Verwirklichung im Staat. Die führenden Reformer – sei es nun auf militärischem Gebiet mit Scharnhorst und Gneisenau oder bei der Reorganisation des Staatsapparates mit Stein und Hardenberg – waren keine Preußen. Sie kannten aber die Stärken und Schwächen sowohl des alten preußischen Staates als auch der französischen Revolution. Daraus erklärt sich das Eigentümliche der preußischen Reformen, die Freiheit nie zum Selbstzweck werden lassen.

Im Zusammenhang dieser Untersuchung interessiert aus den Steinschen Reformen vor allem das Grundprinzip: Die Einzelpersönlichkeit wird auf sich selbst gestellt und nicht mehr der staatlichen Bevormundung unterworfen. Der Einzelne muß sich selbst durchsetzen, und der Staat ebnet nur die Wege. Das bedeutet keine Gebundenheit des Grundstücksverkehrs, sondern eine sinnvolle Ordnung des Bauens und freie Berufswahl. Adelige können bürgerliche Berufe ergreifen und Bürger adeligen Grundbesitz erwerben. Die Vorrechte der Stände fallen, die Wehrpflicht wird allgemein, die unbeschränkte Gewerbefreiheit wird am 28. 10. 1810 eingeführt. Erst später folgen andere deutsche Länder. Steins Reformen durchzieht der Grundgedanke einer gebundenen, nicht einer schrankenlosen Freiheit. Das wird auch der bestimmende Faktor aller Bauordnungen, die seit dieser Zeit entstanden sind. In der Städteordnung gibt er den Städten die gesamte kommunale Selbstverwaltung (Magistratsverfassung), löst damit die veraltete patrimoniale Stadtverfassung auf und überträgt der Bürgerschaft die Selbstverwaltung einschließlich der Baupolizei [18] und des Rechts, eigene Bauordnungen zu schaffen. Dem Staat bleibt nur die Rechtsprechung und die Polizei. Die meisten anderen deutschen Staaten folgen diesem Beispiel später ebenfalls.

Während des Zwischenzustandes, der mit der Säkularisation und Mediatisierung (Verlust der Reichsunmittelbarkeit) durch den Reichsdeputationshauptschluß 1803 begann, verringerten sich die mehr als 300 Reichsstände und Territorialstaaten des alten Reiches auf 39 im Deutschen Bund. Eine Entwicklung, die im 13. Jahrhundert mit den territorialen Staatsgewalten begonnen hatte, war nun mit dem Zusammenbruch der Reichsgewalt abgeschlossen. Als natürliche Folge legte Franz II. am 6. 8. 1806 die Kaiserkrone nieder. Es begann ein neues Interregnum mit konstitutionellen Monarchien, deren Zusammenschluß erst nach der Revolution von 1848 und drei Kriegen wieder erfolgen konnte. Gut gemeinte romantische Reformversuche mit vielen Reden und klugen Gedanken scheiterten. Während sich Frankreich und Amerika moderne Verfassungen schufen, in denen das Recht auf Freiheit und Gleichheit verankert war, verlor man in Deutschland Jahrzehnte mit theoretischen Erörterungen. Hinzu kam der Dualismus zwischen Österreich und Preußen, bei dem sich Preußen immer mehr in den Vordergrund schob. Die Aktivitäten hatten sich auf Verwaltungsreformen verlagert, weil politisch und verfassungsrechtlich keine Schwerpunkte zu setzen waren. So wurde die Rechtssicherheit erhöht durch Trennung der Justiz von der Verwaltung, d. h. es wurden z. B. erstmals auch eigene Baugenehmigungsbehörden geschaffen, deren Entscheidungen auf dem Gebiet der Bauordnung der Kontrolle durch Verwaltungsgerichte unterlagen. Die örtlichen Bauordnungen erfuhren auf diese Weise Bestätigung oder Korrekturen, die gesammelt und später bei der Vorbereitung zu den Einheitsbauordnungen berücksichtigt werden konnten. Die unglückliche Zersplitterung auch auf dem Teilgebiet des Baurechtes trug so immerhin durch die lebendigen Erfahrungen einer publikumsnahen örtlichen Bauverwaltung zum Aufbau der neuen Bauordnungen bei.

Die Entwicklung zur Baupolizei im Preußen

Die eigentliche Form des preußischen Verfassungsstaates – die konstitutionelle Monarchie – unterschied sich stark von den parlamentarischen Regierungssystemen in Frankreich und England. Das wirkte sich von oben nach unten aus und beeinflußte die Baugesetzgebung.

Reaktionäre Kreise suchten sogar auch die konstitutionelle Verfassung aufzuheben, scheiterten aber, weil das unaufhaltsame Vordringen des Bürgertums – nicht nur zahlenmäßig – einen seiner wirtschaftlichen und sozialen Unabhängigkeit entsprechenden Anteil am Staat forderte und durchsetzte. Wenn der Verfassungskonflikt, der sich in Preußen an der Heeresreform entzündete und durch Bismarck in der bekannten Weise [19] überspielt wurde, in Preußen als erstem deutschen Staat ausgekämpft wurde, so lag das daran, daß die Mittelstaaten den Problemen abwartend gegenüber standen.

Deshalb soll auch die weitere Entwicklung der Bauordnung, vor allem von norddeutscher Seite her, behandelt werden, da auf diesem Gebiet in Preußen, aber auch in Hamburg neue Initiativen ergriffen wurden, die dann weiter wirkten.

Die deutsche Kleinstaaterei wirkte sich auf großzügige und zusammenhängende Planungen hinderlich aus. Das zeigte sich z. B. auf dem Gebiet des Eisenbahnwesens. Während in England, Frankreich und Belgien die Eisenbahnen bereits seit den 30er Jahren Eingang gefunden hatten, behinderte das lockere Gefüge des Deutschen Bundes mit souveränen Bundesstaaten jede großzüge Planung. So verlangten z. B. einzelne Staaten unterschiedliche Spurbreiten, damit im Kriegsfalle feindliche Nachbarn nicht einfahren konnten.

Hier ist zu erwähnen, daß nach der *Verfassungs-Urkunde für den Preußischen Staat* vom 31. 1. 1850 (Staatsgrundgesetz) [20] das Eigentum unverletztlich ist. *Es kann nur aus Gründen des öffentlichen Wohles gegen vorgängige, in dringenden Fällen wenigstens vorläufig festzustellende Entschädigung nach Maßgabe des Gesetzes entzogen oder beschränkt werden.* (Art. 9) Dieser Grundsatz erfährt aber eine wichtige Einschränkung: die Zwangsenteignung. Es kann nämlich der Eigentümer aus Gründen des öffentlichen Wohles und gegen Entschädigung zur Abtretung seines Eigentums gezwungen werden. Im allgemeinen sind nur Grundstücke der Gegenstand der Zwangsabtretung. Die bekannteste Anwendung war die Enteignung beim Bau von Eisenbahnen. Andererseits steht dem Eigentümer auch die Ausübung des Verfügungsrechtes über sein Eigentum nicht unbeschränkt zu.

In Preußen wurden die Eisenbahnen verstaatlicht und dadurch bald ein Bindeglied zwischen den östlichen und westlichen Landesteilen besonders auf wirtschaftlichem Gebiet. Dieses neue Verkehrsmittel wirkte in Deutschland staats- und zollüberwindend als gewissermaßen neutraler Wegbereiter zur Einheit.

Großzügiger und weitblickender als der Staat bzw. die Bundesstaaten steht in dieser Zeit offensichtlich die Öffentlichkeit und vor allem der private Grundbesitz dem Eisenbahnbau gegenüber. Umlegungs- und Ankaufschwierigkeiten werden kaum gemacht.

In der bereits genannten Untersuchung von Kuno Wasserfurth *Die Umlegung als Problem des Städtebaues* (siehe Seite 25) werden bei der ausführlichen Darlegung der Geschichte der Umlegung die Landerwerbungen für den Eisenbahnbau nicht einmal erwähnt. Die Aufgeschlossenheit – vermutlich fällt auch die großzügige Regelung der finanziellen Seite ins Gewicht – ist also beim Grundbesitz recht beachtlich.

Daraus geht hervor, daß der oft gescholtene Bürgersinn in Wirklichkeit sehr wach ist, wenn es um große Ziele geht, die letztlich auch dem eigenen Nutzen dienen.

Die bürgerlichen Freiheiten erstarkten in dieser Zeit. Die Gleichberechtigung aller Bürger drückte sich u. a. aus durch die Gewerbeordnung vom 21. 6. 1869, die auf dem Grundsatz völliger Gewerbefreiheit beruhte und vor allem das Bauhandwerk erstarken ließ.

Nach dem bereits zitierten Preußischen Staatsgrundgesetz durften das öffentliche allgemeine Interesse und die Rechtssphäre eines anderen Eigentümers nicht durch Enteigungen verletzt werden. Darum waren z. B. Anordnungen der Baupolizei zum Schutz gegen Gefahren für Gesundheit, Leben oder Sicherheit innerhalb der gesetzlichen Befugnisse keine *Beschränkungen des Eigentums* im Sinne des Artikels 9. Solche Anordnungen konnten auch nicht als Eingriffe in das Eigentum und die privaten Rechte des Staatsbürgers angesehen werden.

Unter diesen rechtlichen Voraussetzungen beeinflußt das Preußische Ministerium des Inneren auf dem Wege über die Kommunalverbände den Gemeinde- bzw. Amtsvorsteher. Ihm obliegt durch Polizeiverordnung allgemein oder im Wege der Einzelverfügung – hier wird eine Fülle von Aufgabengebieten genannt, und es ist interessant, wie in der damaligen Zeit noch die Wertigkeiten eingeordnet sind – *die Sorge für ... das Einschreiten gegen ungehorsames Gesinde (Gesindepolizei) ... und die Erteilung des Konsenses zur Vornahme von Neu- und Reparaturbauten (Baupolizei).* [21] Für die Genehmigung und Beaufsichtigung von Bauten werden zugunsten der Gemeinde Gebühren erhoben, obwohl es sich um eine staatliche Auftragsangelegenheit handelt. Die Spannung zwischen Staatsautorität und Gemeindeselbstverwaltung wirkt sich also bis auf die finanzielle Regelung aus, die übrigens bis heute unverändert Gültigkeit hat.

Baurecht und Bauordnung im Kaiserreich

Nach der Reichsgründung besteht kein Grund mehr, in partikularistischen Minderwertigkeitskomplexen zu beharren, und so erfährt die Selbstverwaltung durch das Berufsbeamtentum eine systematische Stärkung. Dieses wurde – ähnlich wie 150 Jahre zuvor in Preußen – eine Stütze im Reich und in den Ländern. Die Selbstverwaltung setzte sich analog der bewährten Ordnung in den Städten auch auf die Zwischeninstanzen – Provinzen und Kreise – fort.

Den bekannten Vorzügen des preußisch-deutschen Beamtentums – Gewissenhaftigkeit und Fachwissen, Pflichttreue und Bescheidenheit, Sachlichkeit und Unbestechlichkeit – standen auch Nachteile gegenüber, die sich bei den unteren Instanzen oft als Schwerfälligkeit und fehlende Initiative auswirkten.

Das Staatsbewußtsein Preußens wie der übrigen Länder schwand zugunsten eines ausgeprägteren Reichsgedankens nicht nur im Kaiserreich. Dieser setzte sich – bei aller Betonung der landschaftlichen Selbstverwaltung – später in der Weimarer Republik deutlich fort. Er hatte auch durch den Zusammenbruch 1918 trotz der Änderung der Staatsformen in Reich und Ländern, kaum eine Einbuße erlitten. Allerdings wuchs in den Verwaltungen der Einfluß der Parteien, ohne jedoch ausgesprochen negative Auswirkungen zu zeitigen. Gerade in den Bauverwaltungen blieb das Fachwissen der bestimmende Faktor. In der Verfassung des Deutschen

Reiches [22] wurde den Einzelstaaten in gewissem Umfange die Gesetzgebung vollständig entzogen (Art. 2). Sie war hervorgegangen aus der *Verfassung für den Norddeutschen Bund* 1866, dessen Artikel 79 eine *Brücke über den Main* baute, indem er bestimmte, daß der Eintritt der süddeutschen Staaten im Wege der Gesetzgebung auf Vorschlag des Bundespräsidiums erfolgen könne. Das Reich war ausschließlich zu gesetzlicher Regelung berufen z. B. für Marine, Außenpolitik, Zollwesen, Post- und Telegrafenwesen und bestimmte Steuern (Art. 53, 56, 35, 48). Auf weiteren Gebieten übertrug die Verfassung dem Reich das Recht der Gesetzgebung, ohne dasselbe den Einzelstaaten zu entziehen, z. B. Freizügigkeit, Bankwesen, Patente, Eisenbahnwesen, Bürgerliches Recht und Strafrecht, Medizinal-Polizei (Artikel 4). Hier konkurrierte die beiderseitige Kompetenz, jedoch mit der Maßgabe des durch Artikel 2 bestimmten Grundsatzes: *Reichsrecht bricht Landesrecht.*

Auf ein folgenreiches Rechtsgutachten des späteren Bundesverfassungsgerichts vom 16. 6. 1959 über die Zuständigkeit der Länder in Bezug auf das Baurecht sei hingewiesen. Es wird bei der Analyse der Musterbauordnung (Seite 87) erörtert.

Für andere Bereiche wurde dem Reich ein Gesetzgebungsrecht überhaupt nicht übertragen, die Zuständigkeit verblieb also ausschließlich bei den Einzelstaaten. Das galt nicht nur für das Schul-, Unterrichts- und Kirchenwesen, sondern auch für den Gesamtbereich der Polizei, d. h. also, die Baupolizei blieb weiterhin in der Rechtssphäre der Länder. Das war durchaus verständlich, denn es bestand 1871 kaum ein öffentliches Interesse an einer reichseinheitlichen Regelung. Die bautechnische Entwicklung hielt sich noch in Grenzen, und die Gründerzeit war erst im Kommen. Die Länder behielten ja auch die bedeutende Kulturhoheit. Eine entscheidende Möglichkeit wurde 1871 nicht genutzt, wahrscheinlich gar nicht gesehen. Es kann hier nicht untersucht werden, wie die Entwicklung bei einer Kulturhoheit des Reiches und einer einheitlichen Baugesetzgebung gelaufen wäre. Zu dem seit Jahren diskutierten Bildungsnotstand mit allen Folgeerscheinungen wäre es in diesem Umfange kaum gekommen. Ebenso hätte aber ein zentral gesteuertes Baupolizeirecht dazu beitragen können, viele Bausünden der Gründerjahre mit ihren sonnenlosen Lichthöfen und den Unternehmerbauten zu unterbinden.

In der Fachliteratur wurde gelegentlich angedeutet, die umfangreiche Baugesetzgebung des Deutschen Reiches sei auf Einheit hin angelegt und von der Fachwelt anerkannt. [23]

Das trifft für die Zeit von 1871 bis 1918 für das Bauordnungsrecht nicht zu. Es existierten vielmehr etwa 300 Bauordnungen allein in Preußen. In anderen Ländern des Deutschen Reiches war es nur scheinbar besser bestellt. So gab es in Bayern, Württemberg, Sachsen, Hessen, Thüringen, Anhalt usw. zwar eigene Landesbauordnungen [24], aber diese waren sehr allgemein gehalten, z. T. nicht als Rahmen gedacht, sondern lediglich gesetzliche Möglichkeit für örtliche Regelungen, die dann ohne klare Ordnung, unterschiedlich im Aufbau und im materiellen Baurecht, den deutschen Hang zum Individualismus widerspiegelten.

Auch kamen sie zu spät, doch schränkten sie die Fortsetzung der eingerissenen Mißstände beim Bau von Mietswohnungen und bei der Ausnutzung von Grundstücken etwas ein.

Wie im alten Rom kam mit dem Wachstum der Großstädte ein sozialpolitischer Faktor in die Geschichte der Bauordnungen, als die Gefahren für Gesundheit und Leben der Großstadtbewohner in den Hinterhöfen usw. so offenkundig wurden, daß sie von den Politikern, Soziologen und Planern nicht länger übersehen werden konnten.

In vielen Städten gab es harte Kämpfe um eine Einschränkung der Grundstücksnutzung nach Fläche und Höhe. Beispielsweise ließ die Berliner Bauordnung von 1887 bescheidene Beschränkungen lediglich in der flächenmäßigen Ausnutzung zu. Sie wurde deshalb stark bekämpft und der Magistrat versagte ihr seine Zustimmung, die durch Beschluß des Oberpräsidenten der Provinz Brandenburg ersetzt werden mußte, um Rechtskraft zu erlangen.

Abb. 8 Ungefährer Maßstab 1:7500
Übliche Bebauung um 1880 mit Vorder- und Hintergebäuden
(Baupolizeigesetz von 1865 bis 1872)

Auch die Vielzahl von Bauordnungen stand der Entwicklung einer gesunden Bauweise hindernd im Wege.

Nach wie vor wurden Hinterhöfe mit vielgeschossigen Wohnhäusern und Kellerwohnungen zugelassen. Damit entstanden Bezirke, die wesentlich zur Vermassung und Verelendung der Bevölkerung führten. Diese Bauweise mit ihrer viel zu weitgehenden Grundstücksausnutzung nach Fläche, Bebauungstiefe und Geschoßzahl trug auch entscheidend bei zu spekulativ überhöhten Steigerungen der Grundstückspreise. Es war ein circulus vitiosus, der zwangsläufig wiederum zu noch stärkeren Ausnutzungen führte, um die Rentabilität zu sichern bzw. diese zu steigern. Soweit diese Bauten der Gründerzeit nicht im 2. Weltkrieg zerstört wurden, müssen sie jetzt – fast ein Jahrhundert später – mit Milliarden aus öffentlichen Mitteln saniert werden. Das ist um so notwendiger, als in diesen slums die Wohnungen keine Bäder haben, die WC meist auf halber Treppe liegen und die Grundrisse mit indirekten Räumen, Fenstern zu dunklen Höfen, nicht den primitivsten Wohnbedürfnissen entsprechen. [25]

Eine falsche und auf Gewinn bedachte Unternehmer-Initiative hatte für die vom Land in die Städte strömende Arbeiterbevölkerung diese ungesunden Wohnquartiere geschaffen, in denen man Menschenmassen zusammenpferchte, die, aus gesunden Verhältnissen kommend, nunmehr entwurzelt und so in den krisenanfälligen späteren Jahrzehnten leichte Opfer radikaler politischer Strömungen wurden. Die Unternehmen hatten leichtes Spiel, denn die schon erwähnte Zersplitterung durch die vielen hundert Bauordnungen, die vielfach höchst einseitig interessierten und privaten Personen ihre Entstehung verdankten oder deren Beeinflussung ausgesetzt waren, verhinderte wirksame Abhilfe.

In Preußen ging später die Tendenz von der Vielzahl der Baupolizeiverordnungen zur Einheitsbauordnung als Rahmenordnung mit einheitlichem Aufbau, der dann örtlich in bestimmtem, aber begrenztem Umfang ausgefüllt werden konnte.

Zunächst fällt ganz allgemein besonders der unterschiedliche Umfang der Bauordnungen auf, der zwischen 52 und 150 Paragraphen schwankt. [26] Der Aufbau ist uneinheitlich, sogar bei benachbarten Orten hat man offensichtlich keinen Kontakt miteinander gehabt. Nicht einmal in den formalen Fragen besteht Einheitlichkeit. Hier wird genau aufgezählt, was der Bauherr einreichen muß, dort wird das am Schluß nur so beiläufig erwähnt. Auch materiell sind die Unterschiede erheblich: Hintergebäude und Seitenflügel sind teils gestattet, teils an dieselben

Abb. 9 Gebäudeabstände nach dem Hamburger Baupolizeigesetz von 1882 rund um den »Klosterstern«. Im Hintergrund die Außenalster

Abb. 10 Ungefährer Maßstab 1:7500
Schlitzbauten um 1900 mit Hintergebäuden, oft schamhaft als Gartenhäuser bezeichnet (Baupolizeigesetz um 1882)

Auflagen in Bezug auf Höhe gebunden wie Vorderhäuser, teilweise dürfen sie die Vordergebäude in der Höhe nicht überschreiten und müssen bestimmte Abstände haben. Die Häuser an der Straßenfront dürfen 2–3 m höher sein als die Straßenbreite und eine 4–5 geschossige Bauweise haben. 16, 18 ja 20 m hoch darf ein Wohnhaus sein. Regelmäßig wird auf die Einhaltung der Bauflucht verwiesen (Fluchtliniengesetz von 1875) – einer der wenigen einheitlichen Gesichtspunkte. Die Ausnutzung der Baugrundstücke schwankt zwischen einer Freifläche von 20 bis 33 % im Stadtinneren. Kellerwohnungen sind oft verboten, meist jedoch unter Bedingungen zugelassen, die erschreckend sind, z. B. muß der Fußboden der Kellerwohnungen nur 30 cm über dem Grundwasserspiegel, die Decke nur 1 m über Terrain liegen. Reine Nordlage ist nicht gestattet, und die Wohnungen sollen nur an einen beschränkten Personenkreis vermietet werden.

Die lichten Geschoßhöhen schwanken zwischen 2,50–3,00 m. Die Abstände zum Nachbar betragen z. T. 1,90 m und staffeln sich von 2,50 m–3,10 m. Teilweise wird das bis ins kleinste geregelt, aber die Gewichte sind sehr unterschiedlich verteilt. Oft werden relativ unwichtige Dinge breit erörtert und festgelegt. Als Kuriosum widmet eine BO der Bedürfnisanlage für Baubuden besondere Aufmerksamkeit. [27]

Manchen BOen merkt man an, daß einzelne Vorkommnisse hochgespielt werden oder bestimmte Persönlichkeiten des Ortes ihre sehr subjektiven Auffassungen im Positiven oder Negativen durchsetzten.

Technische Sicherheitsbestimmungen sind ebenfalls willkürlich und uneinheitlich. So ist Holz neben Kaminen teils bei 22 cm, oft aber erst bei 50 cm gefährdet. Treppenmauern reichen hier mit 12 cm, dort mit 25 cm aus.

Lichthofgrößen schwanken zwischen 40 und 15 qm Größe, Abstände vor Fenstern zu Wohnräumen müssen *hinlänglich* sein, womit Willkür oder dem Ermessen genügend Spielraum gelassen wird.

Selten werden Baugebiete in geschlossener oder offener Bauweise für Landhäuser oder Fabriken ausgewiesen. Einige BOen schreiben vor, daß von einem Treppenpodest nicht mehr als 3 Wohnungen errichtet werden dürfen. Ausnahmen und Befreiungen sind weitgehend unbekannt. Wo sie aber erwähnt werden, ist Voraussetzung außergewöhnliche Härte, dazu Übereinstimmung mit den Sicherheitsparagraphen, hin und wieder auch ästhetisches Interesse.

Strafen schwanken zwischen 30,– bis 150,– Mark je nach den Gesetzen.

Wie die BOen sich über den Wandel in Geschichte und Politik auch über die veränderten Staatsgrenzen fortsetzen, zeigt u. a. die BO von Mülhausen im Elsaß. Dort fußt die BO auf einem Gesetz über die französische Gerichtsverfassung von 1790, beruft sich dann auf eine Verordnung des Kaisers von 1889 und bringt 1903 die BO mit der Änderung heraus, daß ein Paragraph entfällt, wobei nicht mehr zu klären ist, welcher. Es ist tröstlich zu sehen, wie sich von der Französischen Revolution über die Napoleonischen Stürme bis weit ins Deutsche Kaiserreich hinein bestimmte, die Öffentlichkeit sehr interessierende Faktoren erhalten und fortentwickelt haben, als sei nichts geschehen.

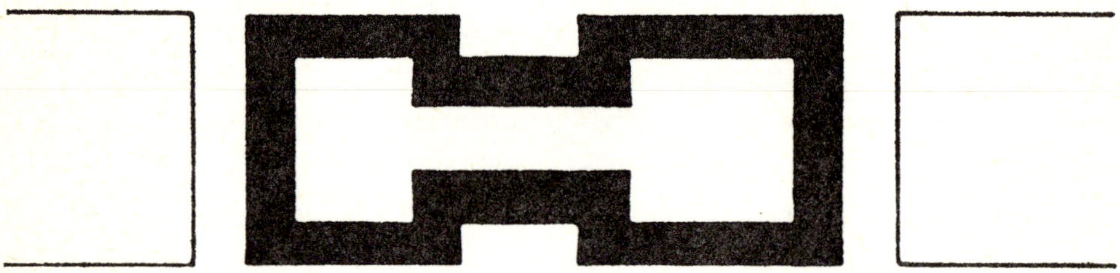

Abb. 11 Ungefährer Maßstab : 7500
Burgartige Randbebauung um 1905, bevorzugt von Baugesellschaften, keine Hinterhäuser mehr, einheitlich aber monoton.

Die positive Einstellung der Fachpresse gegenüber der Baugesetzgebung nach 1871 ist insofern begründet, als in dieser Zeit das Fluchtliniengesetz entstand.

Dieses sich in Jahrzehnten bewährende Baufluchtliniengesetz vom 2.7.1875 [28] war Voraussetzung für eine städtebaulich und soziologisch erstrebenswerte Streuung der Bautätigkeit. Seine Bedeutung bestand u. a. darin, daß es Vorbehaltsflächen freigab für erforderliche Straßen, Plätze und Anlagen. Es enthielt wesentliche Beschränkungen der Baufreiheit, deren Begrenzung jedoch durch Bebauungspläne erfolgen mußte. Diese von der Gemeinde aufgestellten Pläne konnten nur mit Einverständnis der Baupolizei als staatlicher Auftragsbehörde Rechtskraft erlangen. Das Einverständnis konnte versagt werden, wenn das öffentliche Bedürfnis nicht ausreichend gegeben war. Wie behutsam aber das Gesetz die kommunale Selbstverwaltung berücksichtigte, geht aus einem Satz hervor, der wegen seiner Ausdrucksweise wörtlich zitiert werden soll: *Will sich der Leiter der Gemeinde bei der Versagung nicht beruhigen, so beschließt auf sein Ansuchen der Landrat.* [29]

Grundsätzlich gab es keine Entschädigung für die Beschränkung der Baufreiheit zugunsten des öffentlichen Wohles, wohl aber wird das vor die Bauflucht fallende und abzutretende Gelände entschädigt, wenn es der öffentlichen Nutzung unterliegt. Die Anlieger an den neuen Straßen wurden – wie im Einzelfall durch Ortsstatut festgelegt werden konnte – zu den Straßenbaukosten voll herangezogen, die allerdings bei Straßen über 26 m Breite von der Gemeinde selbst aufgebracht werden mußten. Arme Gemeinden haben also niemals breitere Straßen gebaut. Das war ein schwerer, städtebaulich folgenreicher Mangel dieses sonst guten Gesetzes, das alle politischen Veränderungen vom Kaiserreich über die Weimarer Republik, die Hitlerzeit und das 1. Jahrzehnt der Bundesrepublik Deutschland überlebte, bis es durch das Bundesbaugesetz vom 23. 6. 1960 abgelöst wurde. Nur wenigen Baugesetzen war eine solche Lebensdauer beschieden.

Rückschauend stellt sich die Frage, ob es möglich gewesen wäre, die schweren städtebaulichen und wohnungshygienischen Fehler der 2. Hälfte des 19. Jahrhunderts zu vermeiden. Die sozioökonomischen Verknüpfungen waren keineswegs völlig unbekannt, aber den privatwirtschaftlichen Interessen standen hunderte von örtlichen Bauordnungen gegenüber, deren Strukturen uneinheitlich und ohne Zielvorstellungen waren. Sie erkannten die Probleme der Zeit nicht und ermöglichten es deshalb dem Unternehmerdenken fast widerstandslos, sich gegen das allgemeine Wohl durchzusetzen.

Wenn es auch heute müßig ist, zu fragen, wie die noch unzerstörten Stadtteile dieser Jahrzehnte bei zeitgemäßen Bauordnungen aussehen könnten, so muß doch selbstkritisch untersucht werden, ob heute die Sicherungen genügen, um eine Wiederholung solcher Fehler wenigstens zu erschweren, wenn sich die Voraussetzungen hierfür in dieser oder jener abgewandelten Form abzeichnen sollten.

II. Vergleichende Analyse der Bauordnungen von 1919 bis in unsere Zeit

Vergebens werden ungebundne Geister
Nach der Vollendung reiner Höhe streben.
Wer Großes will, muß sich zusammenraffen;
In der Beschränkung zeigt sich erst der Meister,
Und das Gesetz nur kann uns Freiheit geben. [1]

Bauordnung zwischen Kaiserreich und Weimarer Republik

Nach der Verfassung des Deutschen Reiches vom 11. August 1919 kann das Reich gesetzliche Grundsätze aufstellen für das Bodenrecht, die Bodenverteilung, das Siedlungs- und Wohnungswesen.

Für das Baurecht entscheidend sind die Artikel 153 und 155. Danach bedeutet Eigentum – vor allem Grundbesitz – Verpflichtung, es kann aber zum Wohle der Allgemeinheit auch auf gesetzlichem Wege gegen Entschädigung enteignet werden. Der Staat überwacht die Nutzung des Grund und Bodens, um Mißbrauch zu verhüten mit dem Ziel, jedem Deutschen eine gesunde Wohnung zu sichern.

Aus dieser Nutzungsbeschränkung für Grundstücke ergibt sich für die betreffenden Eigentümer eine gewisse Minderung für die Bebauungsmöglichkeiten, für die ihnen kein Schadenersatz zusteht, weil das allgemeine Wohl dem privaten Interesse übergeordnet ist. Höchst erstaunlich ist aber, daß eine Überprüfung der Angemessenheit dieser Beschränkung der verwaltungsgerichtlichen Nachprüfung – natürlich nicht der privatrechtlichen – entzogen ist [2], sofern die Baupolizei das betreffende Gelände nicht deshalb herabstuft, damit die Gemeinde billig Gelände erwerben kann, und es später dann doch intensiver bebaut.

Aus den Sätzen *Die Ausnutzung des Grund und Bodens ist eine Pflicht gegenüber der Allgemeinheit* und *Die Wertsteigerung des Bodens, die ohne Arbeits- und Kapitalaufwendung mit dem Grundstück entsteht, ist für die Gesamtheit nutzbar zu machen,* kann die Möglichkeit einer reichseinheitlichen Baugesetzgebung abgeleitet werden, die aber in Bezug auf die Bauordnung unterblieb.

Anstelle einer Enteignung von Grundstücken kann aber auch nach einer Verordnung vom 9. 12. 1919 die Belastung mit einem Erbbaurecht ausgesprochen werden. Der Zweck – Grundstücke zur Bebauung frei zu bekommen – wird auf diese

Weise auch erreicht. Das Erbbaurecht geht auf 99 Jahre und wird durch einen Vertrag mit einem Erbbauzins und Eintragung in das Grundbuch rechtsgültig.

Das Bauordnungsrecht hat im Umbruch von der Monarchie zur Republik keinen Schaden erlitten, sondern setzte die Entwicklung zur Vereinheitlichung fort. Die Rechtsgrundlage für die kommende Einheitsbauordnung bildete noch das Wohnungsgesetz vom 28. 3. 1918. Es ist erstaunlich, daß vor und noch während des 1. Weltkrieges mit diesem Gesetz so vorausschauend gedacht wurde.

Die Vorgeschichte des Artikels 4 des Wohnungsgesetzes geht zurück bis in das Jahr 1892. Damals versuchte Berlin, durch eine Vorortbauordnung vom 5. 12. 1892 Gefahren zu beseitigen, die aus einer zu gedrängten Bauweise für Mietwohnungen entstanden waren. Der Mangel an Licht und Luft war zwar offensichtlich geworden, aber es gelang den jetzt in ihrer Existenz oder doch in ihrem Streben nach Gewinn bedrohten Bauunternehmern, in sich lange hinziehenden, aber recht unterschiedlich endenden Verfahren bei den Verwaltungsgerichten eine gesetzliche Verankerung der Berliner Grundsätze hinauszuschieben. So entschied das Preußische Oberverwaltungsgericht [3], wirtschaftlichen Verhältnissen solle und müsse in weitem Umfange Rechnung getragen werden. Eine solche Rechtssprechung lähmte die Entstehung neuer, regional begrenzter Initiativen. Es entstanden hin und her im Lande die früher schon erwähnten etwa 300 Bauordnungen, z. T. für die Städte, z. T. für das platte Land. Einige wurden im Rahmen dieser Arbeit bereits untersucht.

Durch Artikel 4 des Gesetzes wurden die Voraussetzungen für eine einheitliche Neuordnung des Bauordnungswesens in Preußen geschaffen.

Durch abgestufte Bauordnungen konnte jetzt die bauliche Ausnutzung von Grundstücken vorgeschrieben werden. Diese Forderung war bereits seit den 80er Jahren des 19. Jahrhunderts immer wieder – erfolglos – erhoben worden. Erfolglos wohl vor allem deshalb, weil der Einfluß der Bauunternehmer und Banken ein längst vorbereitetes Gesetz immer wieder hinausschieben konnte. Offensichtlich war auch die Zeit noch nicht reif gewesen für eine vorausschauende Planung, und erst die sichtbaren Fehler der Gründerjahre hatten Planer, Politiker, Soziologen und Juristen im wahrsten Sinne des Wortes zum Nachdenken veranlaßt. Die Grundsätze des Artikels 4 gehören heute längst zum Allgemeingut jeder Bauordnung, waren aber damals für die Öffentlichkeit noch neu, so z. B. die Abstufung der Bebauungsdichte vom Stadtinnern zu den Außenbezirken. Die Lösung der

Wohnungsprobleme sollte nicht nur nach sicherheitspolizeilichen Grundsätzen erfolgen, sondern dabei auch hygienische, soziale, ja künstlerische Gesichtspunkte berücksichtigen. Durch eine nach Flächenausnutzung und Geschoßzahl begrenzte Bauweise wollte man der ungesunden Entwicklung bei den Grundstückspreisen entgegen wirken, die mit der unbeschränkten Zulassung von Mietskasernen bei höchster Bebauungsdichte in den Ballungszentren der Industriestädte verbunden war. Die Bestimmungen des Artikels 4, verbunden mit ergänzenden weiteren Erlassen, beschränkten den Wohnungsbau auf 3 Geschosse, allenfalls 4, wenn das Erdgeschoß für Läden vorgesehen war. Zu jedem Neubau sollte Land zum Gartenbau in solchem Umfange gehören, daß der Jahresbedarf an Kartoffeln und Gemüse gedeckt werden konnte, sei es auf dem Grundstück selbst oder in unmittelbarer Nähe des Wohnblocks. Da der Ursprung dieses Artikels nicht aus der Zeit von 1919 stammte, sondern schon über 2 Jahrzehnte vorher entwickelt wurde, kann also der Gedanke an die Hungerzeit des Krieges kaum eine Rolle dabei gespielt haben.

Durch das Wohnungsgesetz – im Rahmen dieser Untersuchung interessiert nur der fast revolutionierende Charakter des Artikels 4 – wurde eine neue Rechtslage geschaffen: Es gibt keine Beschränkung mehr für die Festlegung von Baustufen. Das öffentliche Interesse wird als Maßstab zugrunde gelegt. In den nüchternen Paragraphen des Gesetzes findet dieser Grundsatz zwar keinen wörtlichen Niederschlag, aber die Kommentare drücken das klar aus. Die Baupolizei erfährt eine starke Ausdehnung ihrer Wirksamkeit gegenüber dem früheren Rechtszustand. Die Abstufung kann sich beziehen auf die Überbauung des Baugrundstücks, auf die Geschoßzahl, auf die offene oder geschlossene Bauweise, die Abstände und die Zulässigkeit von Hintergebäuden. Ferner werden neue Begriffe eingeführt wie Außengebiet (nicht bebaubar), Baugebiete mit festgelegten Bauklassen, in denen z. B. keine gewerblichen Betriebe angelegt werden dürfen, die Belästigung für die Nachbarschaft bedeuten können usw. Auch Fragen der Gestaltung werden vielfältig angesprochen. Das einheitliche Straßenbild gewinnt Bedeutung, aber erstmalig sind auch Zeichnungen für alle Ansichten von Wohngebäuden vorzulegen. Das bedeutet eine neue Wertung der nicht von der Straße aus sichtbaren Außenflächen. Damit setzte sich der Standpunkt auch der Architekten durch.

Neben den für die Baupolizei schon klassischen Begriffen der Sicherheit und Standfestigkeit kommen ganz neue Grundsätze auf, die hier mit den verschiedenen

Bauweisen – offene, halboffene und geschlossene – für differenzierte Wohngebiete nur angedeutet werden können.

Die preußische Einheitsbauordnung vom 25. 4. 1919 [4]

Diese neuen Gesichtspunkte sollten nun das Bauordnungswesen materiell auf eine einheitliche Grundlage stellen. Das geschah in Preußen durch die Einheitsbauordnung vom 25. 4. 1919, d. h. bereits ein Jahr nach Verkündung des Wohnungsgesetzes vom 28. 3. 1918. Das ist eine erstaunliche Leistung, wenn man bedenkt, was in diesem Jahr in Deutschland geschehen war. Die leitenden Baubeamten waren mit den Verwaltungen offenbar intakt geblieben und arbeiteten kontinuierlich ohne Zeitverlust weiter, ein Umstand, der nach dem 2. Weltkrieg leider nicht eintrat, wie später noch dargelegt wird.

Grundsätzlich sind Bauordnungen dazu bestimmt, das öffentliche Baurecht in objektivem Sinne zu regeln. Sie müssen sich auf das Notwendige im wahrsten Sinne des Wortes beschränken, weil das Grundrecht der Baufreiheit unantastbar besteht, und dürfen darüber hinaus Maßnahmen, die lediglich wünschenswert erscheinen, auch dann nicht erlassen, wenn sie vielleicht durchaus zweckmäßig sind. Hier wird es – wie auch in der Vergangenheit – immer Spannungen geben über die Grenzen, die oft fließend verlaufen. Im Wandel der Zeit wird hierüber oft unterschiedlich gedacht und gehandelt. Was gestern noch gültig war, kann morgen schon überholt oder in der Wandlung begriffen sein und schwankt nach Ort, Zeit und Verhältnissen.

Die Einheitsbauordnung will als Entwurf verstanden werden. Sie ordnet den gesamten Stoff in 38 Paragraphen, zunächst nur für die Städte und Orte mit stadtartiger Entwicklung, weil hier ein besonderer Notstand vorlag. 1931 folgte eine Einheitsbauordnung für das platte Land. Durch einen vorgeschalteten Erlaß wurde festgelegt, daß sie in allen wesentlichen Bestimmungen in die Regierungs- oder Ortspolizeibauordnungen wörtlich übernommen werden muß. Eine deutliche Absage an partikularistische Bestrebungen!

Von lieb gewordenen äußeren Eigentümlichkeiten in den örtlich vorhandenen Vorschriften soll man sich – so sagt der Erlaß – trennen, persönliche Auffassungen müssen zurücktreten. Ausgesprochene Mißstände wie das Bauen von Hinterwohnhäusern, Kellerwohnungen oder zu großer Ausnutzung der Parzellen nach Fläche, Tiefe und Geschoßzahl waren – wie bereits dargelegt wurde – in den früheren zahllosen Vorschriften entweder gestattet oder nicht erwähnt. Jene gingen meist auf die baulichen Gesichtspunkte der Zeit zwischen 1850 und 1880 zurück und waren nach den oft sehr subjektiven örtlichen Verhältnissen aufgestellt oder geändert worden. Das Zeitalter des industriellen Aufschwungs und die Gründerzeit traf diese zersplitterten Bauordnungen völlig unvorbereitet. Es kann nur ein schwacher Trost sein, daß das auch in England genau so war, doch mag es zum Verständnis dienen.

Das materielle Baurecht mit den Bauvorschriften ist im Abschnitt II der Einheitsbauordnung enthalten und bildet den Kern. Nur auf die neuen und wesentlichen Bestimmungen soll hier eingegangen werden.

Das materielle Baurecht

Die klassischen Paragraphen

Die Bauordnung beruht seit ihren ersten Anfängen, wie wir gesehen haben, auf den fast klassisch zu bezeichnenden Grundprinzipien: Feuerschutz, Sicherheit und Gesundheit. Hier stellt die EBO die Gesichtspunkte zusammen, sie ordnet und formuliert neu. Die Begriffe *feuerbeständig* und *feuerhemmend* werden eingeführt an Stelle von verschwommenen und unterschiedlich auslegbaren Bezeichnungen wie massiv, glutsicher, feuerfest, feuersicher usw. Feuerbeständig sind nur solche Bauteile, die unverbrennlich sind und ihr Gefüge bzw. ihre Tragfähigkeit bei einem Brand nicht wesentlich verändern. Als feuerhemmend gilt, was dem Feuer mindestens 1/2 Stunde erfolgreich Widerstand leistet. Durch Versuche in amtlich überwachten Laboratorien werden die Baumaterialien entsprechend eingestuft und klassifiziert. Hier beginnt eine Entwicklung, die im Laufe der Zeit zu den *Deutschen Industrienormen* (DIN) und zum *Güteschutz* führt. Im Verlauf dieser Arbeit werden Güteschutz und DIN-Vorschriften näher analysiert.

Für jeden Bau muß statisch nachgewiesen werden, daß er in allen Teilen standsicher ist und den *allgemein anerkannten Regeln der Baukunst* entspricht. Neue Bauweisen müssen sich einer Prüfung in feuerpolizeilicher, statischer und materialtechnischer Hinsicht unterziehen, für die eine staatliche Prüfstelle geschaffen wird.

Die endgültige Zulassung erfolgt dann im Einzelfall durch die Baupolizei, die damit auch die Verantwortung übernimmt. Genau definiert werden die Anforderungen an Brandmauern. Es soll hier verzichtet werden auf die Darlegung, wie und wo sie zu errichten sind, aber es sei angedeutet, daß neben der Feuerbeständigkeit auch das Recht des Nachbarn eine Rolle spielt. Schornsteine und Feuerstätten müssen somit nicht nur standsicher sein und bestimmte Abstände vom Holzwerk haben, sondern dürfen auch keine Belästigungen der Nachbarn verursachen.

Die allgemeinen Paragraphen

Vom Preußischen Allgemeinen Landrecht aus (siehe Seite 41) wird die Lage der Bauten und ihre Zufahrtsmöglichkeiten entwickelt. Dabei kommen nicht nur feuerpolizeiliche Gesichtspunkte zur Geltung – leichte Befahrbarkeit von der Straße –, sondern auch städtebauliche. Es kann nach dem Ermessen der Baupolizei u. a. vorgeschrieben werden, ob ein Bau in die *Fluchtlinie* gesetzt werden muß oder ob eine andere Anordnung auf dem Grundstück vertretbar ist. Damit deutet sich schon ein Zusammenhang zwischen Stadtplanung und Baupolizei an, der in späteren Jahren weiter ausgebaut wird. Zunächst bleiben allerdings die allgemein praktischen Probleme im Vordergrund, die heute selbstverständlich erscheinen: Grundmauerwerk muß unter Terrain horizontal und vertikal isoliert werden; für Decken und Dächer werden einheitliche Bestimmungen geschaffen, die Material, Art der Räume und Abstände in Relation zueinander bringen. Für Treppen wird aus Sicherheitsgründen der Begriff der *notwendigen Treppe* eingeführt, die einen jederzeit gesicherten Ausgang ins Freie haben muß, und deren Anlage nicht von der freien Entschließung des Bauherrn abhängig sein kann. Festgelegt werden dabei die Sicherheitsabstände von der Treppe zur Mitte des am weitesten entfernten Raumes, das Steigungsverhältnis und die Laufbreite.

Einer Bauordnung waren zu allen Zeiten bei der Einwirkung auf die äußere Gestaltung Grenzen gesetzt. Überall in Stadt und Land gab es Versuche zur Regelung der Gestaltung, die jedoch selten optimale Lösungen boten, diese wohl auch nicht geben konnten, weil die Auffassungen bei Architekten, Unternehmern und Bauherren naturgemäß stets divergieren. Auch der EBO konnte es lediglich gelingen, Grundbegriffe zu klären. Der vielumstrittene Gestaltungsparagraph 24 bezeichnet als unzulässig, was die einheitliche Gestaltung eines Straßenbildes stört. Er spricht dabei von Bauart, -form und -stoff, von Farbe und Muster. Mit einem solchen Kautschukparagraphen hat die EBO immerhin erreicht, daß Fachleute und Juristen sich darüber einig werden müssen, was eine *Störung* ist und vor allem, wer sie zu beurteilen hat. Bei der späteren Entwicklung gerade der Gestaltungsfragen haben die Verwaltungsgerichte starken Anteil genommen. Darauf wird später noch einzugehen sein.

So großzügig wie hier lediglich ein Rahmen abgesteckt wird, so kleinlich werden Einzelheiten behandelt. Beispielsweise *sind* alle bebauten Grundstücke einzufriedigen. Es mag dahingestellt bleiben, ob dieser typisch deutsche Gedankengang aus ästhetischen oder aus Sicherheitsgründen bis ins Detail vorgeschrieben wird. Die Bepflanzungsvorschrift und die Unterhaltung der Bepflanzung deuten auf die Ästhetik und eine gewisse Weltfremdheit, denn wer soll das durchsetzen und kontrollieren?

Dagegen wird die städtebauliche Bedeutung der Vorgärten als Bindeglied zwischen der öffentlichen Straße und dem Privatbesitz – Auflockerung eng bebauter Gebiete und die vereinfachte Möglichkeit späterer Straßenverbreiterungen – noch gar nicht gesehen.

Wesentliches geschieht aber, um die Wohnungen menschenwürdig, d. h. luftig und durchsonnt, zu bauen. Die bitteren Erfahrungen der Gründerjahre waren eine unübersehbare Lehre. Der Begriff *Räume zum dauernden Aufenthalt von Menschen* stellt erstmalig bestimmte Minimalforderungen. Dem *dauernden Aufenthalt* dienen nicht nur Wohn- und Schlafräume, sondern auch Küchen und Wohndielen, Büros, Werkstätten, Läden, Versammlungsräume usw., die bisher ein Schattendasein im wahrsten Sinn des Wortes geführt hatten. Wohnräume müssen eine lichte Höhe von mindestens 2,50 m haben. Wohnungen brauchen Querlüftung und an eine Treppe dürfen in jedem Geschoß nur zwei Wohnungen anschließen.

Das bedingt eine Grundrißstruktur, die den Architekten neue Überlegungen aufzwingt. Noch werden keine Bestimmungen getroffen über die Relation von Fensterflächen zur Größe des Raumes, aber die Fenster müssen unmittelbar ins Freie führen und *hinreichende* Tagesbeleuchtung erzielen. Immer wieder werden im Laufe der Zeit unklare Begriffe in Verwaltungsstreitverfahren untersucht und abgeschwächt oder bestätigt. Daraus entwickelt sich praktisch neues Recht, denn die höchstrichterlichen Entscheidungen werden im Laufe der Zeit durch Erlasse zu erweiterten Bestandteilen der Bauordnungen. Auf diese Weise hat sich herausgebildet, daß Fenster erst dann ausreichend sind, wenn ihre Öffnung 1/8 bis 1/10 der Fußbodenfläche beträgt, und auf etwa 30 cbm Raum 1 qm Fenster kommt. Hierbei wird allerdings vorausgesetzt, daß das Fenster in angemessener Lage zum Fußboden und Raumzuschnitt angeordnet ist.

Die mißbräuchliche Nutzung zweckentfremdeter Räume für Wohnungen kann verboten werden, allerdings soll das nicht geschehen auf einen bloßen Verdacht hin, sondern erst nach Vollzug.

Erstmalig werden feste Definitionen eingeführt für Wohnlauben, Einfamilienhäuser und Mittelhäuser, die unterschiedliche baupolizeiliche, technische und später auch finanzielle Erleichterungen erfahren, um damit dem Mietshausbau entgegenzuwirken.

Der Rahmen für örtliche Regelungen

Die EBO überläßt alles, was mit der Grundstücksausnutzung zusammenhängt, letztlich der örtlichen Regelung und gibt lediglich allgemein gehaltene Anregungen. Das geschieht sehr behutsam, ohne besondere Verbote oder Gebote, um stadtplanerische Absichten und Gedanken nicht zu beschneiden. Ob und inwieweit allerdings die gegebenen Anregungen berücksichtigt wurden, wird später untersucht.

Um gewisse Grundtendenzen zu sichern, soll die Grundstücksausnutzung nach bebaubarer Fläche durch eine Zehntel-Berechnung erfolgen. Es wird angeregt, bezirksweise Bauzonen mit abgestufter Bebauung festzulegen. Das kann zeichnerisch und in Form von Straßenverzeichnissen erfolgen. Die Grenzen zwischen Baugebiet und nicht bebaubarem Außengebiet sind wesentlich. Hier kommt es auf die örtliche Entscheidung an. Eine zentrale Festlegung wird vermieden, jedoch angeregt, für den einzelnen Regierungsbezirk verbindliche Vorschriften über die Ausnutzung der Grundstücke zu geben. Kellergeschosse und Hintergebäude werden aus sozialen Gründen abgelehnt. Vom Verbot soll weitgehend Gebrauch gemacht werden. Das ist über eine Beschränkung der flächenmäßigen Grundstücksausnutzung in vielen Fällen möglich.

Die Rechtsprechung zu dieser Frage ist ausgesprochen verständnisvoll und erkennt an, daß die Gesundheit der Bewohner, genügender Licht- und Luftraum, dem Eigentümer Beschränkungen zumuten kann. Sie beläßt aber dem Eigentümer die Möglichkeit, Hintergebäude zu errichten, solange an der Straße nicht gebaut ist. Offensichtlich haben profitsuchende Bauherren diesen Weg beschritten und sich gegen die Baupolizei durchgesetzt. Allerdings machen sich die Gerichte keine Gedanken darüber, wie nach Errichtung der Vorderhäuser das Verbot des Wohnens in den Hintergebäuden durchgesetzt werden soll. Hier klafft eine Lücke zwischen Theorie und Praxis, die nur auf dem Umweg über die flächenmäßig beschränkte Ausnutzung geschlossen werden kann. Vier Jahrzehnte später wird das zulässige Maß der baulichen Nutzung durch Grundflächen- und Geschoßflächen – und in Industriegebieten durch Baumassenzahlen festgesetzt [5]. Bis dahin bleibt es bei den oft unbefriedigenden örtlichen Vorschriften.

Für den gesamten Komplex *Gebäudeabstand* wird ein Rahmen gegeben, der klare Unterteilungen vorschreibt.

Eine Zäsur wird geschaffen zwischen vorhandener Bebauung, deren Bestand kaum verändert werden kann ohne einschneidende gesetzliche Maßnahmen, und der Anlage neuer Stadtteile und Siedlungen. Für diese müssen die Wände gegenüberliegender Wohngebäude untereinander einen Abstand von mindestens der doppelten Gebäudehöhe haben. Durch geschicktes, allerdings kompliziertes Zusammenwirken der Vorschriften über Flächenausnutzung, Abstände und Bauwich ließ sich mancher unerfreuliche Bauwunsch umorientieren. Wenn dann noch die Gebäudehöhe in fester Beziehung zur Straßenbreite (etwa h = b) steht, – auch das bleibt der örtlichen Regelung überlassen – wird aus der EBO ein brauchbares Instrument, um mindestens die Sünden der Vergangenheit nicht zu wiederholen.

Erstaunlich ist, daß so ausgesprochene Sicherheitsbestimmungen wie Mauerwerksstärken der örtlichen Regelung überlassen bleiben. Es werden zwar in sehr spezifizierter Weise in Tabellenform Vorschläge gemacht, doch bleibt es – wohl mit Rücksicht auf den Baugrund – bei diesen Anregungen. Es ist jedoch sehr erstaunlich, daß alle überprüften örtlichen Bauordnungen diese mit ganz unbedeutenden Änderungen übernehmen. Das mag ein Beweis dafür sein, wie sorgsam diese Tabelle ausgearbeitet ist, die sich auf alle Arten von Außen- und Innenwänden (belasteten und unbelasteten) erstreckt.

Zurückhaltend ist die EBO auf hygienischem Gebiet. Sie überläßt nicht nur die Wasserversorgung, sondern auch die Entwässerung und Beseitigung der Abfallstoffe der örtlichen Regelung durch Polizeiverordnungen. Aus ergänzenden Erlassen, Kommentaren und Entscheidungen der Verwaltungsgerichte wird aber doch sichtbar, daß die Fehler der Vergangenheit überwunden sind. So sollen Aborte unmittelbar nach außen Licht und Luft erhalten. Das bedingt neue Grundrißüberlegungen. Noch bleibt es allerdings möglich, Aborte und Bäder über eine Speisekammer zu entlüften. Badeanlagen spielen in den Wohnungen zahlenmäßig noch eine ganz geringe Rolle, sie werden daher auch wenig erwähnt. Für Neubauten ist bei Vorlage des Genehmigungsantrages darzulegen, wie die Grundstücksentwässerung erfolgt, und im Laufe der Jahre wird – vor allem in den Städten – ein besonderes Genehmigungsverfahren durchgeführt, mit Anschlußzwang an die Kanalisation für Schmutzwasser und Oberflächenwasser. Während es bisher genügte, daß mindestens für zwei Familien ein Abort vorhanden sein mußte, soll nun jede selbständige Wohnung einen Abort haben, der aber nur dann innerhalb der Wohnung liegen darf, wenn er Anschluß an die Kanalisation hat. Der Abort auf halber Treppe bleibt also durchaus noch möglich. Von Badeanlagen oder Duschen ist noch nicht die Rede. Hier beginnt erst – zunächst auch noch zögernd – in den 30er Jahren eine Wandlung.

Eindeutige ministerielle Weisungen gibt es für Dach- und Kellerwohnungen. Zwar ist auch hier die detaillierte Regelung den Regierungs- und Ortsbehörden aufgegeben, aber mit dem Hinweis, Wohnungen im Keller grundsätzlich, im Dach weitgehend auszuschließen. Rückwirkend sollen allerdings Dach- oder Kellerwohnungen – es ist nur an Mietshäuser gedacht – nicht verboten werden. Das geht auch aus einem OVG-Urteil von 1904 [6] hervor, ist aber ein Zeichen dafür, daß mindestens örtlich die Mißstände erkannt waren. Der sogenannte Bestandsschutz wurde schon immer durch die Verwaltungsgerichte stark verteidigt.

Je nach der besonderen Eigenart von Gebäuden können nach der EBO örtlich sämtliche Vorschriften verschärft, nicht aber gemildert werden, weil sie bereits ein Mindestmaß an Sicherheit beinhalten, Gründe der Rentabilität dürfen niemals gegenüber der Sicherheit und Gesundheit der Menschen oder auch der Einheitlichkeit des Ortsbildes Vorrang haben. Die in § 30 geschaffene Möglichkeit, Sonderbauordnungen für die besonderen Arten von Gebäuden zu schaffen, wurde nur zum Teil genutzt und vielfach immer wieder verschoben, gleichzeitig aber wurden die örtlichen Stellen verantwortlich gemacht. Das betrifft vor allem Bauten für größere Menschenansammlungen wie Theater, öffentliche Versammlungsräume, Zirkusanlagen, Warenhäuser und Lichtspieltheater. Leider sind die entsprechenden überörtlichen Verordnungen erst ziemlich spät oder – bei Theatern, öffentlichen Versammlungsräumen und Zirkusanlagen – als Muster veröffentlicht worden. Der rechtlose Zustand wurde dadurch verschärft, daß manche Verordnungen durch Fristablauf (30 Jahre Laufzeit) ungültig wurden, weil man sie nicht rechtzeitig erneuerte. Ein Einbau dieser Sondervorschriften in die allgemeinen Bauordnungen würde diese unübersichtlich machen und zu stark mit technischen Einzelbestimmungen belasten, die zeitlich und materiell unterschiedlich überholt sind. Eine Zusammenfassung aller zwischen 1902 und 1954 erschienenen Sonderbauordnungen für besonders gefährdete oder spezielle Gebäude – dazu gehören u. a. auch Krankenhäuser, Hochhäuser und Garagen – und bautechnische Einzelbestimmungen wurde 1955 herausgegeben. Es würde den Rahmen dieser Arbeit sprengen, auch auf dieses Werk einzugehen. [7]

Wer angesichts der Wohnbezirke der Gründerjahre mit ihrer Massierung und lieblosen, häufig nur einfallslosen städtebaulichen Eingliederung jetzt die EBO betrachtet, die doch erhebliche Verbesserungen für den Wohnungsbau bringt, wird erst recht erstaunt sein, daß diese völlig versagt beim Industriebau. Die in Deutschland vorhandenen Zentren der Industrie im Ruhrgebiet, in Sachsen, Oberschlesien usw. sind meist ungeordnet, ohne langfristige Planung, je nach dem gerade vorhandenen Bedarf, schnell und meist in trostloser und massierter Bauweise entstanden. Es ist kein Wunder, daß diese Gebiete Krankheitsherde nicht nur in gesundheitlicher und sozialer Hinsicht bildeten, sondern auch den Boden für politischen Radikalismus ebneten. Die Gesellschaft, der Staat erkannten viel zu spät, daß nur energische Eingriffe hilfreich sein konnten.

Über Industriebauten sagt die EBO, wie erwähnt, also nur wenig und überläßt den genehmigenden Stellen den Umfang der Bebauung. Aber auch das Wenige ist unbefriedigend. Es wird empfohlen, je qm Grundstücksfläche die enorme Zahl von 8 bis 12 cbm Bausubstanz zuzulassen. Die Fabriken können sogar bis auf die Grundstücksgrenze gebaut werden, wenn der Nachbar das auch tut. Andernfalls sind 5 m Grenzabstand erforderlich. Der Gedanke an Freiflächen zur Erholung der Arbeiter in den Pausen, an Grün zwischen den Fabriken ist noch unbekannt. Man hat das Gefühl, diese Bestimmungen haben weltfremde Menschen ausgearbeitet. Es wirkt makaber, wenn im Anschluß an die Vorschriften über Fabrikbauten ganz unbefangen gesagt wird, Fabriken verlangten viel Licht, frische Luft und helle Räume, es sei aber unbedenklich, größere Ausnutzungen nach Fläche, Höhe und Tiefe zuzulassen. *Maßgeblich ist der Zweck des Betriebes*, heißt es wörtlich. Hier liegt der wunde Punkt. An die Empfehlung einer – rechtlich allerdings nicht vorgesehenen – Beratung der Betriebe durch die örtlichen Stellen beim Erwerb, Tausch oder der Regelung von Grundstücken ist nicht gedacht. Sie hätte manche Auflockerung der Industriegebiete bringen können.

Das formale Baurecht

Das formale Baurecht der EBO kann kurz behandelt werden. Es ist für die zur Erteilung der Baugenehmigung zuständigen Stellen – das bleiben unverändert die Städte bzw. Landkreise – verbindlich. Die Baugenehmigung ist eine gebundene Genehmigung, d. h. sie muß erteilt werden, wenn ihr – unbeschadet der Rechte Dritter – öffentlich-rechtliche Gründe nicht entgegenstehen. Ausnahmen von den zwingenden Bestimmungen sind nur zuzulassen, wenn das im Text ausdrücklich vorgesehen ist. Dispense, d. h. Befreiung von zwingenden Vorschriften, sind nicht möglich, um das betreffende Baugrundstück höher als zugelassen auszunutzen. Nur aus zwei Gründen kann ein Dispens erteilt werden: Entweder wenn es das öffentliche Interesse erfordert – etwa bei Beanspruchung von Teilen des Baugrundstücks für den Ausbau einer Straße – oder wenn im Einzelfall eine im Gesetz nicht vorgesehene Härte vorliegt, gleichzeitig aber eine Abweichung mit dem öffentlichen Interesse vereinbar ist. Der Dispens setzt ein Verfahren voraus, in dem diese Voraussetzungen zu prüfen sind. Die Aufsichtsbehörde muß dabei eingeschaltet werden. Es besteht kein Rechtsanspruch auf Dispense, auch dürfen sie nur für den Einzelfall ausgesprochen werden, um ein Gewohnheitsrecht zu vermeiden.

Einheitlich geregelt wird in der EBO, welche Bauten genehmigt werden müssen, wo nur eine Anzeige erforderlich ist und was genehmigungsfrei bleibt. Auch Bauvorhaben des Staates usw. sind genehmigungspflichtig, doch braucht für diese kein statischer Nachweis vorgelegt zu werden, auch sind sie nicht den Roh- und Gebrauchsabnahmen durch die Genehmigungsstellen unterworfen.

Die Bauvorlagen müssen so durchgearbeitet sein, daß die technische und gestalterische Prüfung einwandfrei möglich ist. Es sind also im Unterschied zu früher alle Ansichten darzustellen, natürlich die Grundrisse mit Angabe der Benutzungsart aller Räume, Schnitte mit Treppen usw. im Maßstab 1 : 100, statische Berechnungen und auf Verlangen auch Sonderzeichnungen. Dieses *Verlangen* wird in das pflichtgemäße Ermessen der Genehmigungsbehörde gestellt und damit eine recht anfechtbare Regelung getroffen, die Anlaß zu zahlreichen Verwaltungsstreitverfahren gab.

Die Prüfung der statischen Berechnungen schwierigerer Art konnte nicht immer bei den unteren Ortsbehörden geschehen. Deshalb wurde eine besondere staatliche statische Prüfungsstelle in Berlin eingerichtet. In den 20er Jahren entwickelte sich die Bautechnik und Statik so schnell, daß es für die Baubehörden schwer war, im Prüfungsverfahren gleichen Schritt zu halten. Eisenbeton und Flußstahl begannen sich durchzusetzen, und neue Konstruktionen mit Flachdächern lösten oft das traditionelle Steildach ab. Das Bauhaus Dessau und Architekten wie Gropius, Mies van der Rohe und Le Corbusier beschritten aus funktionellen Gründen völlig neue Wege der Baukonstruktion. Es war daher sehr geschickt, Praxis und Bauverwaltung durch *Prüfingenieure für Statik* zu verbinden. Das geschah durch einen Erlaß des Preußischen Ministers für Volkswohlfahrt vom 3. 12. 1926 und bewährte sich bald als eine zeitnahe und zukunftswirksame Maßnahme. Die Prüfingenieure mußten mindestens 10jährige Erfahrung in der Anfertigung und Prüfung statischer Berechnungen nachweisen, konnten sich anschließend einer Fachkommission stellen und wurden dann zur Prüfung statischer Berechnungen für ein bestimmtes Fachgebiet auf eigene Verantwortung, unter Beachtung der amtlichen Bestimmungen, berufen.

Die Prüfingenieure blieben freiberuflich tätig, erhielten aber einen beamtenähnlichen Status. Ihre Prüfung der statischen Berechnungen erfolgte im Auftrage des Bauherrn im Einvernehmen mit der Baupolizei und hatte öffentlich-rechtsverbindlichen Charakter. Zunächst wurden die Prüfingenieure nur für bestimmte räumliche Bezirke zugelassen, im Laufe der Zeit waren aber Überschneidungen unvermeidlich und setzten sich durch. Bauwirtschaft, Architekten und Baubehörden sind seit über 4 Jahrzehnten Nutznießer dieser Einrichtung. Inwieweit hier ein Modell auch für den freien Architekten entwickelt wurde, wird später noch untersucht.

Die seit Eike von Repgows Zeiten in Deutschland übliche Form der Schriftlichkeit der Baugenehmigung durch Bauschein ist in der EBO verankert und wurde durch höchstrichterliches Urteil [8] ausdrücklich bestätigt. Eine mündliche Genehmigung ist in der Regel unverbindlich. Alle genehmigungspflichtigen Bauten unterliegen zwei Abnahmen. Bei der Rohbauabnahme müssen noch alle Konstruktionsteile sichtbar sein. Vor der Gebrauchsabnahme darf das Gebäude nicht benutzt werden. Zu jeder Bauabnahme sind Bauherr und Bauleiter zu laden. Durch die Abnahmen erfolgt aber keine bautechnische Überwachung, sondern nur eine baupolizeiliche, die bautechnische Kenntnisse voraussetzt. Eine gewisse Partnerschaft und Verantwortung des Architekten wird dadurch deutlich und die bürokratisch-autoritäre Stellung der Baupolizeibehörde – wie sie sich in dieser Karikatur darstellt – abgebaut.

Abb. 12

In der EBO ist zwar vorgeschrieben, daß vorgelegte Zeichnungen technisch einwandfrei sein müssen, nichts aber ist gesagt über die Qualifikation des Bauleiters oder Architekten. Die öffentlich-rechtliche Verantwortung für den Bau bleibt offen. Erst in den 60er Jahren ändert sich das. Bis dahin kann die Baupolizei die Bauvorlagen jeweils nur so oft und solange zurückweisen, bis sie technisch und formal in Ordnung sind, was aber natürlich keine Gewähr dafür bietet, daß der Planfertiger auch als Bauleiter – besonders hinsichtlich der Beachtung öffentlich-rechtlicher Vorschriften – qualifiziert ist.

Wichtig ist der Schutz der Bauarbeiter, für den Bauunternehmer und Bauleiter verantwortlich sind. Das bezieht sich auch auf die Baugerüste und die Abschirmung der Baustellen gegen Unbefugte.

Seit es Gesetze oder Bauordnungen gibt, werden ihre Bestimmungen auch überschritten und nicht beachtet. Ein Zwangsgeld bis zu RM 150,– oder Haft bis zu 2 Wochen droht die EBO den *Schwarzbauern* an, die damals wie heute dadurch kaum abgeschreckt wurden. Allerdings kann die Baupolizei die Herstellung vorschriftsmäßiger Zustände erzwingen. Dazu gehört zunächst auch die nachträgliche Vorlage technisch einwandfreier Unterlagen. In einer Entscheidung des OVG [9] heißt es dazu, daß bei *frivoler Überschreitung* der Gesetze und Bauordnungen mit aller Strenge vorgegangen werden muß. Dazu gehöre auch die Stillegung des strittigen Baues als empfindlichstes Zwangsmittel, das aber im Interesse der wirtschaftlichen Schäden – auch für die unschuldigen Bauarbeiter im Zeichen der Arbeitslosigkeit – nur bei groben Verstößen gegen die Bauordnung angewendet werden sollte. Wenn *summum ius – summa iniuria* wird, kann das leicht zu Verhärtungen ja sogar Michael-Kohlhaas-Tragödien führen. Darum wird ein Abbruch immer erst das letzte Mittel sein.

Auswirkungen auf Städte, Regierungsbezirke, Länder und die Praxis

Es war zweifellos ein Wagnis, den Bauverwaltungen und der Bauwirtschaft in einer Zeit politischer Unsicherheit und gesellschaftlichen Umbruchs eine EBO vorzulegen und ihre Verbindlichkeit anzustreben. Würde sie sich einbürgern oder blieb man beim offiziellen Durchsetzen in einer reservatio mentalis und bei den alten, vertrauten Gewohnheiten?

Anhand zahlreicher Bauordnungen, die in den Städten, Regierungsbezirken,

Provinzen und Ländern nach dem Vorbild der Einheitsbauordnung erlassen worden sind, soll das untersucht werden. [10]

Der Querschnitt der besonders untersuchten 14 Bauordnungen kann in etwa als repräsentativ für Deutschland nördlich des Mains gelten. In den drei süddeutschen Ländern verlief die Entwicklung etwas anders, aber ohne große fachliche Unterschiede.

Es mag zunächst überraschen, daß es zwischen 3 und 14 Jahren dauerte, bis die örtlichen Bauordnungen im Sinne der EBO umgearbeitet wurden und Rechtskraft erhielten. Das lag jedoch wohl keineswegs an bösem Willen, sondern an den schwierigen Verhältnissen. Die Bauordnungen mußten durch die örtlichen Instanzen umgearbeitet werden, dabei gab es Widerstände mit mehr oder weniger wichtigen Änderungswünschen durch Bauämter und die politischen Gruppen gegen diese vermeintlichen Eingriffe in die schwerfälligen und empfindlichen Selbstverwaltungen der Städte.

Der Aufbau und die formale Seite der EBO wurden weisungsgemäß allgemein unverändert übernommen. Im Westen hielt man vielfach bei den Strafparagraphen RM 50,– bis RM 60,– für ausreichend.

Die klassischen Sicherheitsbestimmungen wurden kaum verändert. Es wäre gefährlich gewesen, geringere Forderungen zu stellen. Im Westen des Reichsgebietes gab es einige zusätzliche Bestimmungen, die auf örtlichen Erfahrungen beruhten. In den 1866 *neu erworbenen Landesteilen* – wie es in den dort eingeführten Bauordnungen noch in den 20er Jahren heißt – konnte man sich weiterhin nicht trennen von alten Bezeichnungen wie glut- und feuersicher, von Maßeinheiten für Schornsteine, und gab Hinweise auf schärfere Erlasse aus der alten Hannoverschen Zeit. Im Westen wurden hier und dort schwächere Wandstärken für möglich gehalten, dagegen legte man besonderen Wert auf eine Ausweitung der Bestimmungen für Heizräume, was auf größere Verbreitung von Zentralheizungen schließen läßt, entsprechend dem nach Westen steigenden Zivilisationstrend. Bei den untersuchten Bauordnungen sind Abweichungen hinsichtlich der Sicherheitsforderungen nicht erkennbar und je weiter nach Osten, desto wortgetreuer wird die EBO übernommen.

Das gilt auch für die allgemeinen Bestimmungen (Zufahrt, Gestaltung, Treppen – diese dürfen bei Einfamilienhäusern etwas steiler sein – Wohnräume usw.). Es kann deutlich festgestellt werden, daß man in den östlichen Landesteilen und Städten unkritischer ist als im Westen und sich auf die obrigkeitliche Weisung verläßt. Im Norden und Westen, vor allem in den Großstädten, wird die EBO selbstbewußt erweitert, es werden bei Treppen Kopfhöhen verlangt von 1,90 m oder 2,00 m statt 1,80 m, man legt Wert auf die Verwendung von *ortsüblichem Material,* und in Gestaltungsfragen werden vor allem in den kunstgeschichtlich interessanten Städten recht eingehende Zusatzwünsche laut. Aber auch die Industriestädte stehen in ihrer Weise nicht nach, verbieten Sheds an Straßen und freistehenden Brandmauern. In kleineren Städten und ländlichen Gegenden tritt die Freude am liebevoll entwickelten Detail – Balkonen, Erkern, Reklamezeichen, Hecken – hervor, während in den Bezirksbauordnungen und denen der Großstädte die Einheitlichkeit des Straßenbildes und der Versuch, die Gesamtarchitektur zu formen, herausgearbeitet wird.

Die Möglichkeit, Rahmenbestimmungen der EBO in eigener Zuständigkeit auszufüllen, wird überall ausgenutzt und zwar um so mehr, als ein zeitlicher Abstand mit der Entstehung der EBO besteht: Hintergebäude, Wohnungen im Keller und oft auch im Dach werden verboten.

Die wichtigste Entscheidungsfreiheit ist durch die EBO den Städten bei der Ausnutzung der Baugrundstücke gegeben. Man hätte annehmen können, daß im Norden und Osten – der Weiträumigkeit des Landes entsprechend – größere Freiflächen für Baugrundstücke ermöglicht wären, als im dichtbesiedelten Westen. Das trifft aber nicht zu, denn gerade im Westen verfügte man vorsichtig über das Bauland und ging in den Innenstädten kaum über die üblichen Ausnutzungsziffern hinaus, um eine Massierung des Bauvolumens zu verhindern. Freiflächen von $^{3}/_{10}$ durften nirgends unterschritten werden. Tabellen mit Angaben der frei zu haltenden Fläche je nach Ausweisung eines Baugebietes boten wirksame Mittel, um abgestufte Bauzonen zu erhalten oder zu schaffen. Einige Großstädte im Rheinland schufen sich bereits in Ergänzung ihrer Bauordnungen farbige Bauzonenpläne mit Baugebietsausweisungen, Geschoßzahlen und Angaben über die ausnutzbare Fläche von $^{1}/_{10}$–$^{7}/_{10}$. Vereinzelt wurde sogar die Bebauungstiefe mit 12–20 m festgelegt.

Bei den Bauwichbreiten im offenen Gebiet verlangte der Norden meist nur 2,50 m, der Westen aber 3,00 m als Minimum bei eingeschossiger Bauweise. In einigen Sonderfällen wurde im Villengebiet sogar 7,50 m Bauwich vorgeschrieben (Wuppertal). Diese Bezirke gehören noch heute zu den liebenswertesten Wohngegenden dieser vielfach reizvollen bergischen Industriestadt.

Die Gebäudehöhen in der Straßenbauflucht werden örtlich sehr unterschiedlich festgelegt. In Norddeutschland darf die Höhe $2/3$, häufig sogar $1/2$ der Straßenbreite nicht überschreiten, während im Westen Gebäudehöhe = Straßenbreite weitgehend als ausreichend angesehen wird. In einzelnen Großstädten darf die Gebäudehöhe die Straßenbreite um 2,00 m überschreiten, gelegentlich wird die Gebäudehöhe sogar nach einer bestimmten Formel ermittelt. Häufig wird eine Gebäudehöhe in m für einzelne Straßen festgelegt, wodurch sich dann komplizierte Ecklösungen ergeben bei schmaleren Nebenstraßen. Um Beeinträchtigungen dieser schmalen Straßen zu vermeiden, darf der Eckbau nur 10–15 m weit in gleicher Höhe wie an der breiteren Straße herumgeführt werden.

In Bezug auf Forderungen an sanitäre Einrichtungen stecken die Bauordnungen noch in den allerersten Anfängen. Gewiß werden Aborte innerhalb der Wohnungen allgemein nur zugelassen, wenn Kanalanschluß besteht, andernfalls werden sie gedankenlos auf halber Treppe oder in einem Anbau erlaubt. Die Architekten haben in der Grundrißgestaltung in den ersten Nachkriegsjahren nur geringe schöpferische Fähigkeiten entwickelt. Bei der finanziellen Misere und dem Überfluß an Wohnungen – in den 20er Jahren standen viele Wohnungen leer – war das allerdings verständlich. Von Bädern ist nur ganz vereinzelt die Rede, und dann wird etwas rückständig noch von der *Badestube* gesprochen. Das *Durchschnittseinkommen war für die wenigen Komfortwohnungen* noch zu gering. Obwohl der Mietpreis etwa 18–25 % des Einkommens betrug, war er – absolut betrachtet – keineswegs hoch. Es wurde damals aber nur sehr wenig verdient, und die Mitarbeit der Frau war allenfalls in der Arbeiterschaft gelegentlich möglich und üblich.

Beim Industriebau wird die hohe cbm-Ausnutzungsziffer der EBO glücklicherweise nirgends übernommen. Statt der Höchstgrenze von 12 cbm/qm werden 8 bis 10 cbm und 5 m Grenzabstände für vertretbar gehalten. Hier ging die Überlegung voraus, daß die praxisnäheren Orts- oder Bezirksstellen einen klareren Blick für die städtebaulichen Notwendigkeiten hätten, obwohl gerade hier ein besonderes Interesse an der Ansiedlung von Industrie besteht.

Die untersuchten regionalen BOen übernahmen ohne besonderen Hinweis sinngemäß, z. T. sogar wörtlich, die EBO, Oldenburg sogar noch 18 Jahre später (1937). Das geschah mit der Einschränkung, die größeren Städte sollten eigene BOen für ihren Bereich erlassen. Interessante oder wesentlich neue Gedanken sind nicht erkennbar.

Aus diesen Darlegungen kann geschlossen werden, daß die EBO trotz mancherlei Schwächen doch einen wesentlichen Schritt nach vorn führte, und zwar sowohl bezüglich des materiellen Baurechts als auch vor allem im Blick auf eine gewisse Einheitlichkeit. Der Wunschtraum: in necessariis unitas, in aliis libertas ist zwar noch nicht erreicht, aber es sind deutliche Zeichen in dieser Richtung gesetzt. Es gibt in der Fachliteratur der Weimarer Zeit kaum kritische Hinweise aus der Bauwirtschaft und von Architekten über die Grundprinzipien der EBO bzw. der von ihr abgeleiteten regionalen BOen. Das kann durchaus als Positivum gewertet werden.

Die EBO war naturgemäß nicht in der Lage, städtische und ländliche Verhältnisse gleichmäßig zu ordnen. Für die Ebene der Provinzen wurde daher der Entwurf einer BO für das platte Land vom 22. 3. 1931 ausgearbeitet, der sich im Aufbau an die EBO anlehnt, aber mehr Rücksicht nimmt auf die ländlichen Verhältnisse. Diese BO bringt keine besonders erwähnenswerten Gesichtspunkte.

Die Einheitsbauordnung vom 7. 2. 1938

Keine grundsätzlichen Wandlungen

Es brauchte fast 2 Jahrzehnte, bis die EBO von 1919 in den letzten Städten eingeführt war. Inzwischen hatten sich die politischen Verhältnisse wieder grundlegend gewandelt, und es lag offenbar der Gedanke nahe, auch die BOen zu ändern. Am 7. 2. 1938 erschien eine neue EBO für Preußen. Es wäre nicht verwunderlich gewesen, wenn die grundsätzlich neuen Ideen der Boden- und Siedlungspolitik darin ihren Niederschlag gefunden hätten. Das geschah jedoch nicht. Die neue EBO enthält gegenüber 1919 weder revolutionäre noch überhaupt neue Gedanken. Der Aufbau ist unverändert, manches wurde übersichtlicher. Die Baupolizeibehörde wird durch die Baugenehmigungsbehörde abgelöst, aber das ist lediglich eine sprachliche Änderung. Eingearbeitet werden durch Anlagen zu den unveränderlichen Bestimmungen nur technische Probleme, die sich aus der Zeitentwicklung und aus Erfahrungen ergeben haben: Die Planfertiger müssen jetzt – das war 1919 wohl vergessen worden – neben den zeichnerischen Unterlagen im Maßstab 1:100 auch eine Baubeschreibung vorlegen mit schriftlicher Darstellung der Bauabsichten. Die Grundstücksausnutzung wird stärker eingeschränkt, da es sich gezeigt hat, daß die Bezirks- und Orts-BOen vielfach zu weit gegangen waren. Geschoßzahl und flächenmäßige Ausnutzung sollen sich jetzt stärker wechselseitig beeinflussen, d. h. beim Überschreiten einer bestimmten Geschoßzahl sollte das Grundstück weniger überbaut werden. Umgekehrt gilt sinngemäß dasselbe. Über 3 Geschosse soll überhaupt nicht gebaut werden, 2 Geschosse soll die Regel sein. Das wird zwar mit Standfestigkeit und Feuersicherheit begründet, konnte aber damals den Fachmann kaum überzeugen. Vielmehr sollte auf diesem Wege offensichtlich eine niedrige Bauweise durchgesetzt werden. Mehr als ausnahmsweise 4 Geschosse sollen nirgends mehr zugelassen werden.

Um aber städtebauliche Langeweile zu vermeiden, kann mit der Geschoßzahl gewechselt werden, wenn bei höherer Bebauung gleichzeitig mehr Grundstücksfläche unbebaut bleibt.

Eckgrundstücke können in besonderen Fällen noch etwas stärker bebaut werden. Es hatte sich nämlich herausgestellt, daß sie vielfach unbebaut blieben, weil die Anliegerleistung aus 2 Straßen zu hoch war. So ergaben sich häßliche Brandmauern. Die Straßenbaukosten wurden nach den gesetzlichen Bestimmungen aus der Zeit vor 1900 nach lfdm. Straßenfront berechnet. Sie wurden dadurch so hoch, daß sich normale Wohnhäuser auf Eckgrundstücken nicht rentierten. Als Folge dieser Planung entstanden z. B. die vielen Gastwirtschaften und Läden – mehr oder weniger zufällig und unorganisch, oft nur erdgeschossig – an den Straßenecken der Großstädte.

Die Straßenbaukosten wurden – wie bereits dargelegt – nach dem Fluchtliniengesetz von 1875 und den aus ihm abgeleiteten Ortsstatuten erhoben. Das geschah meist nach Einheitssätzen oder den entstandenen Kosten nach Fertigstellung der Straßen. 1936 entschied das Preußische OVG, die Kosten müßten unter Berücksichtigung der Kosten des Gesamtstraßennetzes nach Einheitssätzen je lfdm. Straßenfront erhoben werden. Eine klare Entscheidung. Erst nach Jahrzehnten ging man teilweise dazu über, die Anliegerkosten nach Grundstücksgröße zu berechnen.

Die großen Städte waren gehalten, Sonderbauordnungen mit Baugebietsaufteilungen auszuarbeiten. Hiervon sollen einige später kritisch analysiert werden.

Der Widerstand der Bezirks- und Ortsinstanzen gegen eine zu starke Verdichtung des Industriegebiets drückt sich in einer Minderung der zulässigen Baumasse aus (9 cbm für jeden qm Grundstücksfläche). Bei dieser Minderung bleibt ein von der Gemeinde für Industrie-Ansiedlung ausgewiesenes Gebiet kaum interessant, weil örtlich vergleichsweise meist niedrigere Bodenpreise erzielt werden können als für Wohnungsbaugelände.

Es gibt aber auch Rückschritte in der 2. EBO. Ohne Begründung wird vorgeschrieben, an der bisherigen Übung, wonach die Gebäudehöhe die Straßenbreite nicht überschreiten solle, sei nicht festzuhalten. Das mochte ausnahmsweise richtig sein, könnte aber im Regelfall oder gar bei Überschreitung den 45° Lichteinfall beeinträchtigen und zu ungesunden Wohnverhältnissen führen. Das wurde bei den Gemeinden trotz der in dieser Vorschrift liegenden Versuchung anerkannt, denn bei keiner der untersuchten BOen wurde diese Erleichterung in Anspruch genommen.

Auf Sicherheitsprobleme soll hier nicht eingegangen werden, weil das an anderer Stelle dieser Arbeit geschieht (DIN). Nur so viel sei erwähnt, daß die statischen Berechnungsgrundlagen für Stahl und Gußeisen im Hochbau, für Eisenbeton und Bauteile aus künstlichen und natürlichen Steinen durch zahlreiche Min.-Erlasse nach und nach verändert wurden.

Das Wort *Strafe* wird in der 2. EBO vermieden. Das ist im Jahre 1938 erstaunlich, denn es wird auf diese Weise der kriminelle Eindruck bei Nichtbefolgen der BO vermieden und die Betonung auf das Beugemittel gelegt. Das entsprach sicher dem Wunsch der technischen Behörden, die eine Bestrafung stets mit Unbehagen vornahmen. Eine Änderung des beanstandeten Zustandes war sowieso meist nicht zu erreichen. Das konnte auch nicht Sinn einer Strafe, sondern nur der Strafankündigung sein.

Auswirkungen auf die Bezirks- und Ortsbauordnungen

Entscheidende Initiativen wurden bei den BOen, die sich auf der 2. EBO aufbauten, nicht bemerkt. Die Zahl der untersuchten BOen [11] war hier geringer, und das Ergebnis kann nicht unbedingt als repräsentativ gelten. Das ist auch nicht notwendig, weil eigene Ideen kaum relevant wurden. Häufig handelte es sich nur um neue Auflagen der bisherigen BOen, weil die alten vergriffen waren. Bei dieser Gelegenheit wurde gern eine Überarbeitung im Sinne der EBO vorgenommen. Aufbau und formales Recht blieben unangetastet. Das läßt eine Kontinuität bei allen Instanzen der Bauverwaltungen erkennen. Man bedenke dabei, was politisch zwischen 1919 und 1938 geschehen war. Die Beständigkeit der Bauverwaltung wurde schon beim Abschnitt »Übergang vom Kaiserreich zur Weimarer Republik« erwähnt. Es zeigte sich also, daß das kein Zufall war, sondern ein wichtiger Faktor bei den sich wandelnden politischen Systemen.

Zahlreiche Regierungs- und Orts-BOen gehen mit Einzelvorschriften über die EBO hinaus, bleiben aber betont nüchtern, kühl und sachlich ohne Konzessionen an den Stil der Zeit. Andererseits fehlen aber auch – wie erwähnt – wesentliche Bereicherungen, und man beschränkt sich auf sorgfältiges Einarbeiten der als notwendig erkannten Verbesserungen.

Fast überall werden die Vorschriften für Zentralheizungen ergänzt und dem Stand der Technik angepaßt.

Die klassischen Sicherheitsfragen, angefangen von der Einführung der Normen in die BOen bis zu detaillierten Festlegungen über feuerbeständige bzw. -hemmende Bauteile, Brüstungshöhen, Balkone usw. werden verfeinert. In den Hansestädten wird das mit besonderer Akribie betrieben – man glaubt, die stärkere Mitarbeit der Juristen spüren zu können –, es bestehen aber sonst keine grundsätzlichen Abweichungen gegenüber der EBO, nur wird die lichte Höhe für Wohnräume auf 2,75 m statt 2,50 m festgelegt. In Bremen müssen Anträge auf Dispense von der BO öffentlich bekannt gemacht und eine Woche zu jedermanns Einsicht ausgelegt werden.

Größere Beachtung wird den sanitären Einrichtungen geschenkt: Aborte und Bäder müssen Fenster an der Außenwand haben, Fäkaliengruben unterliegen verschärften Bestimmungen, in vielen Städten sind Überläufe in den Vorfluter wegen Gefahr der Untergrundverschmutzung sogar verboten.

In den Großstädten wird eingehend die Bauarbeiterfürsorge beachtet (Sicherheit der Baugerüste, warme und trockene Baubuden).

Fast alle Großstädte haben sich in der zweiten Hälfte der 30er Jahre, meist nach Veröffentlichung der EBO, eigene Sonder-BOen erarbeitet, die in Form von Straßenverzeichnissen das gesamte Stadtgebiet erfassen. In jahrelanger, mühsamer Kleinarbeit mußten dazu die Voraussetzungen zusammengetragen werden. Diese BOen wurden für etwa 2 Jahrzehnte zu wichtigen Faktoren einer geordneten Stadtentwicklung. Oft wurden sie durch Bebauungspläne veranschaulicht. Sowohl in der EBO als auch in den aus ihr entwickelten BOen der Regierungsbezirke waren die bauliche Ausnutzung der Grundstücke und die Gebäudeabstände einer Regelung der örtlichen Bauordnungen übertragen, wobei bestimmte Grundsätze als allgemein verbindlich aufgestellt waren. So wurden die Sonder-BOen als integrierende Bestandteile in die Bezirks-BOen eingefügt.

Für alle Straßen und Plätze des Baugebiets der betreffenden Stadt wurde die Bebauungsmöglichkeit nach Fläche, Höhe und Abständen schriftlich festgelegt. Zunächst erfolgte die Eingruppierung in das betreffende Baugebiet. Hier unterschied man zwischen Wohngebieten mit offener ($^{3}/_{10}$) oder geschlossener Bauweise ($^{4}/_{10}$), dem Geschäfts- ($^{5-7}/_{10}$), Kleingewerbe- ($^{5-6}/_{10}$) und dem Industriegebiet, für das in einigen Orts-BOen 10 % freie Fläche für Grün- und Erholungsflächen gefordert werden; ferner wurde unterschieden zwischen dem Kleinsiedlungs- ($^{1-2}/_{10}$), dem bebaubaren ($^{2}/_{10}$) und dem nicht bebaubaren Außengebiet. Die in Klammern gesetzte flächenmäßige Ausnutzung war in Anlehnung an die EBO in den Regierungs-BOen bereits optimal bestimmt und wurde meist übernommen.

Es folgt in den Orts-BOen die zulässige Zahl der Vollgeschosse mit dem Zusatz, ob selbständige Wohnungen im Dachgeschoß möglich sind oder nicht. Bis zu zwei Vollgeschossen wird der Ausbau des Dachgeschosses für Wohnungen meist zugelassen. Neu eingeführt wird in vielen Städten des Rheinlandes, weniger im Norden und Osten, eine höchstzulässige Tiefe der Bebauung. Hier wird in einzelnen Großstädten differenziert. Im Wohngebiet schwankt die Gebäudetiefe zwischen 12–14 m, im Geschäftsgebiet zwischen 16–18 m, und im Kleingewerbegebiet zwischen 18 bis 20 m. Für den Bauwich haben sich 4 m generell bei ein- bis zweigeschossiger Bauweise durchgesetzt. 5 m gelten bei höherer Geschoßzahl, die aber in der offenen Bauweise zu jener Zeit praktisch kaum vorkam.

Grundstücke, Wege oder Straßen, die in den Orts-BOen nicht erfaßt wurden, gelten als unbebaubares Außengebiet. Hier war eine Baugenehmigung – wenn überhaupt – nur über einen Dispens zu erreichen, für den die Voraussetzungen an anderer Stelle dieser Arbeit untersucht werden.

Mit diesen so ausgefeilten Orts-BOen schufen sich die Städte ein wichtiges Instrument für eine ruhige, planmäßige Entwicklung. Durch die übersichtliche Buchform erhielten Architekten und interessierte Bauherren die Möglichkeit, sich ohne behördliche Hilfe über die Ausnutzung der einzelnen Grundstücke zu orientieren.

Strukturen des Wohnungsbaues – ein Seitenblick

Bei der Analyse der EBO und ihren Auswirkungen auf den Ortsbereich stand der Wohnungsbau vielfach im Mittelpunkt, auch wenn nicht expressis verbis davon gesprochen wurde. Wie bereits mehrfach anklang, wurden ausreichend Licht, Luft und Sonne als wesentliche Faktoren für den Wohnungsbau gefordert, aber die sanitären Verhältnisse blieben fast unerwähnt. Die sogenannten Komfortwohnungen mit Bad, Dusche, Zentralheizung wurden außerhalb der Großstädte kaum, und auch hier nur in bestimmten Stadtteilen gebaut. Es scheint geboten, hier die Gründe zu erörtern, um den Wandel zu ermessen, der dann bald nach dem Zweiten Weltkrieg eintrat.

Nach kurzer, hoffnungsvoller Blütezeit in der Mitte der 20er Jahre stagnierte der Wohnungsbau und erholte sich erst ab 1934. Es fehlten Wohnungen für die minderbemittelte Bevölkerung, weil vorher oft zu aufwendig und am objektiven Wohnungsbedarf – je Haushalt eine Wohnung – vorbeigebaut worden war. Nach der Einkommenssteuer-Statistik von 1934 hatten 80% der Steuerpflichtigen ein Jahreseinkommen von unter RM 3000,–, das einen jährlichen Mietwaufwand von höchstens RM 600,– zuließ. Nicht weniger als 80% aller Neubau-Wohnungen durften also RM 50,– monatlich an Mieten oder Lasten erfordern, doch auch diese Miete war für einen Teil der Bevölkerung noch zu hoch. Der objektive Fehlbestand an Wohnungen lag damals bei rund 1,4 Millionen. [12] Der Nachholbedarf an billigen Wohnungen war somit groß. Das Reich gewährte darum in der Zeit von 1934 bis Kriegsbeginn sogenannte Reichsbürgschaften für zweite Hypotheken zur Finanzierung von Kleinwohnungen von 45 bis 60 qm Wohnfläche mit tragbaren Mieten von RM 8,– bis 10,–/qm im Jahr. Das sind RM 35,– bis 50,– Miete monatlich. Diese Zahlen lassen deutlich erkennen, daß auch nur ein bescheidener sanitärer Aufwand über ein WC hinaus nicht möglich war. In der zweiten Hälfte der 30er Jahre wurden auf diese Weise rund 600 000 Wohnungen mit einem Bauwert von 4 bis 5 Millionen Reichsmark erstellt, und zwar meist in 2–3geschossiger Bauweise oder als Einfamilienhäuser mit Einliegerwohnung. Das bedeutete etwa den 4. Teil des gesamten Wohnungsbaues. Naturgemäß war in diesen Sozialwohnungen aus finanziellen Gründen weder für Zentralheizung, Bäder, ja nicht einmal für Duschen Raum. Derartige Einrichtungen wurden aber damals auch kaum vermißt.

Die Finanzierungsbestimmungen unterstützten die BOen in der Grundrißentwicklung durch Ablehnung von Dreispänner-Typen, Wohnungen im Dachgeschoß und die Verpflichtung zum Engagement qualifizierter Architekten.

Arbeiter, kleine Angestellte, aber auch junge Familien unterschiedlicher sozialer Herkunft, bezogen diese Wohnungen. Ihre bescheidene Ausstattung ist uns heute kaum noch verständlich, dürfte aber durch die dargelegten Einkommensverhältnisse ausreichend erklärt sein. Im übrigen steht Deutschland – wie aus einem Bericht über den Internationalen Wohnungs- und Städtekongreß in Paris 1937 hervorgeht – in Bezug auf Wohnwert und Größe der Arbeiterwohnungen im Vergleich zu anderen europäischen Ländern sogar weitaus an der Spitze. In vielen Ländern war damals der Wohnungstyp mit nur einem Zimmer und Küche der häufigste. Oft haben 80% der Arbeiterschaft nur in einem Raum zum Wohnen, Schlafen und Essen gelebt. Diese Feststellung ist zwar nicht trostreich, läßt aber den Lebens- und Wohnungsstandard vergleichsweise in anderem Licht erscheinen. Es wird jetzt verständlich, weshalb die EBO relativ wenig über die sanitären und Zentralheizungsanlagen aussagt.

Ergänzungen zu den Bauordnungen

Die Baugestaltungsverordnung

Wenige Faktoren des materiellen Baurechts sind ihrer Natur nach so undefinierbar wie Gestaltungsfragen. Das liegt nicht nur an der Sache selbst, sondern auch an dem beurteilenden Personenkreis, der vom ästhetisch vorgebildeten Fachmann über den Juristen bis zum interessierten Bürger reicht. Praktisch glaubt jedermann, hier mitsprechen zu können, und hat damit keineswegs immer unrecht. Die Formulierung der EBO über die äußere Gestaltung baulicher Anlagen ist – wie bereits dargelegt – dehnbar und überläßt Ortsstatuten die kaum lösbare Formulierung für den praktischen Gebrauch.

Der Versuch einer einheitlichen Sprachregelung wird in der Baugestaltungsverordnung vom 10. 11. 1936 [13] gemacht. Die Formulierung, daß alle Bauten *Ausdruck anständiger Baugesinnung und werkgerechter Durchbildung* sein und sich in die Umgebung einwandfrei einfügen sollen, ist dehnbar und läßt viele Beurteilungen offen. Die Unsicherheit ist um so größer, als für Gestaltungsfragen auch die

Kompetenzen vielfältig sind. Die genannte Gestaltungsverordnung ist vom Reichsarbeitsminister erlassen, Ausführungsvorschriften kommen vom Preußischen Finanzminister (8. 2. 1937), vom Arbeitsminister (17. 12. 1936) und in mancher Hinsicht auch vom Minister für Wissenschaft, Kunst und Volksbildung [14].

Die Baupolizei darf wohl nach freiem Ermessen, nicht aber willkürlich entscheiden, und nur, wenn es das öffentliche Interesse bei grober Verunstaltung erfordert. Infolgedessen kann nur in ganz besonders gravierenden Fällen mit Aussicht auf Erfolg abgelehnt werden. Dazu gehört gegebenenfalls die Häufung von Verunstaltungen [15]. Wie später noch aufgezeigt wird, können nur empirische Analysen und letztinstanzliche Urteile rechtsbildend wirken. Aber auch Ortssatzungen sind für bestimmte Gebiete möglich.

Die Neugestaltung deutscher Städte

Von Bedeutung für die BOen hätte das Gesetz über die Neugestaltung deutscher Städte vom 4. 10. 1937 werden können. Hier wurde für 33 deutsche Städte vor allem raumordnend – ferner durch Enteignungs- und Umlegungsmaßnahmen – eingegriffen. Die BOen erhielten die Möglichkeit, zeitweise Bauten zu verhindern, die einer noch visionären Stadtplanung im Wege stehen würden. Außer für Berlin blieb das Gesetz jedoch unwirksam. Der Krieg griff auf seine Weise die Substanz der Städte an. Erst das Bundesbaugesetz vom 23. 6. 1960 und das Städtebauförderungsgesetz [16] nahmen die Grundgedanken in zeitgemäß abgewandelter Form wieder auf.

Die Verkehrsentwicklung

In vielfältiger Hinsicht wirkte der Faktor Verkehr bestimmend auf die BOen ein. Schon vor der Reichsgaragenordnung von 1939 [17], die nach längerer Rechtsunsicherheit erst ab 1953 durch die Verwaltungsgerichte in ihrer Rechtsgültigkeit bestätigt wurde, griffen Finanz- und Arbeitsminister gemeinsam in die BO ein durch einen Erlaß, der den Anbau an Verkehrsstraßen [18] einer Neuordnung unterzog. Die Motorisierung des Verkehrs begann, sich in diesen Jahren zu entwickeln und stellte bisher unbekannte Anforderungen an die Leistungsfähigkeit der Verkehrsstraßen.

Frühzeitig wurde erkannt, daß Verkehrsgefahren und -lärm mit ruhigem Wohnen kollidieren. Die Baugenehmigungsämter sollten in Zusammenarbeit mit den Straßenbauämtern, der Landesplanung usw. festlegen, welche Straßen innerhalb des Gemeindegebietes vom Anbau freizuhalten waren. Dieser Eingriff in die örtlichen BOen bedeutete ein neues Durchdenken bereits fertiger Orts-BOen und die Berücksichtigung bei Neuaufstellungen. Das Anbauverbot traf die Städte und Gemeinden z. T. hart und unvorbereitet. Es konnte auch erst nach und nach befolgt werden, weil viele Parzellierungen kaum noch zu ändern waren. Der Idealfall sah vor, daß die Grundstücke keinen unmittelbaren Zugang von anbaufreien Straßen haben. Außerhalb der Gemeinden wurden die Straßen, die vom Anbau freizuhalten waren, durch Verzeichnisse festgelegt. Eine Bebauung war nur indirekt dadurch möglich, daß beiderseits der Verkehrsstraße Geländestreifen frei blieben und getrennte parallele Wohnstraßen oder Ortsfahrbahnen angelegt wurden. Das alles konnte erst nach und nach geschehen durch einschneidende Umparzellierungen, deren Notwendigkeit die Öffentlichkeit aber einsah. Den Gemeinden gegenüber konnten die Staatlichen Straßenbauämter hilfreich und regulierend eingreifen, indem sie die Einhaltung der Anbaufreiheit an Verkehrsstraßen durch differenzierte Bezuschussungen interessant machten. Wo frühzeitig ordnend eingegriffen wurde, konnten später kostspielige Umgehungs- und Entlastungsstraßen unterbleiben, die ja auch nur durch komplizierten Grundstücksverkehr und oft im Gegensatz zur geordneten Entwicklung des Gemeindegebiets zu verwirklichen waren.

Zusammenfassend kann für die Zeit zwischen 1919 und dem Ende des Zweiten Weltkrieges festgestellt werden, daß die Einheitsbauordnungen auch über ihren räumlichen Geltungsbereich hinaus eine Lücke ausgefüllt haben, die unterschwellig die Fachwelt beunruhigte. Wie dargelegt, blieben zwar viele Faktoren unberücksichtigt, andere konnten nur andeutend in eine bestimmte Richtung gebracht werden, aber es war ein solides Fundament gelegt und ein Rohbau erstellt, an dem weiter zu bauen lohnend war. Unbefriedigend gelöst blieb die Frage nach der öffentlich-rechtlichen Verantwortung der am Bau beteiligten Personen. Der Versuch, die berufliche Position des Architekten in die Gesellschaft zu integrieren, schlug fehl. Die Mitgliedschaft in der 1934 entstandenen Reichskammer der bildenden Künste – ein grundsätzlich richtiger Ansatz – bot wenig Gewähr für fachliche Eignung, weil der politischen Qualifikation der Bewerber eine ungleich größere Bedeutung beigemessen wurde. Hier kam es erst durch die Anregung der Muster-BO in den Landes-BOen der 60er Jahre zu Regelungsversuchen, von denen noch zu sprechen sein wird.

In der ersten Hälfte der 40er Jahre beschränkte sich das schöpferische Bauen auf zeitbedingte Notwendigkeiten. Baurecht und BOen erfuhren keine wesentlichen Änderungen.

Inter arma silent musae. – Wenn die Waffen sprechen, schweigen die Musen.

Das Baurechtliche Interregnum von 1945 bis 1949

Von 1939 bis 1948 ruhte in Deutschland die normale Bautätigkeit. Während des Krieges wurden fast ausschließlich kriegswichtige Bauten – vor allem Luftschutzbunker und Kellerausbauten – erstellt. Nach dem Zusammenbruch 1945 geschah einige Jahre kaum etwas Positives. Die Menschen standen unter dem Schock der Ereignisse, lebten nur dem Augenblick, um das nackte Leben und eine Unterkunft zu retten oder zu erhalten. Trümmer wurden beseitigt, Ruinen ausgebaut, alles in Selbsthilfe. Die meisten Städte waren durch Bomben oft bis zur Unkenntlichkeit zerstört, durch Bodenkampfhandlungen kamen in Berlin, Aachen und anderen Städten noch weitere Zerstörungen hinzu. Auf dem Lande und in den kleineren Städten war weniger geschehen, nur zum kleinen Teil hatte es Kampfhandlungen gegeben. So strömten die Flüchtlinge meist dorthin. Wohnungsnot und -elend waren überall die Folgen.

Nach der Währungsreform 1948 setzte schnell die Wohnungsbautätigkeit ein, vor allem ein großzügig mit öffentlichen Mitteln geförderter Wiederaufbau im sozialen Wohnungsbau. Es kann im Rahmen dieser Arbeit nicht wiederholt werden, wie es zu dem deutschen *Wirtschaftswunder* kam, auch sollen die Zahlen der Wohnungen nicht genannt werden, die alljährlich gebaut wurden, aber es darf nicht verschwiegen werden, daß die Entwicklung in vieler Hinsicht zu schnell verlief und sich daher eine Fülle von städtebaulichen und wohnungstechnischen Fehlern zwangsläufig ergab.

Wie so oft in der Vergangenheit – es wurde in den vorhergehenden Abschnitten mehrfach erörtert – wandelte sich das Leben schneller als das Baurecht und eilte ihm weit voraus. Die alten Bauordnungen konnten nur notdürftig diese Jahre überbrücken. Neue Techniken und Grundrißkonzeptionen hatten sich im Ausland entwickelt. Deutschland hatte daran fast zwei Jahrzehnte keinen Anteil, weil Autarkie, Krieg und Zusammenbruch die internationalen Kontakte zerschnitten hatten.

Die Bauordnungen der Vorkriegszeit wurden notgedrungen weiter benutzt. Viele wurden kaum verändert neu gedruckt, ohne dadurch in ihrer umstrittenen Gültigkeit bestätigt zu werden. [19]

Durch das Grundgesetz vom 23. 5. 1949 konstituierte sich in den drei westlichen Besatzungszonen die Bundesrepublik Deutschland, es folgt in der Ostzone die *Deutsche Demokratische Republik,* die sich am 7. 10. 1949 eine Verfassung gab. Seitdem hat sich parallel und konsequent zum politischen Geschehen leider auch das Baurecht unterschiedlich entwickelt. Wie das im anderen Teil Deutschlands geschehen ist, wird ab Seite 142 untersucht.

Die Kämpfe um eine einheitliche Bundesbaugesetzgebung zwischen 1951 und 1959

Die Möglichkeit zur Schaffung eines einheitlichen Baurechts in der Bundesrepublik scheitert

Im Grundgesetz der Bundesrepublik Deutschland [20] hat der Gesetzgeber nach Art. 106 (4) ein Balancesystem zwischen Bund und Ländern festgelegt. Die konkurrierende Gesetzgebung erstreckt sich im Bauwesen auf zahlreiche Gebiete (Art. 74, Ziff. 1–23). Im Zusammenhang dieser Arbeit betrifft sie nach Ziff. 18 den Grundstücksverkehr, das Bodenrecht, das Wohnungswesen, das Siedlungs- und Heimstättenwesen. Nach Art 72 (1) und (2) *haben die Länder im Bereich der konkurrierenden Gesetzgebung die Befugnis zur Gesetzgebung, solange und soweit der Bund von seinem Gesetzgebungsrecht keinen Gebrauch macht.* Soweit ein Bedürfnis nach bundesgesetzlicher Regelung besteht, hat in diesem Bereich der Bund das Recht zur Gesetzgebung, wenn *eine Angelegenheit durch einzelne Länder nicht wirksam geregelt werden kann, Landesgesetze die Interessen anderer Länder oder des Bundes beeinträchtigen, oder aber die Wahrung der Rechtseinheit die Wahrung der Einheitlichkeit der Lebensverhältnisse über das Gebiet eines Landes hinaus eine Bundesgesetzgebung erfordert.*

Die Väter des Grundgesetzes haben also durchaus an die Möglichkeit einer einheitlichen Bundesbaugesetzgebung gedacht. Der 1. Deutsche Bundestag hat dann auch bereits 1951 den Entwurf eines bundeseinheitlichen Baugesetzes gefordert und die Bundesregierung beauftragt, ein Gesetz vorzulegen, in dem das gesamte Bau-, Planungs-, Boden-, Anlieger- und Umlegungsrecht, d. h. ein allumfassendes Baugesetz für das Bundesgebiet enthalten ist.

Der Bundestag hatte es mit seinem Ersuchen eilig. Friedrich-Wilhelm I. forderte die Schaffung eines Preuß. Allg. Landrechtes innerhalb eines Jahres (siehe Seite 41), die Forderung des Bundestages wurde am 13. 9. 1951 gestellt mit Frist zum Jahresende 1951.

Die Bundesregierung konnte auf gewisse Vorarbeiten zurückgreifen, da in den Jahren zwischen 1937 und 1942 bereits ein Entwurf für ein Deutsches Baugesetzbuch erarbeitet worden war [21]. Er umfaßte das gesamte Baurecht, also das Planungs- und Bauordnungsrecht, gestaltete es neu und faßte es zu einer Einheit zusammen. Durch Krieg und Zusammenbruch blieb es bei diesem Entwurf.

Einige Länder bezweifelten, ob und inwieweit die Zuständigkeit des Bundes gegeben sei. Ohne diese Zweifel hätten wir bereits Mitte der 50er Jahre ein Bundesbaugesetz erhalten. So aber beantragte die Bundesregierung unter Federführung des damaligen Bundeswohnungsbauministers Wildermuth am 6. 10. 1952 vorsichtshalber ein Rechtsgutachten [22] beim Bundesverfassungsgericht, das nach drei Jahren entschied, eine Zusammenfassung des Baurechts in einem einheitlichen Baugesetz sei mit dem Grundgesetz nicht zu vereinbaren. *Das Baupolizeirecht in bisher gebräuchlichem Sinne* fällt vielmehr nach diesem Gutachten grundsätzlich in die Gesetzgebungszuständigkeit der einzelnen Länder, denn es ist eine Rechtsmaterie sui generis. Die Zuständigkeit des Bundes läßt sich nach dem Gutachten nicht durch *Auslegung der damit in Zusammenhang stehenden Einzelmaterien begründen.* Der Bund kann allerdings erstaunlicherweise für Wohngebäude Bauaufsichtsvorschriften erlassen. Eine Begründung dieser merkwürdigen Feststellung kann nur dem Gutachten entnommen werden.

Das Gutachten war bereits vor der Beantragung umstritten. Der Rechtsausschuß des Bundesrates äußerte Zweifel über Zulässigkeit und formulierte Änderungen. Obwohl der Bundesrat diese Bedenken zunächst nicht teilte, stimmten Bundestag und später auch der Bundesrat den Änderungsvorschlägen zu [23].

Die Bundesregierung bejahte die volle Gesetzgebungszuständigkeit für das Baurecht als Gesamtmaterie unter Berufung auf das Grundgesetz. Bayern, das bekanntlich dem Grundgesetz nicht zugestimmt hatte (18. Mai 1949), bestritt vor allem die Zuständigkeit des Bundes für das Bauordnungsrecht (Baupolizeirecht im bisherigen Sprachgebrauch), wehrte sich aber auch gegen ein zentrales Baurecht überhaupt. Das Gutachten hat expressis verbis eine Untersuchung darüber abgelehnt, ob ein Bedürfnis nach bundesgesetzlicher Regelung besteht. (Ziffer C.I.3) Während der Bundesminister für Wohnungsbau das Bau- und Bodenrecht begrifflich als Einheit auffaßt, kann sich das Gericht in Auslegung des Grundgesetzes dieser Auffassung nicht anschließen. Es betrachtet alle Sondermaterien als gleichgewichtig nebeneinander gestellt mit der Konsequenz, daß das Baurecht als Gesamtmaterie nicht Bestandteil des Bodenrechts sein kann. Auch die Tatsache, daß sich das Baurecht *noch in der Konsolidierung* befunden habe, also zur klareren Aufnahme in den Gesetzgebungskatalog des Grundgesetzes noch nicht reif gewesen sei, läßt das Gutachten nicht gelten. Zweckmäßigkeitsgründe, Sachzusammenhänge oder ein Bedürfnis nach einheitlicher Baugesetzgebung, Gesichtspunkte also, die sich aus der *Natur der Sache* ergeben, begründen keine komplexe Gesetzgebungszuständigkeit des Bundes, obwohl eine solche allgemein durch Art. 30 und 70 des Grundgesetzes nicht ausgeschlossen ist. Wörtlich heißt es: *Sollte eine unterschiedliche Regelung durch Ländergesetzgebung unzweckmäßig erscheinen, so macht das ... die Regelung des Baurechts noch nicht zu einer natürlichen Aufgabe des Bundes in dem Sinne, daß sich daraus eine Bundeszuständigkeit herleiten ließe* [24].

Der Gesichtspunkt, daß der Inhalt des Grundgesetzes wie der Inhalt aller Gesetze *im Wege der Auslegung einem Wandel infolge Änderung der Verhältnisse und Anschauungen unterliegen* könne, (Ziff. C.II 8) liegt nach dem Gutachten nur dann vor, *wenn in ihrem Bereich neue, nicht voraussehbare Tatbestände auftauchen oder bekannte Tatbestände durch ihre Einordnung in den Gesamtablauf in neuer Beziehung oder Bedeutung erscheinen* [25].

Diese Voraussetzungen eines Bedeutungswandels liegen aber nach dem Gutachten für die das Baurecht betreffenden Artikel des Grundgesetzes nicht vor. Hier lehnt sich das Gutachten an die im bisherigen Baurecht (u. a. § 5 der EBO) geltenden Voraussetzungen zur Erteilung von Dispensen sinngemäß an, die im Einzelfall einen strengen Maßstab anlegen müssen, weil jeder Dispens eine Durchbrechung des zwingenden Baurechts ist. – Es ergibt sich also alles in allem keine Alleinzuständigkeit des Bundes für ein einheitliches Baurecht. Die Kompetenzen zwischen Bund und Ländern müssen vielmehr einzeln nachgewiesen werden.

So überträgt das Gutachten dem Bund die Zuständigkeit für das Planungs-, Boden-, Umlegungs- und Erschließungsrecht, nicht aber das Bauordnungs- bzw. Baupolizeirecht. Soweit bisher in den Bauordnungen Bauklassen, Bauzonen und Grundstücksausnutzung geregelt wurden, fällt diese Aufgabe der Rechtssetzung dem Bund zu. Auch die Raumplanung ist Bundessache, weil Raumordnung *nicht an den Grenzen der Länder haltmachen* (Ziffer C.III, 1) kann. Hier ist sofort die Frage zu stellen, ob denn Probleme der Sicherheit, der Wohlfahrt oder Gesundheit in 11 Ländern unterschiedlich geregelt werden dürfen und können. Konkret heißt das: Abstände, Bauwichbreiten, Fragen der Belichtung, Zahl der Einstellplätze, konstruktive Angaben, Qualität der Baumaterialien – um nur einige Begriffe zu nennen – sind also in den Ländern zu regeln und machen an ihren Grenzen halt.

Durch das Gutachten des Bundesverfassungsgerichts wird somit das Baurecht als Gesamtmaterie in zwei Teile getrennt. Das führte zu weittragenden Folgen, die noch analysiert werden sollen.

Unter diesem Eindruck und dem Druck des Gutachtens sicherte der Bund in einer Vereinbarung vom 21. 1. 1955 in Bad Dürkheim den Ländern zu, er würde von seiner Teilzuständigkeit auf dem Gebiete des Bauordnungsrechts unter der Voraussetzung keinen Gebrauch machen, daß die Länder in eigener Zuständigkeit einheitliche und umfassende Landesbauordnungen beschließen. Es hätte verheerende Folgen haben können, wenn sich die Länder nun mehr oder weniger unabhängig voneinander eigene Landesbauordnungen erarbeitet hätten. Die rechtliche Möglichkeit für eine hoffnungslose Zersplitterung war gegeben, wurde aber nicht zur Tatsache. Vielmehr geschah etwas sehr Überraschendes und Beispielgebendes.

Die Entstehung der Musterbauordnung von 1959

Durch Initiative der zuständigen Länderminister und des Bundeswohnungsbauministers wurde eine Kommission gebildet mit dem Auftrag, den Entwurf einer Musterbauordnung mit Rechtsverordnungen (Ausführungsbestimmungen) auszuarbeiten. Würde es gelingen, die Zweiteilung des Baurechts durch diese Initiative der Fachleute zu überspielen?

Die Kommission setzte sich zusammen aus Vertretern der für die Bauaufsicht zuständigen Länderministerien, des Bundesministeriums für Wohnungsbau und kommunalen Fachleuten. Sie stellte sich den Auftrag, eine MBO zu entwickeln.

Mit ihrer Arbeit brauchten sie nicht neu zu beginnen, sondern konnten die Vorarbeit des Ausschusses für einheitliche technische Baubestimmungen (ETB) und des Bauordnungsausschusses übernehmen. So war eine Grundlage vorhanden. Dem eigentlichen Arbeitsausschuß gehörten auch Vertreter des Deutschen Städtetages als Sachverständige an. Die jeweiligen Ergebnisse der Beratungen wurden mit zahlreichen Dienststellen und fast allen interessierten Fachverbänden erörtert. Dazu gehörten die Fachressorts von Bund, Ländern und Gemeinden, die Architekten- und Ingenieur-Organisationen, die Verbände der Handwerker, der Bauindustrie, des Baugewerbes, der Wohnungsbaugesellschaften, der Industrie- und Handelskammern, der Hausbesitzer, ja auch der Versicherungen und Gewerkschaften, kurz, es wurden alle Stellen angehört, die direkt oder indirekt interessiert waren. Aus dieser Sorgfalt, die mit einer in die Details gehenden Information verbunden war, läßt sich ein Wandel der Auffassungen erkennen. Während 1919 und 1938 die EBO durch hoheitliche Verwaltungsakte entstanden, gab es jetzt eine breite Grundlage von mitarbeitenden Kräften der unterschiedlichsten Verantwortungen und Interessen.

Es war das Ziel der Kommission, eine Bauordnung zu schaffen, die das Streben nach Einheitlichkeit vereinigte mit der Forderung, sich dem ständig wandelnden Fortschritt der Technik möglichst dauerhaft anzupassen. Sie sollte daher kaum starre Vorschriften enthalten, die ja stets sehr schnell überholt sein würden.

Nach dem Gutachten des Bundesverfassungsgerichts gehören Art und Maß der baulichen Ausnutzung von Grundstücken nicht mehr in die BO, sondern sind Aufgabengebiete des Bundes, der für die städtebauliche Planung die alleinige Gesetzgebungskompetenz besitzt. Auf diesem Gebiet wurde die Einheit bewahrt und durch das Bundesbaugesetz vom 23. 6. 1960 bestätigt.

Die MBO-Kommission stand bei ihrer Arbeit unter Zeitdruck, denn einige Länder drängten aus unterschiedlichen Gründen auf schnelle Fertigstellung der MBO.

Das Saarland, erst 1955 wieder endgültig mit Deutschland verbunden, brauchte kurzfristig ein Baugesetz, um die Unsicherheit aus der französischen Zwischenperiode zu überwinden [26].

In Hessen, das aus mehreren Ländern bzw. Regierungsbezirken Preußens gebildet worden war, galten unterschiedliche BO, bis dann 1958 eine erste Landesbauordnung eingeführt wurde [27].

Beide BOen berücksichtigten bereits die Vorarbeiten, die in dem Entwurf des

ETB-Ausschusses und des aus ihm entstandenen Bauordnungsausschusses für die MBO entwickelt waren.

In Bayern wurde das Erläuterungswerk zur Königl. Bayer. Bauordnung [28] (siehe Seite 50) zum 11. Mal kaum verändert neu aufgelegt. Immerhin wurden ihr eine Fülle von *Anmerkungen* über die Veränderungen im vergangenen halben Jahrhundert hinzugefügt.

West-Berlin brachte keine komplexe Neuschöpfung heraus, sondern lehnte sich mit seiner BO von 1959 nach Auffassung und Umfang noch eng an die EBO von 1938 an, legte aber dem Änderungsgesetz ausdrücklich interimistischen Charakter bei, weil sich das Baurecht noch in Fluß befand und für eine endgültige BO sowohl das Bundesbaugesetz als auch die MBO abgewartet werden sollte. Änderungen wurden vor allem bei Art und Maß der baulichen Ausnutzung der Grundstücke eingearbeitet [29].

In den vier genannten Ländern sind also die Voraussetzungen für eine spätere Übernahme der MBO durchaus hoffnungsvoll.

Am 30. 10. 1959 konnte die MBO-Kommission ihre Arbeit abschließen und den Ländern empfehlen, aus der nun vorliegenden MBO ihre eigenen Landesbauordnungen zu entwickeln und den Landtagen zur Beschlußfassung vorzulegen, um ein möglichst einheitliches Bauordnungsrecht zu erhalten. Mit diesem Vorschlag wurde zwar dem Gutachten des Bundesverfassungsgerichts entsprochen, gleichzeitig aber die Einheit des Bauordnungsrechtes für das Bundesgebiet zu retten versucht. In der deutschen Geschichte war 100 Jahre zuvor ein ähnliches politisches Kunststück vollzogen worden: Als die Verfassung des norddeutschen Bundes vom 1. 7. 1867 nicht durch eigenen Beschluß in Kraft treten konnte, wurde sie auf Bismarcks Einfluß hin durch Zustimmung aller Landtage beschlossen. So wurde auf diesem komplizierten und zeitraubenden Umweg eine Weiche gestellt, um nach einem mißglückten ersten Anlauf doch noch das Ziel einer Einheit des Bauordnungsrechts zu erreichen. Ob das gelungen ist, wird nach einer Analyse der MBO die vergleichende Untersuchung der Landesbauordnungen ergeben.

Das Aufgabengebiet der Musterbauordnung [30]

Die MBO befaßt sich mit den Anforderungen an die Bauten des einzelnen Grundstücks und setzt den einzelnen Bau in Beziehung zur engeren Nachbarschaft, also sowohl zum privaten Nachbarn als auch zum öffentlichen Raum. Sie hat – wie dargelegt – nichts mehr zu tun mit dem Planungs- und Bodenrecht des Grundstücks einschließlich Enteignung. Der komplexe Begriff *Bauordnung* trifft also vollinhaltlich nicht mehr ganz zu und identifiziert sich nun wieder stärker mit der alten Bezeichnung Baupolizeirecht. Die Bezeichnung Bauordnung hat sich aber in den vergangenen Jahrzehnten und Jahrhunderten so eingebürgert und gefestigt, daß sie beibehalten wurde. Die Verbindung der schöpferischen Tätigkeit des Bauens mit einer polizeilichen Reglementierung ist aber nicht nur sprachlich, sondern auch sachlich nicht begründet. Sie hatte ja auch ihren Ursprung in einer Zeit, die sich inzwischen völlig gewandelt hat.

Fünf große Teilgebiete behandelt die MBO. Das sind in der Reihenfolge ihrer Bedeutung:

a) Die klassische Abwehr von Gefahren für die öffentliche Sicherheit und Ordnung, die einen Umfang angenommen haben, der früher kaum vorstellbar war und der für die Zukunft unvorhersehbare Möglichkeiten in sich schließt. Dabei handelt es sich nicht nur um die alten klassischen Begriffe von Standfestigkeit, Brandschutz und dem Schutz der Gesundheit, sondern jetzt kommen hinzu – vor allem beim Wohnungsbau – der Schall- und Wärmeschutz mit sehr differenzierten Anforderungen, die mit der Verkehrssicherheit zusammenhängenden Gefahren und die Probleme der Belästigung oder Störung der Gesellschaft, die um so empfindlicher wird, je mehr Menschen auf engem Raum miteinander leben wollen oder leben müssen.

b) Eine Fülle von Sozial- und Wohlfahrtsanforderungen, die eng mit dem eben behandelten Komplex zusammenhängen. Es handelt sich um Gemeinschaftsanlagen und -einrichtungen bei Wohnungen und Arbeitsstätten, sowie Forderungen nach steigender Qualität des Bauens durch Güteschutz. Auch hier entwickeln sich noch ungeahnte Möglichkeiten.

c) Die Realisierung und Überwachung der städtebaulichen Planung nach dem Bundesbaugesetz hinsichtlich der Beachtung der baurechtlichen Bestimmungen und planungsrechtlichen Festsetzungen für das Einzelprojekt.

d) Die Baugestaltung mit einer flexiblen Bedeutung. Die Einflußmöglichkeiten auf diesem Gebiet werden immer schwieriger, weil sie sich nur weit mehr im negativen Bereich der Abwehr von Verunstaltung als im positiven Aufbau bewegen können. Wahrung der Baukultur und einwandfreie Gestaltung von Bauten sind Grundsätze, die leichter aufzustellen als baurechtlich durchzusetzen sind.

e) Die Koordinierung und der Vollzug von Forderungen, die sich aus anderen Gesetzen ergeben, z. B. aus der Gewerbeaufsicht, nach den Straßen- und Wassergesetzen, dem Natur- und Denkmalschutz und aus einer Vielzahl von Rechtsgebieten, die nicht alle genannt werden können, zumal sie sich ständig verändern und vermehren. Insofern besteht die Wahrscheinlichkeit, daß dieses Teilgebiet der BO noch stärker an Bedeutung gewinnt. Das ist um so eher anzunehmen, als sich das Zusammenleben der Menschen immer verwickelter gestaltet.

Um trotz der sich so rasch wandelnden Umweltbedingungen übersichtlich zu bleiben, beschränkt sich die MBO ganz bewußt auf relativ wenig Maß- und Zahlenangaben, da diese leicht überholt und veraltet sein können. Sie regt vielmehr an, für bestimmte Gebiete ergänzende Verordnungen zu erlassen, die sich schnell den technischen Gegebenheiten anpassen können. Es bleibt nicht bei der Anregung, sondern einige Muster-Verordnungen werden den Ländern an die Hand gegeben. Es entspricht dem Grundgedanken der auf Einheitlichkeit ausgerichteten Musterbauordnung, örtliche Bauordnungen auf ein unbedingt notwendiges Maß zu beschränken, zumal sie selbst dem Ermessen einen weiten Spielraum für örtliche Eigenarten läßt.

Gliederung, Aufbau und Analyse der Musterbauordnung [31]

Der Wandel der Grundauffassung drückt sich bereits in der Bezeichnung aus: Es heißt nun nicht mehr im Sinne einer hierarchischen Behördensprache von 1919 und erst recht von 1938 »Einheitsbauordnung«, sondern es wird behutsam die Bezeichnung »Musterbauordnung« gewählt.

Das materielle Baurecht

Das Grundstück: Bebauung und Verpflichtungen (§§ 4–13, 67, 73–74)

Durch das Rechtsgutachten des Bundesverfassungsgerichts wurde ein einheitliches Baurecht im Bundesgebiet verhindert. Im Bundesbaugesetz und der Baunutzungsverordnung findet das städtebauliche Planungsrecht seinen Niederschlag. Dazu gehören auch Art und Maß der baulichen Grundstücksausnutzung, die bisher in den Bauordnungen – wie ausführlich dargelegt – geregelt waren. Die hier behandelten Paragraphen 4–13 bilden die Verbindung zwischen Planungs- und Bauordnungsrecht. Sie sagen nichts mehr zum überbaubaren Anteil der Grundstücksfläche, zu Bautiefen oder zu Ausnutzungsprozenten. Dagegen sind die Abstandsvorschriften in der MBO verankert, weil sie von zahlreichen Umständen abhängig sind, die nur mittelbare Beziehung zum Grundstück haben und viel stärker vom Gebäude selbst abhängig sind. Das gilt besonders für die Bauwiche, deren Breite bei eingeschossigen Bauten mit 3 m, bei zweigeschossigen mit 4 m festgelegt wird und mit jedem weiteren Geschoß um 1,50 steigt. Diese Maße gelten als Mindestmaße, um eine gute Belichtung und Belüftung durch die seitlichen Fenster zu erreichen. Die erforderlichen Abstände und unbebaubaren Flächen müssen grundsätzlich auf dem Grundstück selbst liegen und gelten auf die ganze Länge der seitlichen und rückwärtigen Grundstücksgrenzen. Eine Übernahme des Bauwichs auf Nachbargrundstücke ist möglich, wenn eine öffentlich rechtliche Sicherung erfolgt. Ein vom Nachbar übernommener Bauwich kann nicht auf den für das Nachbargrundstück notwendigen Grenzabstand angerechnet werden. Hierüber wird beim Abschnitt Baulasten (siehe Seite 103) noch zu sprechen sein.

Um zu verhindern, daß Gebäude mit sehr großen Geschoßhöhen zu dicht beieinander stehen, wird ein Vollgeschoß in der Anrechnung auf 3,50 m Höhe begrenzt. Ist es höher, z. B. bei Hallen usw., müssen die Bauwiche entsprechend breiter sein. Der Bauwich selbst kann nur beschränkt baulich genutzt werden, um den offenen Charakter des Gebietes zu erhalten und eine gute Besonnung zu gewährleisten. Möglich sind aber untergeordnete Bauteile, wie Eingangstreppen und Kellerlichtschächte bis zu höchstens 1,50 m Breite, ferner Türvorbauten und Eingangsüberdachungen, nicht aber Balkone und Erker. Das ist nicht so sehr mit der Gefahr einer Brandübertragung zu begründen, sondern aus städtebaulichen Überlegungen und zum Schutz der Nachbarn. Eine Sonderstellung wird PKW-Garagen eingeräumt. Sie können bei überwiegend öffentlichem Interesse im Bauwich errichtet werden, und zwar ohne Zustimmung des Nachbarn, der naturgemäß dasselbe Recht hat. Diese Rechte können aber gleichzeitig eine Verpflichtung bedeuten, denn jeder Bauherr hat auf seinem Grundstück für die Unterbringung der für den ruhenden Verkehr notwendigen Stellplätze oder Garagen zu sorgen (§ 67) [32]. Das kann auch – bei Sicherung durch Baulast – auf einem geeigneten Grundstück in der Nähe (300 m) oder durch Beteiligung an einer Gemeinschaftsanlage (§ 73) geschehen. Selbst für bestehende Bauten können Stellplätze gefordert werden, wenn das im öffentlichen Interesse liegt.

Um sicherzustellen, daß alle Aufenthaltsräume ausreichende Belichtung, Besonnung und Lüftung erhalten, wird erstmalig ein neuer Begriff eingeführt: die Abstandflächen (§ 8). Die Erfahrungen mit den bisherigen Bauordnungen hatten gezeigt, daß man mit Zahlenangaben den sich wandelnden Anforderungen nach Licht und Sonne nicht mehr gerecht werden konnte. Es wird daher nunmehr der komplizierte Versuch gemacht, vor notwendigen Fenstern von Räumen, die dem dauernden Aufenthalt von Menschen dienen, Abstandflächen festzusetzen, die in einer bestimmten Relation zur Wandhöhe stehen, darüber hinaus aber auch abhängig sind von der Ausweisung als Wohn-, Geschäfts-, Gewerbegebiet usw. Abstandflächen sind nach allen Seiten des Gebäudes einzuhalten, also nicht nur zum seitlich angrenzenden Baugrundstück. Grundsätzlich müssen sie auf dem Baugrundstück selbst liegen, Straßenflächen werden aber ganz oder zur Hälfte angerechnet. Im Unterschied zur erwähnten Bauwich-Regelung können sich die auf ein Nachbargrundstück übernommenen Abstandflächen überlagern. Wahlweise wird aber auch – wohl um diese in der Praxis recht diffizile Ermessensentscheidung zu erleichtern – der Vorschlag gemacht, die Bauwich-Regelung anzuwenden. Die Mindesttiefe in Gebieten, die überwiegend dem Wohnen dienen, liegt je nach der Geschoßzahl zwischen 3 Wandhöhen bei eingeschossigen und 2 Wandhöhen bei drei- und mehrgeschossigen Gebäuden.

Um die neuen Vorschriften behutsam einzuführen, ist der § 8 dadurch flexibel gestaltet, daß er eine Reihe von besonderen Vorschlägen enthält. Das betrifft nicht nur die Möglichkeit einer variablen Anrechnung der öffentlichen Verkehrsflächen, sondern auch ein Ausweichen von relativen Verhältnissen der Abstandflächen zwischen Mindesttiefen und Wandhöhen und dem Vorschlag, bei 1 bis 3 Geschossen

12 m, bei 4 und mehr Geschossen eine Wandhöhe, mindestens aber 12 m tiefe Abstandflächen einzuhalten. Das scheint ziemlich kompliziert zu sein und wird deshalb bei der Behandlung der Abstandfragen im Rahmen der Landesbauordnungen (siehe Seite 117) veranschaulicht. Ohne Alternative wird die Mindesttiefe der Abstandfläche zwischen Wohngebäuden mit notwendigen Fenstern auf 24 m festgelegt. Das wirkt sich natürlich auch positiv aus auf eine gelockerte Zuordnung der Gebäude. Es kann hier darauf verzichtet werden, Einzelheiten – etwa die Berechnungsgrundlage für die Wandhöhen h, die Möglichkeiten für Ausnahmen bei bereits vorhandener Bebauung und bei Hanglagen – anzuführen, weil das bei der Untersuchung der Landesbauordnungen noch geschieht. Erleichterungen sind allgemein nicht vorgesehen, weil die Abstände dazu beitragen sollen, die Aufnahme des ruhenden Verkehrs zu erleichtern und durch angemessen weite Räume auch gut nachbarliche Verhältnisse zu ermöglichen. Trotz der trockenen Formulierungen des § 8 muß betont werden, daß hier neue und wesentliche Gedanken entwickelt sind, die vor allem bei der Aufstellung von Bebauungsplänen in bisher noch nicht bebauten Gebieten zum Tragen kommen.

Gut gemeint aber unrealistisch ist die Forderung (§ 10), nicht überbaute Grundstücksflächen im Wohngebiet gärtnerisch anzulegen und zu unterhalten. Das soll sogar für Geschäfts- und Arbeitsgebiete gelten, sofern die freien Flächen nicht gewerblich genutzt werden. Hier wird übersehen, daß eine solche Forderung kaum mit Aussicht auf Erfolg fortlaufend zu überwachen ist.

Gleichzeitig zum Nachweis von Einstellplätzen ist auf dem Baugrundstück ein Kinderspielplatz anzulegen, wenn über 3 Wohnungen errichtet werden. Diesem sinnvollen Gedanken – der immer stärker werdende Verlust an Grünflächen, vor allem in den Großstädten, geht stark zu Lasten der spielenden Kinder – kann bei Gewährung von öffentlichen Finanzierungsmitteln Nachdruck gegeben werden. Auch nachträglich können Kinderspielplätze für bestehende Gebäude gefordert werden. Bei Unmöglichkeit auf dem Einzelgrundstück soll die Gemeinde durch Bebauungsplan geeignete Flächen für Spielplätze ausweisen. Auch hier stoßen sich oft die Tatsachen im Raum bzw. an nicht vorhandenen Flächen. Immerhin wird den Gemeinden das Recht gegeben, Gemeinschaftsanlagen, d. h. im wesentlichen Stellplatzflächen und Kinderspielplätze für eine Benutzung benachbarter Wohn- und Betriebsstätten aus Gründen des öffentlichen Interesses auf Kosten der Grundstückseigentümer herzustellen und zu unterhalten, wenn diese ihrer Verpflichtung nicht nachkommen. Das kommt einer Ersatzvornahme gleich, deren Kosten als öffentliche Last auf den Grundstücken ruht. Hier greift die MBO sehr weit in die Rechte des Grundstückseigentümers ein, hält sich aber noch an das Grundgesetz, da *Eigentum verpflichtet und sein Gebrauch dem Wohl der Allgemeinheit dienen soll* [33].

Gestaltung und Außenwerbung (§§ 14, 11, 15)

Gestaltungsprobleme waren und sind materiell immer umstritten, sie sind zudem auch sprachlich schwer definierbar. Die MBO lehnt sich fast wörtlich an die Gestaltungsverordnung (siehe Seite 83), die reichsrechtlichen Charakter hatte, an. Aus den Forderungen nach werkgerechter Durchbildung, einwandfreier Zuordnung von Baumassen, Bauteilen, Werkstoff und Farbe wird eine wesentliche Konsequenz gezogen. Die Gestaltung soll nach dem Empfinden sachkundiger und erfahrener Betrachter beurteilt werden. Das ist richtig, denn die Zusammenhänge zwischen Konstruktion und Ästhetik setzen Erfahrungen und Kenntnisse voraus, die auch notwendig sind zum Ausgleich unterschiedlicher Auffassungen. Zur Beratung können örtlich besondere Baukunstausschüsse gebildet werden, um für strittige Entscheidungen eine breite Basis zu erhalten. Eine entsprechende Forderung wird aber nicht gestellt.

Die Gestaltung von Einzelbauten und ganzen Straßenzügen kann beeinflußt werden durch Einfriedigung der Grundstücke. Auf optimale Einheitlichkeit und Verkehrsübersicht wird lediglich hingewiesen.

Die Außenwerbung erfährt schon durch die Art ihrer Bezeichnung – es wird nicht mehr von Reklame gesprochen – eine Aufwertung. In einem Staat mit freier Marktwirtschaft ist die Außenwerbung ein wichtiges Instrument von Handel und Industrie. Sie hat die Ländergrenzen längst überschritten und erstreckt sich auf das gesamte Bundesgebiet, oft auch darüber hinaus. Außenwerbung muß ihrer Natur nach auffallen, wenn sie ihren Zweck nicht verfehlen will. Es muß daher ein Ausgleich zwischen über- oder mindestens gleichgeordneten Interessen der Allgemeinheit erstrebt werden. Einschränkung erfährt deshalb die Werbung in reinen Wohngebieten. Sie soll vorzugsweise am Ort der eigenen Leistung erfolgen, darf durch Häufung nicht stören und ist in der freien Landschaft unzulässig. Für Hinweisschilder werden Zusammenfassungen an den Ortseingängen empfohlen. Das ist zudem werbewirksamer als wahllos errichtete Einzelschilder. Orte mit baugeschichtlichem Stadtkern oder die Umgebung von Domen und Kunstdenkmälern können durch Ortsstatute besonders geschützt werden.

Die klassischen Bestimmungen – Sicherheit, Brandschutz, Gesundheit (§§ 16 bis 25, 31 bis 45)

Zahlen und Maßangaben als zwingende Vorschriften sind in der MBO nicht zu finden. Es werden vielmehr allgemeine Grundsätze aufgestellt, die meist durchaus bewährtes Baurecht wieder aufnehmen. Dadurch wird eine gewisse Überzeitlichkeit erstrebt. Um Wiederholungen zu vermeiden, sei hier nicht dargelegt, welche Sicherheitsforderungen aus den bisherigen Bauordnungen mehr oder weniger übernommen sind, dagegen wird untersucht, welche neuen Faktoren sich aus den gewandelten Verhältnissen ergeben haben.

Dispense von Sicherheitsforderungen der akuten Gefahrenabwehr (z. B. Brüstungshöhen) sind nach Wortlaut und Sinn der MBO nicht zu erteilen, um Menschen vor Schaden zu bewahren.

Bedeutung gewinnt der Erschütterungsschutz, der bisher in den Bauordnungen kaum behandelt wurde. Das gilt für gemischt genutzte Gebiete, vor allem aber für Schulen, Krankenhäuser, Wohnungen und Bürogebäude. Nicht nur Fallhämmer und rotierende Maschinen, sondern auch ständig arbeitende kleinere Maschinen verursachen Erschütterungen oder Schwingungen, die unter Umständen zu Rissebildung und Setzungen an Gebäuden führen. Es können aber auch Gesundheitsstörungen beim menschlichen Nervensystem eintreten, wenn nicht alle technischen Mittel zur Abdämmung angewendet werden. Das beginnt bereits bei der Fundamentierung und der Trennung von Bauteilen. Wie das geschehen kann, wird bei der Untersuchung der bauaufsichtlich eingeführten Normen noch ausgeführt (siehe Seite 107).

Durch die stärkere Ausnutzung vieler Materialien (verringerter Querschnitt, größere Beanspruchung) ist eine Absicherung vor chemischen oder physikalischen Schäden geboten. Das gilt nicht nur, wie bisher, für Bauteile aus organischen Stoffen; auch Korrosion und eine falsche Verbindung mancher Stoffe können zu Minderungen der Standsicherheit und zu Gesundheitsschäden führen. Hier ist die Entwicklung durch das ständige Angebot neuer Materialien (z. B. auf dem Kunststoffsektor) noch im Fluß. Die DIN-Bestimmungen haben bereits umfangreiche Vorarbeit geleistet. Das gilt ebenso für den Wärmeschutz, für einen verstärkten Schallschutz angesichts der sich ständig mehrenden Lärmquellen sowie für den Schutz gegen Belästigungen durch Gerüche, Abgase usw.

Auch durch den wachsenden Verkehr sind Eingriffe aus Sicherheitsgründen zwangsläufig. Das betrifft u. a. die Zu- und Abfahrten in den Straßenverkehr und die Anlage von Stauräumen vor öffentlichen Straßen und Anlagen. Die *Leichtigkeit des öffentlichen Verkehrs* muß gewährleistet sein und darf durch Neubauten nicht beeinträchtigt werden (§ 23). Das *Wie* bleibt hier wie in anderen Fällen unerörtert und späteren Ergänzungsverordnungen überlassen. Dadurch wird eine Überlastung der MBO durch eine Vielzahl von Einzelfestlegungen, die schnell überholungsbedürftig würden, vermieden.

Die Forderung, allen Räumen eine ihrem Zweck entsprechende Tagesbelichtung zu geben, ist zwar nicht neu, wirkt sich aber für den Wiederaufbau aus und schafft klare Voraussetzungen für die Sanierung von Stadtvierteln aus der Gründerzeit, eine Aufgabe, die in den nächsten Jahrzehnten an vorderster Stelle stehen muß. Sicherheit, Brandschutz und Gesundheitsfürsorge lassen sich oft nicht voneinander trennen. Das gilt auch für die Forderung, wonach Gebäude mit mehr als 5 Geschossen keine Feuerstätten für flüssige oder feste Brennstoffe mehr haben dürfen. Daraus folgt: Ab 6 Geschossen können nur noch Zentralheizungen eingebaut werden.

Aus den Erfahrungen der Kriegs- und vor allem der Nachkriegszeit ist die Forderung zu verstehen, daß bei Wohnungen mit Zentralheizungen für den Notfall mindestens ein Anschluß für eine Feuerstätte an einen Rauchschornstein vorzusehen ist. Das kann auch für die Übergangszeit oder einen Krankheitsfall wünschenswert sein. Die technischen Forderungen an Kamine – Größe des freien Querschnitts, einwandfreie Zusammenführung möglichst nahe am First, glatte Innenwände u. a. – können hier als zu vordergründig unerörtert bleiben. Neu ist aber die Erkenntnis, daß Schallübertragung bei Kaminen, vor allem bei dünnwandigen Abgasschornsteinen, eine Rolle spielt, und daß zur Betriebssicherheit somit auch Schallschutz gehört. Besondere Forderungen werden für die Lagerung des in dieser Zeit aufkommenden Heizöls erhoben, doch bleibt auch das im wesentlichen Einzelverordnungen überlassen, die später – in Zusammenarbeit mit Fachverbänden – recht wechselnde Grundsätze aufstellten.

In einer umfangreichen Tabelle sind der MBO die bereits erwähnten besonderen Anforderungen an die wichtigsten Konstruktionsteile, u. a. Wände, Decken, Dächer, Treppen, beigegeben, und zwar getrennt nach Geschoßzahl der Gebäude, einschließlich der Hochhäuser (ab 22 m Höhe) und für Gebäude besonderer Art (Warenhäuser, Versammlungsstätten, Krankenanstalten usw.). Gegenüber den bisherigen Bauordnungen sind Erleichterungen eingetreten bei Außenwänden, die unter bestimmten Voraussetzungen, z. B. Stahlkonstruktionen mit Glaswänden, nicht mehr feuerbeständig sein müssen. Auch Decken und Treppen brauchen erst ab 6 Geschossen feuerbeständig zu sein. Die größeren Abstände der Bauten untereinander und die gesicherte Qualität der verwendeten Baustoffe rechtfertigen diese Erleichterungen. Ab 6 Geschossen müssen ausreichend Personenaufzüge eingebaut werden.

Allgemeine Bestimmungen (§§ 46, 47, 62 bis 66, 68 bis 72)

Eine Reihe von Fragen werden hier behandelt, die scheinbar unwesentlich sind. So ist es nach dem auf Seite 95 Gesagten selbstverständlich, daß Lichtschächte zur Belichtung von Aufenthaltsräumen keine Daseinsberechtigung mehr haben. Ausnahmen sind aber für innen liegende Treppenhäuser möglich, wobei wieder die Frage der Schall-, Rauch- und Geruchdämmung zu lösen ist. Dasselbe gilt auch für Installationsschächte und -kanäle. Die sanitären Anlagen in allen Neubauten, einschließlich des sozialen Wohnungsbaues, beginnen in dieser Zeit zur Selbstverständlichkeit zu werden. Bäder und WC können bei entsprechenden Lüftungsanlagen durchaus auch im Inneren der Gebäude liegen, wenn die entsprechenden DIN beachtet werden. Hier setzt eine Entwicklung ein, die sich auf die Grundrißgestaltung der Neubauwohnungen auswirkt und damit nachholt, was z. B. in Schweden und Finnland seit Jahren längst praktiziert wird. Der Schallschutz spielt hier wiederum eine besondere Rolle.

Das für die Landschaften charakteristische Bauen wird in der MBO nicht spezifisch berücksichtigt, dagegen sagt sie zum Thema Behelfsbauten klar und deutlich, daß diese nur in besonderen Fällen und nur für eine zeitlich begrenzte Dauer aufgestellt werden dürfen, eine erfreuliche Absage an die vorangegangenen Jahre der Barackenwirtschaft. Bei Holzhäusern und aus der jetzt schon einsetzenden Fabrikation von Fertighäusern stammenden Bauten, die z. T. auch aus Holzteilen bestehen, müssen aus Sicherheitsgründen größere Abstände eingehalten werden. Für Bauten besonderer Art und Nutzung können bis zum Vorliegen von Sonderverordnungen im Einzelfall örtliche Anforderungen gestellt werden. Das gilt u. a. für Warenhäuser, Versammlungsstätten, gewerbliche Bauten, besonders ausgedehnte Hochhäuser. Einige typische allgemeine Anforderungen werden aufgezählt.

Während der Entstehungszeit der MBO war erkennbar, daß sich die Wohnungskultur weiter entwickelte. Staatliche Förderung und die Ansprüche der Bauherren trugen dazu stark bei. Die MBO geht diesen Weg eindeutig mit, indem sie Forderungen für Aufenthaltsräume und Wohnungen (§§ 62 bis 66) steigert. So muß jede Wohnung einen unmittelbaren eigenen Zugang haben. Nordlage aller Räume ist unzulässig. Jede Wohnung muß einen Abstellraum und einen lüftbaren Raum oder eingebauten Schrank für Lebensmittel aufweisen. Weiter müssen in Wohngebäuden mit mehr als 3 Wohngeschossen Abstellmöglichkeiten für Kinderwagen und Fahrräder hergestellt werden. Waschküchen und Trockenräume sind als Einzelräume oder Gemeinschaftsanlagen vorzusehen. Aus der Preuß. EBO wird die Begriffsbestimmung für Aufenthaltsräume übernommen, jedoch für Keller- und Dachgeschosse weiter eingeengt. Praktisch sind Aufenthaltsräume im Keller überhaupt nicht mehr, im Dachgeschoß nur bis zum 3. Vollgeschoß mit erheblicher Einschränkung möglich. Die Grundfläche von Aufenthaltsräumen soll je nach ihrer Zweckbestimmung mindestens 8 qm betragen. Merkwürdigerweise wird eine lichte Raumhöhe von 2,70 m angestrebt, eine für sinnvolle Proportionen der relativ kleinen Räume in Neubauten nicht sehr überzeugende Forderung. Einschränkend muß jedoch gesagt werden, daß die Maßangabe nicht im Text der MBO, sondern nur in einer Einführung genannt ist.

Das formale Baurecht

Eine völlige Trennung zwischen materiellem und formalem Baurecht ist nicht überall möglich, weil beide Rechtsgebiete sich in manchen Punkten wechselseitig durchdringen. Das trifft vor allem für die beiden Abschnitte Baulasten und Normen zu.

Die Einführung von Baulasten (§§ 107/108)

Mit den beiden knappen Paragraphen beschreitet die MBO einen Weg, der bis dahin in der Fachwelt recht unbekannt war und eine Fülle von Möglichkeiten einschließt. Baulastenähnliche Regelungen gab es seit 1900 zuerst in Sachsen, dessen Baurecht besonders gut entwickelt war. Merkwürdigerweise folgte nur Baden (1908) und Württemberg (1910), während weder in Preußen (EBO) noch in Bayern Überlegungen in dieser Richtung angestellt wurden, wie Forschungen ergeben haben. [34] Das ist deshalb erstaunlich, weil durch das Rechtsinstitut der Baulasten zwingendes materielles Baurecht durch freie nachbarliche bzw. private Vereinbarungen ersetzt werden kann. In dem bereits erwähnten Entwurf für ein Deutsches Baugesetzbuch vom 21. 3. 1942 (siehe Seite 135) ist allerdings auch schon ein Abschnitt über Baulasten zu finden. [35] Hier wird das Baulastenbuch eingeführt, in das Beschränkungen oder Verpflichtungen gegenüber der Baubehörde als Öffentlichkeit einzutragen sind. Darüber hinaus ist auch die Einführung eines Bauabgabenbuches vorgesehen, eine Neuerung, die eine Eintragung von auf dem Grundstück ruhenden öffentlichen Lasten vorsieht, für die ein Abgabebescheid erteilt ist, z. B. Baulandabgabe (heute nicht mehr aktuell) und auf dem Grundstück ruhende öffentliche Lasten. Diese Eintragung bewirkt, daß der Eigentümer mit seinem Grundstück und persönlich für die Abgabe haftet.

Unter Baulasten versteht die MBO eine öffentlich-rechtliche Verpflichtung eines Grundstückseigentümers, die er gegenüber der Baubehörde zu einem sein Grundstück betreffenden *Handeln, Tun oder Unterlassen* aus freiem Entschluß übernimmt. Das bedeutet praktisch z. B. die Übernahme von Grundstücksflächen – Bauwichen und Abstandsflächen –, von Durchfahrtsrechten und Verpflichtungen des Nachbarn zur Schaffung von Stellplatzflächen auf das eigene Grundstück. Baulasten ermöglichen Hofgemeinschaften, Verwendung gemeinsamer Bauteile (Brandmauern) auf der Grenze, sie regeln die Übernahme von Beschränkungen außerhalb des Baurechts bei Freiflächen, Gemeinschaftsanlagen (Kinderspielplätzen), bei der Gestaltung von Gebäuden usw. Mit der Übernahme einer Baulast kann ein Bauherr seinen Nachbarn willig machen, einem nachbarschützenden Dispens zuzustimmen. Die Baulast kann auch als Ersatz nicht zustandegekommener Baulandumlegung wirksam werden. Es gibt also eine Fülle von Möglichkeiten, sich gegenseitig das Bauen zu erleichtern.

Eine Baulast kann nur übernommen werden, wenn das belastete Grundstück ohne Verletzung des Baurechts noch bebaut werden kann. Sie geht auch auf den Rechtsnachfolger über. Die Eintragung einer Baulast ist denkbar einfach und wird durch Willenserklärung der Partner bei der Baubehörde vollzogen, die das Baulastenverzeichnis führt. Eine Baulast kann nur durch Verzicht der Baubehörde gelöscht werden, wenn ein öffentliches Interesse besteht. Baulasten können öffentlichrechtliche Hindernisse gegen eine Baugenehmigung nicht ändern, weil durch die Baugenehmigung die Übereinstimmung mit dem öffentlichen Recht erklärt wird.

Die Verantwortung der am Bau beteiligten Personen und Behörden (§§ 75–85)

Die Neigung und Bereitschaft zur Übernahme persönlicher Verantwortung ist unterschiedlich und Zeitströmungen unterworfen. Das wurde im historischen Teil (siehe Seite 13) untersucht. Staatsform und Engagement der Einzelperson spielen dabei eine nicht geringe Rolle. Die bisherigen Bauordnungen haben sich über dieses Problem ausgeschwiegen; es ist die MBO, die sich mit ihm erstmalig beschäftigt.

Der Bauherr ist in steigendem Maße den Verflechtungen zwischen Bauordnung, technischem Fortschritt und Planungszusammenhängen nicht mehr gewachsen. Seine Verantwortung am Baugeschehen kann also kaum aktiviert werden. Er hat deshalb erfahrene Personen zu bestellen, die in seinem Namen tätig werden. Der Architekt – die MBO spricht vom Entwurfsverfasser, da Architekten- oder Planvorlagegesetze noch nicht vorhanden sind – ist verantwortlich für den Entwurf, die Koordinierung mit der Baubehörde und vor allem mit Sachverständigen, sofern er selbst überfordert ist. Die einzelnen Fachbauunternehmer, oft sind es Handwerksbetriebe, sind für ihre eigene Arbeit verantwortlich. Das gilt vor allem auch für die Sicherheit auf der Baustelle. Der Bauunternehmer darf nur solche Arbeiten übernehmen, für die er ausreichend vorgebildet und erfahren ist. Er muß auf Verlangen der Behörde den Nachweis erbringen, daß er auch die erforderlichen Baumaschinen usw. besitzt, etwa beim Einsatz von Spannbeton.

Der in § 79 erstmalig eingeführte Begriff und die Person *Verantwortlicher Bauleiter* hat eine umstrittene Funktion am Bau. Das beginnt mit der Baustelleneinrichtung und der Überwachung aller Unfallverhütungs- und Sicherheitsvorschriften. Er sorgt – meist handelt es sich um den Architekten – für die Ausführung nach den genehmigten Zeichnungen und koordiniert alle Fachbauunternehmer. Der verantwortliche Bauleiter oder sein Vertreter muß während der Bauarbeiten ständig anwesend sein. Die Überwachung hat dauernd zu erfolgen und darf nicht stichprobenartig sein. Obwohl diese Formulierungen unklar sind, hat sich die Rechtsprechung des Problems noch nicht angenommen. Jedenfalls sind bisher keine Gerichtsentscheidungen bekannt geworden.

Die Verantwortung des genannten Personenkreises trägt jedoch zur Entlastung des Bauherrn bei und hat öffentlich-rechtlichen Charakter gegenüber der Baubehörde, während zivilrechtliche Gesichtspunkte nicht berührt werden.

Die Baugenehmigungsbehörden sind nach der MBO entsprechend dem geltenden Recht staatlich und handeln durch privilegierte Gemeinden im Auftrage des Staates. Das entspricht dem Grundsatz einer ortsnahen Verwaltung, die die Wünsche des Bürgers und die Interessen der Gemeinde zu koordinieren sucht. Überzeugend ist die Forderung, daß die Führungskräfte in erster Linie die Befähigung zum höheren bautechnischen Verwaltungsdienst, aber auch zum Richteramt oder zum höheren Verwaltungsdienst haben müssen. Es ist verständlich, daß der Vorrang des höheren bautechnischen Verwaltungsdienstes bei einer überwiegend bautechnischen Behörde in dieser Reihenfolge ausdrücklich festgelegt ist. Die Baubehörden überwachen ja die Einhaltung der Vorschriften der MBO und sollen Gefahren für Leben oder Gesundheit abwehren.

Das Baugenehmigungsverfahren (§§ 86 bis 106)

Die meisten Bauordnungen kannten beim Baugenehmigungsverfahren eine Dreiteilung zwischen baugenehmigungsfreien, anzeige- und genehmigungspflichtigen Bauarbeiten. Ausnahmen mit einer Zweiteilung ohne anzeigepflichtige Bauten machten Bayern, Hamburg und Bremen. Die Dreiteilung hatte sich besonders bei der Preuß. EBO bewährt, weil viele genehmigungspflichtige Bauten nur anzeigepflichtig wurden, was für Bauherrn und Behörde eine Vereinfachung bedeutete. So lag es nahe, diese Dreiteilung auch in die MBO zu übernehmen. Genehmigungsfrei, aber anzeigepflichtig sind Bauten unter 30 cbm, außer Garagen und Verkaufsständen. Eine Fülle von unbedeutenden Bauvorhaben sind damit aus dem komplizierten Genehmigungsverfahren entlassen. In einer tabellarischen Übersicht wird das festgelegt, kann aber hier unerörtert bleiben.

Genehmigungspflichtige Bauten des Bundes und der Länder erhalten – sofern sie unter Leitung eines Beamten des höheren bautechnischen Verwaltungsdienstes stehen – keine Baugenehmigung durch die örtliche Bauaufsicht, sondern brauchen nur die Zustimmung der höheren Baubehörde, die allerdings die örtlichen Stellen hören muß. Das materielle Baurecht gilt natürlich auch für alle öffentlichen Bauten.

Interessant ist, daß größere Erdbewegungen – Aufschüttungen oder Abgrabungen – genehmigungspflichtig sind. Eine Begründung ist zwar nirgends gegeben, dürfte aber auf den Wunsch zurückzuführen sein, den sich immer stärker verdichtenden Raum nicht ungeordnet oder zum Nachteil der Öffentlichkeit zu verändern.

Der Vereinfachung des Baugenehmigungsverfahrens dient die formlose Bauanfrage, durch die grundsätzliche Einzelfragen für ein bestimmtes Bauvorhaben vorgeklärt und für die Dauer eines Jahres rechtswirksam beantwortet werden.

Bei der Baugenehmigungsbehörde werden die Stellungnahmen aller anderen Behörden, die kraft rechtlicher Vorschriften bei der Prüfung der Genehmigungsfähigkeit von Bauten mitzuwirken haben, zusammengefaßt und dem Bauherrn mitgeteilt. Handelt es sich aber bei einer anderen Behörde um eine Versagung, so wird diese von der Versagungsbehörde dem Bauherrn direkt mitgeteilt, eine Regelung, die umständlich und nicht konsequent ist. Die Zentralisierung bei einer Stelle ist sinnvoller.

Ausnahmen und Befreiungen sind an die gleichen Voraussetzungen gebunden, die in den meisten Bauordnungen bereits zu finden sind. Wann das Allgemeinwohl oder eine unbeabsichtigte Härte vorliegt, ist dem pflichtgemäßen Ermessen der Baubehörde überlassen und an die Zustimmung der höheren Baubehörde gebunden.

Die MBO schlägt eine einheitliche Regelung der Nachbarrechte vor, soweit sie öffentliches Recht berühren, um die voneinander stark abweichenden Landesrechte zu koordinieren: Vor Erteilung von Dispensen sollen die Nachbarn – wenn sie die Zeichnungen des Antragstellers nicht bereits unterschrieben haben – benachrichtigt werden, soweit öffentlich-rechtliche Belange in Betracht kommen. Hier geht die MBO (§ 92) einen Mittelweg zwischen den stark divergierenden Bauordnungen aus der Zeit vor 1945. Unverändert werden durch eine Baugenehmigung die privaten Rechte Dritter nicht berührt (§ 93). Die Bauüberwachung sieht, wie es sich bereits fast allgemein durchgesetzt hat, die Rohbau- und Schlußabnahme vor, daneben nur Stichproben bei schwierigen Konstruktionen. Die Funktionen des verantwortlichen Bauleiters und die Einführung der Normen und des Güteschutzes erleichtern die Überwachung auch großer Bauvorhaben erheblich. Dennoch ist mit den Abnahmen, die schriftlich bestätigt werden müssen, eine erhebliche Verantwortung verbunden.

Verletzungen gegen das materielle Baurecht werden mit einer bisher nicht gekannten Härte geahndet. Bei vorsätzlichen Verstößen sind Geldbußen bis zu DM 10 000,–, bei fahrlässigen immerhin auch noch bis zu DM 5 000,– vorgesehen. Die Höhe der Beträge, die weit über die früheren Regelungen hinausgeht, ist überraschend und wohl aus den zeitbedingten Bestrebungen zu erklären, ungesetzliches Bauen zu verhindern.

Die MBO ermächtigt die obersten Baubehörden zum Erlaß von Vorschriften für besondere bauliche Anlagen (Hochhäuser, Versammlungsstätten), um die allgemeinen Bauordnungen nicht zu sehr zu belasten und damit unübersichtlich zu machen.

Normen und Güteschutz als integrierende Bestandteile der Musterbauordnung §§ 26–30, 3 (3) und Anhang S. 81–106

Vereinheitlichung und Auslese sind keine Errungenschaften des industriellen Zeitalters, sondern seit eh und je auf vielen Gebieten menschlichen Handelns und Denkens zu finden, auch wenn die Bezeichnung *Normung* noch unbekannt war. Wer rechnet und spart, sucht nach einheitlichen Größenordnungen. Die von den Fuggern [36] in Augsburg 1520 errichteten Wohnsiedlungen haben diese Vorteile bereits erkannt und zeigen in Grundrissen, Geschoßhöhen und zahlreichen Bauteilen einheitliche Maße. Auch Friedrich der Große erkannte die Bedeutung einer Typisierung beim Bau von Siedlungen für Kolonisten (1792).

Über viele Zeiten und Epochen hinweg hat Neufert [37] die Maßbeziehungen am Bau untersucht und berichtet u. a. über das alte Hilfsmittel des Rasters, das schon den Architekten der Renaissancezeit unentbehrlich war.

Mit der Umstellung von handwerklicher zu serienmäßiger Herstellung von Verbrauchsgütern, etwa in der Mitte des 19. Jahrhunderts, beginnt eine weitere Entwicklung der Normung. Der damalige Hauptbaustoff – der Ziegel – war hierfür ein sich anbietendes lohnendes Objekt. In Preußen hatte man schon 1793 zwei Formen für Mauersteine vorgeschrieben: das alte Klosterformat mit 11 1/2 / 5 1/2 / 2 1/2

Zoll und ein handlicheres Format mit 9 1/2 / 4 1/2 / 2 1/8 Zoll. Der Erfolg war aber gering, obwohl der Landesbaudirektor berichtete, *für die Tüchtigkeit der Gebäude könne der Baumeister nur verantwortlich gemacht werden, wenn die Steine mit gleicher Höhe waagerecht und unzerstückelt im Verband bestehen.* [38] Eine gesetzliche Regelung ließ aber in Preußen bis 1848 auf sich warten, während Sachsen bereits 1833 die Maße für Ziegel festlegte (12 / 6 / 3 Zoll). 1870 wurde dann in Preußen nach Schaffung einer einheitlichen Maß- und Gewichtsordnung das Normalformat von 25 / 12 / 6,5 cm – das spätere Reichsformat – eingeführt. [39] Ausdrücklich wird dabei auf den Weg des Zwanges verzichtet und lediglich erwartet, daß das Normalformat bei allen Staatsbauten Verwendung finde. Das ist bemerkenswert und deutet darauf hin, daß man auf die Zweckmäßigkeit vertraute. Tatsächlich hat sich diese Auffassung auch bestätigt, und sie wurde seitdem weiter erfolgreich angewendet.

Mit der Industrialisierung entstanden im Deutschen Reich eine Reihe von Normen. Es ging dabei nicht lediglich um Abmessungen, sondern ebenso um die Qualität von Baumaterialien. Die 1. Qualitäts- bzw. Gütenorm für ein fabrikmäßig hergestelltes Erzeugnis war die Zementnorm, der 1878 für bestimmte nachprüfbare Mindestfestigkeit amtlicher Charakter verliehen wurde. Es folgten Walzträger und Rohre aller Art. Bei diesen Festlegungen zeichneten sich 4 Arten von Baunormen ab: Maß-, Güte-, Prüf- und Ausführungsnormen. Die Folgen waren: Gütesteigerung, Preissenkungen und ein Vertrauen, das sich nach und nach in reduzierten Sicherheitsbestimmungen der Bauordnungen zum Nutzen der Allgemeinheit auswirkte.

Eine systematische Baunormung im Hochbau setzte 1917 ein. Sie stieß in den 20er Jahren noch auf erheblichen Widerstand in der Architektenschaft, die Minderung der schöpferischen Gestaltungsphantasie und eine Uniformierung oder Eintönigkeit der Baukunst befürchtete, sehr bald aber einsah, daß Normung nicht öde Schematisierung bedeutete, sondern Entlastung von einer Fülle von Kleinarbeit bei Entwurf und Bauüberwachung. Normung hat allerdings ihre Grenze dort, wo sie ihren eigentlichen Sinn – der Wirtschaftlichkeit und Sicherheit zu dienen – überschreitet oder der gestalterischen bzw. kulturellen Seite des Bauens nicht mehr den erforderlichen Spielraum für ihre Entfaltung lassen würde.

Nach und nach entstanden in Zusammenarbeit von Fachverbänden, Behörden und Spezialisten in Arbeitsausschüssen zahlreiche Normblätter für Geschoßhöhen und Einzelbauteile, für den Holzbau ebenso wie für den Stahlbau, für zulässige Beanspruchungen und Belastungen, für Mauerstärken, Schall- und Wärmeschutz, kurz für eine Vielfalt von sich ständig mehrenden Typisierungen, übrigens nicht nur im Bauwesen.

Die Bezeichnung DIN entwickelte sich zu einem Begriff und setzte sich in der Öffentlichkeit durch. Das vollzog sich erstaunlicherweise auf allen Gebieten des Bauwesens nach rein rationalen Gesichtspunkten.

Die Normung wurde auch ein Mittel, der verwirrenden Fülle neuer Baustoffe und Bauarten ohne Gefährdung der öffentlichen Sicherheit und ohne unnötige Belastung der Beteiligten einen Weg breiter, praktischer Anwendung und Bewährung zu öffnen.

Die MBO stellt fest, daß bauliche Anlagen aus Baustoffen und Bauteilen zusammengefügt werden, an die u. a. aus Gründen der Standsicherheit, Dauerhaftigkeit, des Wetter-, Schall- und Wärmeschutzes, gewisse Mindestforderungen zu stellen sind. Die Beachtung der *allgemein anerkannten Regeln der Baukunst* und detaillierte Angaben früherer Bauordnungen zu bestimmten Baustoffen reichen nicht mehr aus, weil ein Überschauen über die Brauchbarkeit der sich schnell entwickelnden Angebote der Baustoffindustrie nicht mehr gegeben ist. Es würde das Ausmaß von Sachkunde und Erfahrung der am Bau beteiligten Personen und Behörden überschreiten, wollte man ihnen die Verantwortung für die Sicherheit und den Schutz der Öffentlichkeit allein überlassen. So unterscheidet die MBO zwischen *gebräuchlichen und neuen Baustoffen, Bauteilen und Bauarten.* Der Nachweis der Anforderungen an die gebräuchlichen Baustoffe usw. gilt nach der Bauordnung als erbracht, wenn sie in Normblättern öffentlich bekannt gemacht und eingeführt sind. Neue Baustoffe und Bauteile müssen ihre Brauchbarkeit durch ein Zulassungsverfahren nachweisen, das durch die Verleihung eines *Prüfzeichens* für den Verwendungszweck abgeschlossen wird. Das Prüfungsverfahren wird von Sachverständigen im Einvernehmen mit der obersten Baubehörde durchgeführt.

Die Güteüberwachung kann durch die Bauindustrie nach einheitlichen bautechnischen Richtlinien durch *Güteschutzgemeinschaften* durchgeführt werden, die von der obersten Baubehörde anerkannt und kontrolliert werden müssen. An Eigeninitiative und Selbstverantwortung der Herstellerfirmen werden also hohe Anforderungen gestellt. Diese Gemeinschaftsaufgabe setzt eine vertrauensvolle Zusammenarbeit zwischen Bauindustrie, Bauausführenden und Baubehörden voraus, die im allseitigen Interesse liegt, der Öffentlichkeit nützt, den Bauherrn vor Schaden bewahrt und gleichzeitig eine klare, übersichtliche Vereinfachung der Bauüberwachung bedeutet.

Der unausgesprochene Grundgedanke, der die MBO durchzieht, lautet:

in necessariis unitas, in aliis libertas.

Ob und wie weit er aufgenommen wurde, wird im nächsten Abschnitt untersucht.

Wie weit haben die Landesbauordnungen die Erwartungen der Musterbauordnung erfüllt?

Zeitlicher Ablauf ihrer Entstehung (1962 bis 1971)

Alle bisher herausgekommenen Landesbauordnungen lehnen sich nach Aufbau und Inhalt – das bezieht sich nicht immer und überall auf den Wortlaut – eng an die MBO an. Das gilt auch für die Entwürfe der erst für 1972 zu erwartenden LBO von Bremen und Niedersachsen. Lediglich Hessen hat noch keinen neuen Entwurf fertig gestellt. Einen kritisch wertenden Vergleich erleichtert Dr. G. Haase [40] für 7 von 11 Landesbauordnungen durch ein wortgetreues Nebeneinanderstellen themengleicher Paragraphen.

Während die nach 1919 auf der EBO aufgebauten Bauordnungen der Städte, Regierungsbezirke und Länder in einem Zeitraum von 3 bis 14 Jahren folgten, ging es 40 Jahre später nicht schneller. Immerhin waren alle Länder bereit, die MBO als Grundlage zu übernehmen. Wie aus der nachstehenden Tabelle ersichtlich ist, vollzog sich die Übernahme zeitlich in drei Abschnitten, von denen der letzte noch im status nascendi steckt.

Im allgemeinen haben die Länder bei der Entwurfsberatung bzw. vor der Verabschiedung ihrer LBO im Landtag die kommunalen Spitzenverbände und Fachgremien gehört. Bei der Untersuchung wurde auf die Feststellung kleiner sprachlicher Änderungen oder Neufassungen – wenn sie sachlich keine Änderungen brachten – verzichtet, um die Übersicht zu wahren.

Die Tatsache, daß ein Erlaß von spezifisch das Wohnungswesen betreffenden baurechtlichen Vorschriften durch den Bund (siehe Seite 87) zu einem unübersichtlichen Bauordnungsrecht geführt hätte, war nur ein Grund, der eine Vereinfachung und zeitgemäße Neufassung auf der Grundlage der MBO nahelegte. Der andere: Die Bauordnungen waren überaltert, und die gewandelten technischen Entwicklungen hatten sie praktisch überholt. Die Ansprüche der Menschen an Sicherheit, Hygiene und Bequemlichkeit waren mit dieser Wandlung parallel gelaufen. Eine Fülle von technischen Problemen, z. B. durch den Hochhausbau, tauchten auf. Schließlich wurden Abgrenzungen zum Bundesbaugesetz notwendig und machten eine allgemeine Reform der Bauordnungen zwingend. Instrument hierfür war die MBO, und die Länder erkannten diese Hilfe.

Alle Landesbauordnungen – auch der etwas eigenwillige Entwurf von Niedersachsen – stellen im Unterschied zu den meisten bisherigen Bauordnungen die materiellen Vorschriften den formalen voran. Sie betonen damit den stark gewandelten Vorrang des technischen Gedankengutes vor den Verfahrensvorschriften.

Bei allem Willen zur Übernahme der MBO ist doch gelegentlich zu spüren, daß die Länder sich bemühen, nicht einfach alles wortgetreu nachzuschreiben, sondern kleine sprachliche Nuancen einzubauen.

Die technischen Teile II bis V bzw. B bis E in einigen Landesbauordnungen sind in ihrer Reihenfolge so angeordnet, daß sie etwa der Reihenfolge der Überlegungen und Prüfungen entsprechen, die bei der Durchführung des normalen Bauvorhabens angestellt werden. Das fängt beim Grundstück an und endet bei den Konstruktionsteilen des Baues.

Bei Verfahrensfragen ist allgemein die Absicht zu erkennen, die Baugenehmigung im zeitlichen Ablauf zu verkürzen. Eine Vereinfachung ist notwendig, weil das Verfahren oft zu lange dauert. Bemühungen in dieser Richtung kommen immer wieder auf, es sind ihnen aber enge Grenzen gesetzt. Nicht nur die Bautechnik wird immer schwieriger und unüberschaubarer, sondern durch Gesetz wird in steigendem Maße die Beteiligung zahlreicher Stellen gefordert, und die Rechtsprechung arbeitet zunehmend Nachbarrechte heraus, die im Genehmigungsverfahren berücksichtigt werden müssen. Es vollzieht sich meist ein komplizierter Interessenausgleich, der zu einem demokratischen Staatsaufbau gehört. Mit einer Vereinfachung ist in unserer sich schnell und ständig wandelnden pluralistischen Gesellschaftsordnung kaum zu rechnen. Das muß als Folge-Entwicklung zum modernen Industriestaat bei der sich immer mehr verdichtenden Besiedlung in Kauf genommen werden.

Tabelle 1 Zeitliche Reihenfolge der Entstehung der 11 Landesbauordnungen

	MBO		1. 8. 1960
	Landesbauordnung der Länder	Im Landtag beschlossen	In Kraft
1.	Rhld.-Pfalz	18. 10. 1961	1. 10. 1962
2.	Nordrh.-Westf.	25. 6. 1962	1. 10. 1962
3.	Bayern	1. 8. 1962	1. 10. 1962
4.	Bad.-Wttbg.	12. 3. 1964	1. 1. 1965
5.	Saar	12. 5. 1965	1. 1. 1966
6.	West-Berlin	7. 7. 1966	1. 1. 1967
7.	Schlesw.-H.	23. 1. 1967	1. 7. 1968
8.	Hamburg	10. 12. 1969	1. 10. 1970
		Entwurf an Landtag:	voraussichtlich
9.	Bremen	Ende 1971	1972
10.	Niedersachsen	nicht vor 1972	1973
11.	Hessen	bisher kein Entwurf	

Welche Situationen finden die einzelnen Landesbauordnungen vor?

Die Bauordnungen waren in Rheinland-Pfalz besonders zersplittert und veraltet, weil sich das Land aus 3 verschiedenen Landesteilen zusammensetzt. In den ehemals preußischen Gebieten galt die EBO von 1919 bzw. 1931 (Entwurf für das platte Land), in den bayerischen Landesteilen war die BO für Bayern von 1901 in Kraft, und in den aus Hessen kommenden Gebieten hatte sogar noch ein Gesetz von 1881 – *die allgemeine Bauordnung betreffend* – Gültigkeit, das nur teilweise bis 1902 erneuert war. Die Unsicherheit war also beachtlich, und es ist verständlich, daß der Landtag von Rheinland-Pfalz als erstes deutsches Land seine auf der MBO aufgebaute LBO bereits am 18. 10. 1961 beschloß. [41] Sie betont stärker als die MBO Grundsatzforderungen von voraussichtlich bleibender Bedeutung, um ohne Gesetzesänderungen neuen technischen Entwicklungen gerecht werden zu können. Technische Daten sollen durch VO mit flexiblerem Charakter aufgefangen werden.

Nordrhein-Westfalen wurde – vom Landesteil Lippe abgesehen – aus den preußischen Provinzen Rheinland und Westfalen gebildet. Die einzelnen Regierungsbezirke hatten spätestens seit 1939 die aus der EBO entstandenen Bauordnungen, die kaum voneinander abwichen. In NW ist daher die Entwicklung der BO von dem politischen Geschehen in Preußen nahezu unberührt geblieben, bis der Landtag am 25. 6. 1962 die LBO beschloß. [42]

Obwohl Bayern seit Jahrhunderten einen einheitlichen Staat bildete, verfügte es bis in die Mitte des 19. Jahrhunderts über keine einheitliche Bauordnung. Meist waren es nur örtliche Bauordnungen, die auf Initiative des Landesherren zurückgingen. Das ist im Rahmen dieser Arbeit mehrfach erwähnt (siehe Seite 29 und 48).

Die zähe Lebensdauer der letzten Bauordnung von Bayern (17. 2. 1901), die mit über 60 Jahren bis zur heutigen Bayerischen BO vom 1. 8. 1962 [43] wohl nicht übertroffen worden ist, war bemerkenswert. In diesen 6 Jahrzehnten war das Nebeneinander zahlreicher Gesetze, Verordnungen und Vorschriften so unübersichtlich geworden, daß der Vollzug nicht nur erschwert war, sondern in der Praxis auch den Regeln der Bautechnik nicht mehr entsprach. Die MBO, an der Bayern aktiv mitgearbeitet hatte, füllte eine Lücke aus, und es ist verständlich, daß Bayern zu den drei ersten Ländern gehörte, die eine neue LBO einführten.

Baden-Württemberg ist in dieser Zusammensetzung das jüngste Bundesland und brachte aus beiden Ländern unterschiedliche baurechtliche Normen mit. In Baden bestand das Ortsstraßengesetz von 1868, das nicht nur die Anlage von Ortsstraßen, die Festlegung von Baufluchten sowie die Anliegerbeiträge für Straßen und Kanalisation regelte – übrigens erstmals in Deutschland –, sondern nach Modifizierung 1936 erst 1960 durch das Bundesbaugesetz bzw. 1964 durch das Straßengesetz für BW außer Kraft gesetzt wurde. Eine badische LBO bestand seit dem 26. 7. 1935. In Württemberg galt die BO vom 28. 7. 1910 mit einigen Änderungen. In Hohenzollern galten die bekannten preußischen Bauordnungen. Baden-Württemberg führte die 2. Gruppe der Länder an und beschloß die neue LBO am 12. 3. 1964. [44]

Das Saarland konnte nach der Rückkehr zu Deutschland bereits 1955 eine vorläufige Vereinheitlichung erreichen, die bewußt als Provisorium gedacht war, aber immerhin 10 Jahre in Kraft blieb, bis am 12. 5. 1965 die auf der MBO beruhende LBO vom Landtag beschlossen wurde. [45]

Berlin erhielt am 3. 11. 1925 die erste BO für Groß-Berlin mit Neufassungen 1929 und 1958 für West-Berlin. Gemeinsame Quellen waren die EBO. West-Berlin schloß sich selbstverständlich dem Gang der Dinge in den Ländern der BRD an und beschloß am 7. 7. 1966 seine BO. [46] Einige Abweichungen sind durch die örtliche Situation bedingt. Eine Parallelität mit der MBO ist weitgehend und erfolgreich gewahrt. Bei den Beratungen des Fachausschusses des Abgeordneten-Hauses ist die MBO ständig zum Vergleich herangezogen worden. [47]

In Schleswig-Holstein galt die EBO, bis 1950 eine recht fortschrittliche Bauordnung die EBO ablöste. So gab sich Schl.-H. am 23. 1. 1967 seine LBO. [48]

Im Stadtstaat Hamburg galt noch bis 1970 die BPol. VO vom 8. 6. 1938. Sie enthält nur 42 Paragraphen und kaum Einzelheiten. Ihr Umfang beträgt nur etwa 30 % der Bauordnung von 1918 und ist als Rahmenvorschrift gedacht. 1937 war Groß-Hamburg mit einigen preußischen Stadtteilen entstanden. Ein Jahr später kam die RahmenVO, die recht unkompliziert Änderungen, wie bei neuen Kon-

Abb. 13 Gebäudeabstände nach der Baupolizei-Verordnung von Hamburg 1938: Wohnbebauung im Stadtteil Rahlstedt aus den 60er Jahren. In der Bildmitte der »Berliner Platz«. Das Bild zeigt, daß eine überalterte BO nicht zu unmoderner Bebauung führen muß, obwohl der Weg über Dispense in der Regel kompliziert ist.

struktionen, Bauformen und modernen Erkenntnissen auf dem Sektor Baustoffe und Güteschutz, auffangen kann. So war auch nach 1945 in Hamburg trotz aller Zerstörungen ein gutes Bauen mit dieser BO möglich, weil der Rahmen weit gesteckt war und das Bauen nicht einengte. Durch zahlreiche Erlasse – Baupflege, Garagen, Baustoffe – wurde das bekräftigt. Eine Besonderheit sind ausführliche *Fachliche Weisungen,* die einen Beitrag zu aktuellen Problemen bildeten – aber auch grundsätzlich Fragen behandelten wie Luftverunreinigung, Ölheizung, Anwachsen des Kraftverkehrs u. a. Eine umfassende Neuordnung ist aber gerade in einem Stadtstaat unbedingt notwendig. Das West-Berliner Beispiel von 1967 war zweifellos ein Anreiz, eine moderne, bewegliche BO zu schaffen. Der Entwurf einer Hamburgischen BO ist 1970 Gesetz geworden. [49]

Im kleinsten Bundesland, dem Stadtstaat Bremen, gibt es bisher keine einheitliche Bauordnung. Bremen und Bremerhaven haben wesentlich voneinander abweichende Bauordnungen. Die sogenannte Staffel-Bauordnung vom 23. 3. 1940 (siehe Seite 79) ist nur partielles Baurecht für Stadt und Land Bremen. Für die Stadt selbst gilt sogar noch die BO von 1906 (siehe Seite 50), die seitdem durch 25 Novellen geändert und ergänzt wurde, doch sind seit Kriegsende die Bestimmungen dem Wandlungsprozeß von Wirtschaft und Technik kaum noch angepaßt. Aber auch vor dem Krieg war mit Rücksicht auf das im Reichsarbeitsministerium entwickelte Deutsche Baugesetzbuch eine eigene BO immer wieder zurückgestellt, weil ein Erlaß regionaler Bauordnungen nicht mehr gewünscht wurde. Zurzeit ist nach mehrfachen Anläufen – ein eigener Bremer Entwurf wurde, um die Einheitlichkeit mit der MBO zu wahren, nicht weiter verfolgt – ein Entwurf für die neue Landesbauordnung ausgearbeitet, der der Bürgerschaft vorgelegt werden soll. [50]

In Niedersachsen ist das Baurecht örtlich noch aufgesplittert. Das Land entstand aus der preußischen Provinz Hannover, den Ländern Braunschweig und Oldenburg und hat Bauordnungen, die z. T. über 25 Jahre alt sind. Die Unübersichtlichkeit erschwert die Anwendung für Verwaltung, Bauherren und Gerichte. Es ist zwar nach dem Vorbild der MBO ein Entwurf für eine Niedersächsische Bauordnung aufgestellt, [51] aber noch ist nicht abzusehen, wann er Gesetzeskraft erhält. So fehlt einstweilen nicht nur die Abstimmung der BO auf das Baurecht des Bundes, sondern es besteht auch eine Kluft zwischen den noch geltenden Bestimmungen und der technischen Wirklichkeit.

Hessen ist das einzige Land, in dem eine Landesbauordnung im Sinne der MBO weder herausgebracht ist noch vorbereitet wird. Es gilt noch die Hessische BO vom 6. 7. 1957. Sie beruht allerdings teilweise auf erheblichen Vorarbeiten zur MBO – dem Arbeitsergebnis des *Bauordnungsausschusses* – nach dem Stande von 1956, also 4 Jahre vor ihrer Verabschiedung. 5 überarbeitete Auflagen der BO von 1957, zuletzt durch Gesetz vom 4. 7. 1966, täuschen nicht darüber hinweg, daß Aufbau und Inhalt noch stark von der MBO abweichen. In Hessen, das aus preußischen Gebieten und Hessen-Darmstadt gebildet wurde, galt bis 1957 neben der EBO auch noch die Allgemeine BO für Hessen von 1902 (siehe Seite 58). Teilweise sind in der Hessischen BO von 1957, die mit Durchführungsverordnungen auf einen neueren Stand gebracht wurde, noch Anklänge an die Vorkriegsbauordnungen erkennbar. So fehlen dieser Bauordnung Übersicht und klare Linie. Mit Rücksicht auf eine in Vorbereitung befindliche Überarbeitung der MBO durch die ARGEBAU ist zurzeit ein Entwurf für die Neufassung noch nicht vorgesehen. Hessen wird dann zweifellos nachziehen. Der letzte Stand der Hessischen Bauordnung – sie erhielt 1967 und 1970 (GVBl. I S. 598 v. 5. X. 1970) leicht verbesserte Auflagen – wurde in diese Untersuchung einbezogen.

Analyse des bautechnischen Teils der 11 Landesbauordnungen

Das einzelne Baugrundstück mit seinen baulichen Ausnutzungsmöglichkeiten hat – wie dargelegt – in der MBO eine besondere Bedeutung gewonnen, die von den Landesbauordnungen ganz allgemein und in der betont flexibel vorgeschlagenen Regelung aufgenommen wurde. Geringe Unterschiede gibt es bei den Bauwichen. Die Tabelle veranschaulicht, wie die Länder den gegebenen Spielraum ausnutzen. Nur die Hamburgische BO übernimmt die Abstandflächen genau, während alle übrigen Länder mehr oder weniger differenziert unter den empfohlenen Abmessungen bleiben.

Allgemein wird der neue Grundsatz der MBO anerkannt, wonach die Abstände vor Außenwänden mit notwendigen Fenstern zu Aufenthaltsräumen erheblich größer sein müssen als die Abstände vor Außenwänden ohne solche. Dabei spielen offensichtlich nicht in erster Linie städtebauliche Gründe eine Rolle, die für Bauwiche maßgebend sind, sondern jene zeitgemäße Belichtung, Belüftung und Durchsonnung, die eine Wohnhygiene, die auch gutem Wohnfrieden dient, erfordert. Insofern sind Unterschiede in Nord und Süd gerechtfertigt. Stets ist die Tiefe der Ab-

Tabelle 2 Verzeichnis der Bauwiche und Abstandflächen

	Bauwich Breite in m bei 1 Geschossen	2	3	Mindesttiefe der Abstandfläche in m ⊥ zur Fensterwand im Wohngebiet bei 1 Geschossen	2	3	4	im Kerngebiet
MBO	3	4	5,50	3 H 9	2,5 H 15	2 H 18	2 H	1 H
1 Rhld.-Pf.	3	3	0,5 H	1,5 H 9	1,3 H 9	1 H 9	1 H 9	0,5 H
2. NW.	3	3	4,5	7,5	9	10,5	12	0,5 H
3. Bay.	3	4	0,5 H	7	8	9	H	0,5 H
4. B.-W.	3	3	4,5	4	7	10	13	0,5 H
5. Saar	3	3	4,5	7,5	9	10,5	12	0,5 H
6. Bln.	3	4	5	9	9	9	H	0,5 H
7. Schl.-H.	3	3	4,5	7	8	9	12	0,5 H
8. Hbg.	3 (2,5)	4	5,5	3 H 9	2,5 H 15	2 H 18	2 H	1,0 H
9. NS.	= H	= H	= H	7	8,5	10	H	0,5 H
10. Br.	3	3 x)	5	4	7	10	13	2 m je H
11. Hess.	b = H xx)			–		–		

Legende: H = Wandhöhe des Bauwerks zum Bauwich
b = Gebäudeabstand
l = Gebäudelänge

x) 4 m, wenn $l \geqq 15$ m xx) 2 H, wenn $l \geqq 12$ m

standfläche von der Wandhöhe des Gebäudes abhängig, die meist nach Metern, gelegentlich aber auch nach der Wandhöhe des Bauwerks zum Bauwich ermittelt wird. Die Abstandfläche kann auch asymmetrisch vor den Fenstern liegen, wenn das wegen der Himmelsrichtung günstiger ist. Diese Exegese ist bei den meisten LBO durchaus gegeben. Dadurch kann die Stellung der Gebäude zueinander günstiger werden, auch hat ein geschickter Architekt mehr Möglichkeiten im Rahmen seiner Planung. Während die Bauwichbreiten dem öffentlichen Interesse, dem Bauherrn selbst, aber auch dem Schutz des Nachbarn dienen, dessen Grundstück gleichfalls ausreichend belichtet bleiben soll, haben die Abstandflächen vor notwendigen Fenstern keine nachbarschützenden, sondern lediglich den erwähnten wohnungspflegerischen Charakter. [52]

Niedersachsen hat das System der Abstandflächen aus der Erkenntnis heraus, daß es recht kompliziert ist, im Unterschied zu allen Landesbauordnungen in seinen Entwurf nicht übernommen, sondern sagt schlicht, daß sich der Grenzabstand eines Gebäudes nach seiner Höhe über der Geländeoberfläche bemißt, jedoch gelten bestimmte Mindestmaße (Tabelle). Das bedeutet einerseits eine Vereinfachung, es ergeben sich aber oft nicht vorausschaubare Breiten, da alle Maße auf 10 cm zu errechnen sind, die eine großzügige Planung auf längere Sicht erschweren.

Leicht abweichende Regelungen haben die einzelnen Landesbauordnungen bei der Errechnung der Wandhöhen, bei Ausnahmen und bei Härtefällen, wenn z. B. nur ein notwendiges Fenster im Bauwich vorhanden ist. Während die MBO die öffentlichen Flächen, also Straßen und Anlagen, voll auf die Abstandflächen anrechnet, sind die Länder weniger großzügig und rechnen diese meist nur zur Hälfte an, wohl um den öffentlichen Raum weniger zu beeinträchtigen.

Die Pflicht zur Aufnahme des ruhenden Verkehrs auf dem Baugrundstück ist noch auf die RGaO zurückzuführen. Diese Aufgabe ist begründet, weil es rechtswidrig und nach dem Gemeingebrauch unzumutbar wäre, wenn der Eigentümer öffentliche Verkehrswege mit dem Abstellen von Kraftfahrzeugen für die Bewohner und Besucher belastet (Gefahrenabwehr). Erstaunlicherweise wird nirgends eine andere Regelung – etwa der Nachweis eines privat zu schaffenden Stellplatzes beim Zulassen eines Kfz – vorgeschlagen. Zu Unrecht gewinnt diese Aufgabe ein immer eigenständigeres Gewicht im Rahmen der BO. Immerhin machen alle Länder von der Möglichkeit Gebrauch, die Stellplätze auch in angemessener Entfernung vom Baugrundstück nachzuweisen, wenn das rechtsverbindlich gesichert werden kann. Darüber hinaus wird mit unterschiedlichen Regelungen alternativ auch eine finanzielle Ablösung der Stellplatzpflicht – Nachweis durch Dritte, Zahlungen an die Gemeinde – vorgeschlagen. Nur Rheinland-Pfalz, Saarland und Westberlin sehen keine Ablösung vor. Die technischen und finanziellen Anforderungen, einschließlich der Richtzahlen für die Anzahl der Stellplätze werden von allen Ländern – nur in Hessen gilt noch die RGaO – durch eigene Vorschriften festgelegt. Im allgemeinen muß je Wohnung, bzw. etwa 40 qm Bürofläche, ein Stellplatz nachgewiesen werden.

Beim Nachweis von Kinderspielplätzen auf dem Baugrundstück machen die meisten Länder einen feinen Unterschied und fordern nur entsprechende Flächen für Kinderspielplätze. Das ist auch sehr sinnvoll, weil eine feste Anlage dem schnell wechselnden Alter der Kinder bald nicht mehr entspricht. Nur in Rheinland-Pfalz und Hessen fehlt die Verpflichtung ganz. Das Recht, Gemeinschaftsanlagen hilfsweise durch die Gemeinde zu schaffen, wird nur von Bayern, Baden-Württemberg, Saar und, auf freiwillige Basis abgewandelt, von Hamburg und Niedersachsen übernommen. Es besteht mit Recht eine gewisse Scheu, weil man abwarten will, ob und wie sich diese ungeklärte Materie in der Praxis bewährt.

Kurios als Bezeichnung ist das *Hammerschlags- und Leiterrecht* in den Bauordnungen von Baden-Württemberg, Saarland und Hamburg, das Bauausführenden gestattet, das Grundstück des bösen Nachbarn zu betreten, um notwendige Arbeiten auf dem Baugrundstück auszuführen. In den anderen Ländern wird dieses selbstverständlich erscheinende Recht privatrechtlich geregelt. [53]

Gestaltung und Werbung sind Probleme, die nur sehr schwer objektiv feststellbar und zu entscheiden sind (siehe Seite 98). Dem baukünstlerischen Gestaltungsdrang sollte ein weiter Spielraum eingeräumt werden. Da die *Verunstaltung* ein unbestimmter Rechtsbegriff ist, dessen Anwendung durch die Verwaltungsgerichte nachgeprüft werden kann, hat der Architekt ausreichend Rechtsschutz und braucht eine Bevormundung durch die BO nicht zu fürchten. Den positiven Gestaltungsformulierungen der MBO setzen aber die Landesbauordnungen meist nur den negativen Begriff der *Verunstaltung* entgegen, d. h. es wird nicht eine bestimmte Gestaltung gefordert, sondern lediglich eine Verunstaltung verboten, zweifellos die bequemere Methode, die aber leicht zu bedenklichen Auswirkungen führt. Verunstaltend ist nach einem höchstrichterlichen Urteil [54] nicht bereits jede Störung der Harmonie, sondern ein den Beschauer verletzender Zustand. Dabei ist Beschauer weder der geschulte, ästhetisch empfindsame Betrachter, noch ein Mensch, der diesen Eindrücken gleichgültig und unempfindlich gegenübersteht, sondern der sogenannte gebildete Durchschnittsbürger, der zwischen beiden Personenkreisen steht.

Dieses Urteil hat sich auf die Formulierungen der meisten Landesbauordnungen stark ausgewirkt. Nur die 3 Stadtstaaten versuchen, dem negativen Trend zu entgehen. Dort wird angestrebt, in Gestaltungsfragen eine Nivellierungstendenz zu vermeiden und eine Beurteilungsebene zu gewinnen, die Rücksicht nimmt auf die nicht jedem Menschen offenkundigen Zusammenhänge zwischen Technik und Ästhetik, um so dem Bauvorhaben und seiner Einordnung in die Stadtlandschaft gerecht zu werden. West-Berlin spricht von dem sachkundigen und erfahrenen Betrachter, der besonders für schwierige Fragen der Gestaltung heranzuziehen sei. Es werden etwa 150 Bauwerke aller Art in einem Verzeichnis aufgeführt, in deren Nähe besondere Sachkunde erforderlich ist. Hamburg und Bremen sprechen vom sachkundigen und *verständigen* Betrachter und setzten sich damit von dem BVG.-Urteil ebenfalls etwas ab. Mindestens bei wichtigen Gestaltungsfragen sollte der Fachmann, nicht der Durchschnittsbürger, bestimmend sein. Die Langweiligkeit mancher Städte ist gewiß auch durch das Fortwirken dieses und anderer Urteile zu verstehen. Eine negative Baupflege kann immer nur verhindern, sich aber kaum schöpferisch und differenziert engagieren.

Immerhin ermöglichen alle Landesbauordnungen die Aufstellung von Ortssatzungen für die bauliche Gestaltung in bestimmten Gegenden. Das bedeutet allerdings eine Verlagerung der Gestaltungsfragen auf die unterste Ebene mit allen Einflüssen und Zufälligkeiten personeller Art. Einige Landesbauordnungen, z. B. Bayern, empfehlen, Werbebeiräte zu bilden, um besonders bei Ablehnungen eine breitere Grundlage zu haben. Vertreter der Wirtschaft, Heimatpflege, Baugestaltung und Naturschutz sollen gleichmäßig mitwirken. Mustersatzungen für Außenwerbung sind u. a. vom Deutschen Städtetag ausgearbeitet.

Bei der Außenwerbung folgen die Länder weitgehend der MBO. Ein Ausweg aus der Spannung zwischen dem berechtigten Wunsch der Werbewirtschaft, als Mittlerin zwischen Produzent und Verbraucher zu wirken und den übergeordneten Interessen der Allgemeinheit kann weder in völliger Freizügigkeit, noch durch scharfe Ablehnung erreicht werden. Alle Landesbauordnungen suchen hier einen verständnisvoll abwägenden Ausgleich. Über das, was Ausgleich ist, gehen die Meinungen naturgemäß oft auseinander, [55] seltener allerdings unter den sachkundigen und erfahrenen Betrachtern.

Es gibt keine unterschiedlichen Regelungen darüber, daß die freie Landschaft im Sinne der MBO von Werbung aller Art – außer am Ort der eigenen Leistung – freizuhalten ist.

Eine Empfehlung der MBO zur Einfriedigung von Grundstücken an öffentlichen Verkehrsflächen – eine typisch deutsche Erscheinung – wird allgemein übernommen.

Die Übereinstimmung in allen klassischen Sicherheitsforderungen – ein sehr weiter Bereich der BO – ist erstaunlich. Das gilt nicht nur für den Brandschutz, die Standsicherheit, die Feuerungsanlagen und den Schutz gegen Erschütterungen, Feuchtigkeit und Korrosion, sondern ebenso für den Schall- und Wärmeschutz. Hier gilt als allgemeiner Grundsatz, daß ein absoluter Schutz weder technisch möglich noch notwendig, ein relativer Schutz im Sinne der DIN-Bestimmungen

– seit Mitte 1969 gibt es sogar für die Stadtplanung den Entwurf einer DIN 18005 *Schallschutz im Städtebau* – aber ausreichend ist.

Die DIN-Normen haben sich heute allgemein durchgesetzt. Sie sind das Resultat einer gemeinschaftlich durchgeführten Vereinheitlichungsarbeit, die von einer unabhängigen Körperschaft, dem deutschen Normenausschuß mit über 100 Fachnormenausschüssen und etwa 2000 Unterausschüssen, getragen wird. Wenn eine DIN-Norm die Ausschüsse durchlaufen hat und die Einsprüche behandelt sind, wird sie bauaufsichtlich eingeführt. Ihre Anwendung in der Praxis entspricht den Regeln der Baukunst. DIN-Normen enthalten keine Absprachen, die im Widerspruch zu gesetzlichen Bestimmungen stehen und stellen zum Zeitpunkt ihrer Veröffentlichung eine optimale Lösung für ihre jeweilige Aufgabe dar. [56]

Auch bei den Vorschriften über die einzelnen Teile des Baues – tragende bzw. Trennwände, Brandmauern, Decken, Dächer – ist völlige Übereinstimmung gegeben. Es kann angenommen werden, daß die Länder keineswegs das Risiko eigener Abweichungen scheuen oder sich abzusichern suchen, sondern daß sie auf die jahrelange Erfahrung der ARGEBAU, deren Zusammenarbeit sich bewährt hat, vertrauen.

Geringe Unterschiede gibt es bei Treppenentfernungen in West-Berlin und Hamburg mit 35 m (statt 30 in der MBO) bis zur Mitte des am weitesten entfernten Raumes. Niedersachsen vermeidet hier eine Zahlenangabe und überläßt die Entscheidung etwas zu allgemein dem örtlichen Ermessen, gibt allerdings ausdrücklich die Ermächtigung für Durchführungsverordnungen. Der Grundsatz für Rettungsmöglichkeiten ist allgemein: Jeder Benutzer muß ein Gebäude auf 2 Wegen verlassen können, wobei evtl. ein Weg Notbehelf sein darf. Die jüngeren Bauordnungen von Bln., Schl.-H. und Hbg. fordern Aufzüge bereits bei 5 Geschossen, während die MBO sie erst bei mehr als 5 Geschossen verlangt.

Größere Glasflächen kenntlich zu machen, ist ausdrücklich nur in NW vorgesehen, obwohl durch dieses moderne Architekturelement schon mancher Unfall verursacht wurde.

Auch bei den mehr allgemeinen bautechnischen Anforderungen wird die MBO weitgehend übernommen. Im Bereich der Hygiene und Installation gibt es kaum Unterschiede. Der Bremer Entwurf läßt innenliegende WC unbeschränkt und ohne Rücksicht auf die Wohnungsgröße zu. Er orientiert sich in dieser Frage mehr nach den nordischen Ländern, deren lange klimatische Erfahrung überzeugt.

Müllschlucker werden – aus Gründen des Gesundheitsschutzes und der Arbeitserleichterung für die Hausfrauen – nicht in allen Ländern ab 6 Geschossen gefordert, mehrfach heißt es nur *sollen* und erst ab 8 Geschossen ist es allgemein ein *Müssen.*

Einzelfeuerstätten sind fast allgemein über 5 Geschosse mit Rücksicht auf die Beförderung der Kohlen sowie aus feuerpolizeilichen Gründen und zur Reinhaltung der Luft nicht mehr zugelassen.

Kleine Varianten gibt es bei Wohnungen und Aufenthaltsräumen. Während die MBO keine Zahlenangabe über die lichte Höhe enthält, fordern NW, Bln. und Hbg. mindestens 2,50 m.

Entsprechend einem Vorschlag der ARGEBAU bringt der Bremer Entwurf kein festes Verbot für Wohnungen im Dach mit dem erstaunlichen Eingeständnis, es sei doch nicht durchsetzbar. Sollte dieser Vorschlag weiter Schule machen, wäre die Folge ein leichterer Dachausbau in Mietshäusern für billige Wohnungen und damit verbunden aber auch eine unerwünscht stärkere Ausnutzung und Verdichtung in meist schon eng bebauten Stadtteilen. Der Niedersächsische Entwurf beanstandet Dachwohnungen zwar nicht, will sie aber verhindern, weil die Rettung beim Vorhandensein von Veluxfenstern schwierig sei, eine wenig überzeugende Begründung. Bayern lehnt ganz einfach eine Förderung für Dachwohnungen wegen des geringen Wohnwertes ab. Im übrigen sind die Förderungsvoraussetzungen im sozialen Wohnungsbau hilfreich zum Durchsetzen moderner Grundsätze, ähnlich wie das 1934 bis 1938 schon praktiziert wurde (siehe Seite 82).

Analyse des formalen Teils der 11 Landesbauordnungen

Bei dem kaum noch zu überschauenden und sich ständig wandelnden Angebot von Baustoffen spielt der Güteschutz eine ganz besondere Rolle. Die MBO schlug ganz neue Wege vor, die von allen Ländern in fast geschlossener Einmütigkeit mitbeschritten wurden. Die Güteüberwachung durch Güteschutzgemeinschaften und die Einführung eines Prüfzeichens haben sich ohne Einschränkungen durchgesetzt. Allgemein wird auch großzügig die Anerkennung in einem Land von den anderen übernommen. Die allgemein baurechtliche Zulassung neuer Baustoffe und Bauarten soll den nach den Landesbauordnungen notwendigen Eignungsnachweis erleichtern. Es handelt sich weder um einen Eingriff in den privatrechtlichen Bereich noch um einen Eingriff in das Patentrecht. Jeder Hersteller, der die Eignung für den Verwendungszweck seiner Baustoffe usw. nachweist, kann die allgemeine bauordnungsrechtliche Zulassung erhalten ohne Rücksicht darauf, ob er oder ein anderer ein Patent besitzt oder nicht. Ein Anspruch auf diese öffentliche Zulassung ist allerdings nur gegeben, wenn ein öffentliches Interesse daran besteht, somit z. B. dann nicht, wenn offensichtlich lediglich privatwirtschaftliche Reklameinteressen verfolgt werden oder wenn der Baustoff nur ganz selten verwendet werden kann. Die Erteilung des Prüfzeichens durch die obersten Landesbehörden ist ein vereinfachtes Zulassungsverfahren. Eine Ausnahme bildet lediglich Hessen, das ja noch keine auf die MBO aufgebaute LBO besitzt. Hessen stellt den allgemeinen Grundsatz von den anerkannten Regeln der Baukunst und Technik in den Vordergrund und weist vor allem auf die eingeführten Normen hin.

Bauwirtschaft und Industrie haben sich geschickt dem Zulassungsverfahren angepaßt. Sie empfinden es nicht als Bevormundung, sondern als Hilfe und Bestätigung. In der Werbung für neue Baustoffe weist die Industrie behutsam auf nicht gütegeschützte Baustoffe hin, weil die Landesbauordnungen aller Länder nur die Verwendung von Baustoffen zulassen, die in Werken mit einer Güteüberwachung hergestellt werden. Für Gruppen von Baustoffen bildete die Industrie Gütegemeinschaften, um Risiken auszuschalten und Sicherheit zu gewährleisten. So wird schon durch private Initiative der Güteschutz zu einem Qualitätsbegriff und einer Sicherheitsgarantie für neue Baustoffe, für die eine amtliche Zulassung dann oft lediglich nur noch die Bestätigung bedeutet. Ohne die Verläßlichkeit und Glaubwürdigkeit der Gütegemeinschaften mit ihren objektiv meßbaren und anerkannten Güteforderungen wäre ein Fortschritt auf dem sich ständig verändernden Baustoffsektor sehr erschwert und müßte bürokratisch reglementiert werden, um die Sicherheit zu gewährleisten. Dabei geht es durchaus auch um statische Probleme, denn die Güte eines Baustoffes ist der Grad seiner Eignung, dem beabsichtigten Verwendungszweck zu genügen.

In diesem Zusammenhang ist auch hinzuweisen auf das von den Ländern und dem Bund gegründete Institut für Bautechnik in West-Berlin.

Umstritten sind die neu eingeführten Festlegungen der MBO über die Verantwortung der am Bau Beteiligten.

Allen Landesbauordnungen geht es darum, den Bauherrn zu entlasten. Er kann die Verantwortung gegenüber der die öffentliche Sicherheit vertretenden Behörde für die immer schwieriger werdende Bauausführung nicht übernehmen. Zwar haben 10 Länder Architektengesetze und Architektenkammern – West-Berlin fehlt noch –, aber meist wird dort nur die Berufsbezeichnung geschützt, während die entscheidende Forderung fehlt, daß nämlich Bauten aller Art nur von Architekten geplant und ausgeführt werden dürfen, die dazu auf Grund ihrer Ausbildung und Erfahrung die fachliche Eignung besitzen. Eine Verfassungsbeschwerde gegen die in der Landesbauordnung von Baden-Württemberg verankerte alleinige Planvorlageberechtigung durch Architekten hat der 2. Senat des Bundesverfassungsgerichts durch Urteil vom 27. 5. 1970 zurückgewiesen. In der Begründung heißt es u. a.: »Die getroffene Regelung ist zum Schutze besonders wichtiger Gemeinschaftsgüter zwingend erforderlich.« Der Entwurf der Bremischen Landesbauordnung (Fußnote 50) hat daraufhin bereits eine sinngemäß ähnliche Bestimmung (§ 88 a) vorgesehen. Es wäre wünschenswert, wenn sich alle Landesbauordnungen nach und nach anschließen würden. Auch das Bundesarchitektengesetz vom 2. Juli 1969 schützt lediglich die Berufsbezeichnung *Architekt*. Es ist außerdem noch nicht rechtskräftig geworden, weil der Bundespräsident bedauerlicherweise die Unterschrift wegen verfassungsmäßiger Bedenken verweigert hat und dadurch ein langwieriges Verfahren beim Bundesverfassungsgericht auslöste. Was sinngemäß für jeden Arzt und Rechtsanwalt selbstverständlich ist, bleibt dem Architekten, durch dessen Hand riesige Geldmengen gehen und dessen Tätigkeit für jedermann offen sichtbar ist, verwehrt. Warum eigentlich? [57] Dieser Mangel kann durch die Bauordnungen der Länder nicht behoben, sondern nur für den öffentlich-rechtlichen Bereich relevant werden.

Dabei muß klargestellt werden, daß es sich weder um Eingriffe in die Berufsausübung handelt, noch eine straf- oder zivilrechtliche Verantwortung der am Bau Beteiligten berührt wird. Die Bauordnungsbehörde kann lediglich technisch nicht qualifizierte Entwürfe so lange zurückweisen, bis sie den Ansprüchen der Bauordnung genügen, sie muß aber auch die Gewißheit haben, daß die Bauten im Sinne der Zeichnungen sach- und fachgemäß entsprechend den Regeln der Baukunst ausgeführt werden, ohne die öffentliche Sicherheit zu gefährden. Es ist zu überlegen, ob nicht – auch zur Entlastung der Bauordnungsämter – freischaffende Architekten als »Prüfarchitekten«, entsprechend der Institution der »Prüfingenieure für Baustatik«, mit der Vorprüfung von Bauanträgen beauftragt werden sollten.

Allein dieses Interesse berechtigt die Landesbauordnungen zur Übernahme der

Forderungen der MBO über eine Klarstellung, wie die Verantwortung der am Bau Beteiligten gelagert ist.

Die zentrale Figur des für Entwurf und Ausführung zuständigen und alle Handwerker und evtl. Fachbauleiter koordinierenden *Verantwortlichen Bauleiters* ist nur von NW, Bayern, Saar und Schl.-H. voll übernommen. Die übrigen LBO haben gewisse Vorbehalte eingebaut und verteilen die Verantwortung stärker, vor allem wird z. T. keine Präsenzpflicht und kein ständiger Vertreter verlangt. Das gilt vor allem für die beiden erst im Entwurf vorhandenen Bauordnungen von Niedersachsen und Bremen, die entsprechend von bereits vorliegenden Anregungen und Erfahrungen der ARGEBAU die Aufgaben des Verantwortlichen Bauleiters einschränken, die Vertreterfrage aber im Sinne der MBO – etwas modifiziert zwar – beibehalten. Merkwürdigerweise sind die Verwaltungsgerichte bisher weder durch die betroffenen Architekten noch durch die Baubehörden mit dem Rechtsstatus des *Verantwortlichen Bauleiters* befaßt. Es liegt lediglich ein Beschluß des OVG Berlin vor, [58] in dem die sofortige Einstellung von Bauvorhaben wegen fehlender Aufsicht für zulässig erklärt wird, und zwar u. U. auch dann, *wenn nur eine abstrakte Gefahr besteht, d. h. der mehr oder weniger nahen Wahrscheinlichkeit eines künftigen schädigenden Ereignisses.*

Sehr einmütig haben alle LBO auch die Entwürfe für die Einschaltung von besonders zu berufenden Sachverständigen als Prüfingenieure übernommen. Die Durchführung wird durch bautechnische PrüfungsVO für Baustatik (in Bayern auch für Bauarten ganz allgemein), durch ein Zulassungsverfahren und Abgrenzung der Tätigkeit von Prüfingenieuren genau geregelt. Durch diese dem Baugenehmigungsverfahren parallel geschaltete Prüfung wird dieses abgekürzt, ist in der Regel aber für den Bauherrn teurer.

Die Struktur der am Bau beteiligten Behörden ist bei allen LBO nahezu dieselbe. Um Verwechslungen oder auch nur Assoziationen mit der Vollzugspolizei zu vermeiden, wird in den Landesbauordnungen nur von Bauordnung oder gelegentlich Bauaufsicht gesprochen. Damit folgt man – wie mehrfach dargelegt – einer jahrhundertelangen Übung.

Das Rechtsinstitut für Baulasten wird von 5 Ländern nahezu wörtlich übernommen. Das Modell Baden- Württemberg war dabei Vorbild. Die vielseitige Anwendung dieser leicht zu handhabenden Vereinbarung zwischen gutwilligen Partnern ist bereits ausführlich dargelegt (siehe Seite 103). In Niedersachsen wird eine andere

Lösung vorgeschlagen: Die Nachbarn können sich über Abstand- und andere üblicherweise durch Baulast zu regelnde Fragen einigen, wenn rechtlich gesichert wird, daß Gebäudeabstände in der erforderlichen Breite verbleiben und das zu belastende Grundstück flächenmäßig ausreicht. Praktisch bedeutet das eine grundbuchliche Eintragung mit Löschungsvorbehalt durch die Gemeinde. Das ist ein verwickeltes Verfahren und wird kaum zukunftsträchtig sein.

Von Bayern, Rheinland-Pfalz, Saarland und vom Bremer Entwurf wurde das Rechtsinstitut der Baulasten nicht übernommen, weil man glaubte, die Vorteile würden den Verwaltungsaufwand nicht rechtfertigen. Das muß nach den Erfahrungen von 7 Jahren in NW bezweifelt werden. So kann in diesen 4 Ländern eine Fülle von Möglichkeiten zur besseren Auswertung von Baugrundstücken nicht ausgenutzt werden.

Die reinen Verfahrensfragen werden in allen LBO bzw. den Entwürfen von Bremen und Niedersachsen wie in der MBO am Schluß behandelt und weisen eine bemerkenswerte Übereinstimmung auf. Die Begriffsdefinitionen als Voraussetzung für eine einheitliche Verständigung über die Ländergrenzen hinaus sind allgemein gleich. Ausdrücke, die nur örtlich – vor allem in Nord- und Süddeutschland – vorkommen, finden sich in den LBO nicht mehr. Kleine Unterschiede bestehen bei der Beurteilung, wann ein Geschoß nach der BO formal als solches bewertet wird: Rheinland-Pfalz rechnet auch begehbare Zwischengeschosse (etwa bei Läden) voll an, und der Bremer Entwurf wertet ein Staffelgeschoß nur dann als volles Geschoß, wenn seine Gesimshöhe höher ist als sein Zurückbleiben hinter der Gebäudefront. Diese Auslegung kann durchaus wünschenswerte zusätzliche Grundstücksnutzungen zur Folge haben, da Wohnungen in der Innenstadt in größerer Höhe ohne Frage zur Belebung beitragen können.

Allgemein sind Bauvorhaben mit einem umbauten Raum von über 30 cbm genehmigungspflichtig, die Grenze in Baden-Württemberg sind 20, in Niedersachsen 50 cbm. Mit den nur anzeigepflichtigen Bauten, die meist zwischen 5 und 30 cbm liegen, sollte eine Vereinfachung erreicht werden, die sich aber nach den Ermittlungen der ARGEBAU nicht bewährt hat, weil sie zahlen- und verhältnismäßig keine Rolle spielen. Dem trägt der Entwurf der Bremer Bauordnung bereits Rechnung, indem er alle Bauvorhaben über 5 cbm und sogar deren Nutzungsänderungen für genehmigungspflichtig erklärt. Die neugefaßte Bayerische BO vom 21. 8. 1969 kennt keine anzeigenpflichtigen Vorhaben mehr. Bei Werbeanlagen ist die Genehmigungspflicht im allgemeinen ab 0,6 qm gegeben. Nordrhein-Westfalen, Baden-Württemberg, Niedersachsen und Hessen haben 0,8 qm festgelegt, während in Hamburg alles genehmigungspflichtig ist, was nicht innerhalb von 2 Monaten beantwortet und entschieden ist, eine Regelung, die nach Vorliegen von Erfahrungen allgemein übernommen werden kann.

Bei Feuerstätten wird die untere Genehmigungsgrenze der MBO von 20 000 kcal/h nur von Nordrhein-Westfalen, Schleswig-Holstein und Hessen übernommen, während die übrigen Länder die Grenze auf 40 000 kcal/h festsetzen oder – wie Rheinland-Pfalz (1962) und Hamburg (1970) – eine eigene Rechtsverordnung erarbeitet haben. Da gerade auf heizungstechnischem Gebiet die Entwicklung in ständiger Bewegung ist, dürfte diese Regelung besonders praktikabel sein gegenüber starren Zahlenangaben.

Völlige Übereinstimmung besteht darüber, daß die Baugenehmigung eine gebundene Genehmigung ist. Sie bringt keine sachliche, sondern nur eine formale Einschränkung der grundsätzlich bestehenden Baufreiheit (Art. 14 GG). Sie gewährleistet nur, daß jeder Bauherr sein Bauvorhaben vor der Ausführung anhand der öffentlich-rechtlichen Vorschriften überprüfen lassen muß.

Bei der Forderung zur Beseitigung von Schwarzbauten – meist harte Ermessensentscheidungen – soll stets dargelegt werden, weshalb dieses letzte Mittel angewendet werden muß und warum eine Duldung nicht im öffentlichen Interesse liegt (Bayern). Ordnungswidrigkeiten werden allgemein mit bis zu DM 10 000,– geahndet, nur in Rheinland-Pfalz genügen DM 3000,–, während der Bremer Entwurf meint, besser als Geldstrafen sei die Festsetzung von Zwangsgeldern bis zur Wiederherstellung eines Zustandes, welcher der BO entspricht, durch den Bauherrn selbst. Bremen hält die Versiegelung nicht genehmigter Bauten für wirksamer und hat damit in der Regel wohl auch recht, weil man damit die Initiative dem Bauherrn selbst zuschiebt.

Bei Bauabnahmen sind die traditionellen Rohbau- und Schlußabnahmen unstrittig, mit Ausnahme in Niedersachsen. In Umkehrung der Regel schlägt der Entwurf nicht ein *Muß* vor, sondern die Abnahmen *können* auf besondere Anordnung oder auf Antrag des Bauherrn (für Kreditinstitute) vorgenommen werden. Diese Regelung bedeutet nicht nur eine Arbeitserleichterung, sondern auch einen Vertrauensbeweis für die Bauherrschaft und die Architekten nach dem Motto: Mündige brauchen keinen Vormund. Im allgemeinen ist eine Bauabnahme gefürchtet, ihr praktischer Wert oder pädagogischer Charakter aber umstritten. Es ist zu hoffen, daß sich das niedersächsische Beispiel durchsetzt. In Niedersachsen lassen sich bis zum Inkrafttreten des Entwurfs noch etwa 25 % der Bauordnungsbehörden durch die Staatshochbauämter technisch beraten. Die neue LBO räumt durch Übernahme der MBO-Vorschläge mit der bisher üblichen Regelung auf.

Die Behandlung des Nachbarrechts, soweit es öffentlich-rechtlichen Charakter hat, weicht kaum voneinander ab, mit einer kuriosen Ausnahme in Rheinland-Pfalz. Dort brauchen Bauten des Bundes und der Länder, die allgemein genehmigungsfrei sind, die Baugenehmigung durch die obere Bauaufsichtsbehörde, weil das *zum Schutz der betroffenen Nachbarn geboten ist,* wie es in der Einführung der LBO Rheinland-Pfalz heißt. Offenbar haben hier besondere Einzelfälle ihren Niederschlag gefunden, denn anders ist diese merkwürdige Sonderstellung nicht zu erklären.

Alle LBO, auch die zwei Entwürfe, haben zahlreiche Ergänzungs- bzw. RechtsVO erhalten bzw. es sind diese in Vorbereitung. Das gilt besonders für Niedersachsen, dessen Entwurf dadurch einen etwas verringerten Umfang aufweist. Vor allem sind erschienen die bereits angedeuteten Verordnungen betreffend Prüfingenieur, Güteüberwachung und Prüfzeichen, Garagen und Stellplätze, ferner für Waren- und Geschäftshäuser, Versammlungsstätten, Baulasten, Bauvorlagen, in einigen Ländern auch für Baugestaltung und Werbeanlagen. Eine Untersuchung dieser Durchführungsverordnungen erübrigt sich, weil ein Vergleich ergeben hat, daß sie untereinander kaum abweichen und den Musterentwürfen – sofern solche vorhanden sind – entsprechen.

Die erhebliche Vereinfachung des Bauordnungsrechts durch die Landesbauordnungen geht daraus hervor, daß durch sie insgesamt etwa 250 Einzelbauordnungen, vor allem mit örtlichem oder bezirklichem Charakter, außer Kraft gesetzt wurden bzw. werden. Um den Bauschaffenden und Baubehörden den Übergang zu erleichtern, liegt zwischen Verabschiedung und Inkrafttreten der einzelnen Landesbauordnungen ein zeitlicher Abstand von 2 (Bayern) bis 11 (Rheinland-Pfalz) Monaten.

Begrenzung der Einheitlichkeit bei der Parallelgesetzgebung – FAZIT

Völlige Einheitlichkeit kann auf dem Wege einer Parallelgesetzgebung in einem demokratischen Staatswesen natürlich nicht erreicht werden. Sie ist auch nicht notwendig und darf nicht mit absoluter Gleichheit verwechselt werden. Wenn 11 politisch eigenständige Gesetzgeber tätig werden, ist die Erwartung auf 100%ige Textübereinstimmung illusionistisch, zumal die Landesbauordnungen sich ja auch in das System des sonstigen Staatsrechtes einpassen müssen. Das berücksichtigt die MBO an zahlreichen Stellen und deutet Abstimmungsmöglichkeiten an (siehe Seite 94). Es bedarf z. B. in den 3 Stadtstaaten keiner besonderen Ermächtigung zum Erlaß örtlicher Bauvorschriften oder RechtsVO, um nur eine Seite des formalen Bauordnungsrechtes zu nennen.

Viele wesentliche Faktoren der Bauordnung haben in den letzten Jahrzehnten durch die Zusammenballung von Menschen auf engem Raum neue und erhöhte Bedeutung gewonnen. Die Grundnorm jeder BO war von jeher die Forderung, bauliche Anlagen ihrem Zweck entsprechend ohne Mißstände zu errichten und benutzen zu können. Der Begriff der Gefahrenabwehr hat sich aber gewandelt und stark erweitert, denn manches, was früher nur als Belästigung angesehen wurde, wird heute bei Nichtvorhandensein als Störung der öffentlichen Ordnung bezeichnet (Schall- und Wärmeschutz, Wohnungshygiene, Kinderspielplätze, Gemeinschaftsanlagen, gärtnerische Ausgestaltung der nicht überbauten Flächen bebauter Grundstücke u. a. m.). Die sozialen Anschauungen haben sich geändert, der Verkehr hat eine ungeahnte Entwicklung genommen. Die gesellschaftlichen Wandlungen sind noch völlig im Fluß und erfahren Impulse aus sehr unterschiedlichen Richtungen. Daraus ergibt sich die Notwendigkeit eines vermehrten Schutzes für ein gedeihliches Zusammenleben, also zugunsten einer Berücksichtigung sozialer Gesichtspunkte, eine Tendenz, die sich seit Jahrzehnten als Wohlfahrtsaufgabe abzuzeichnen begann.

Unter Berücksichtigung dieser Gedanken wäre der Versuch einer völligen Parallelschaltung der Landesbauordnungen unreal gewesen. Die hier folgenden Tabellen veranschaulichen den Grad der Übereinstimmung nach den untersuchten Sachgebieten gemäß Ziffer 3 und 4.

Tabelle 3 Grad der Übereinstimmung nach Sachgebieten

	Einteilung im Text	Untersuchte Sachgebiete in der Reihenfolge der Übereinstimmung	in Zahlen				in %		
			Σ	⩳	≷	./.	⩳	≷	./.
1.	4a	Baustoffe und Güteschutz	55	48	2	5	87	4	9
2.	3c	Die klassischen und allgemeinen Sicherheitsforderungen	451	373	46	32	83	10	7
3.	4d	Verfahrensfragen	121	101	13	7	83	11	6
4.	3b	Gestaltung und Werbung	33	25	7	1	76	21	3
5.	3a	Das einzelne Baugrundstück	132	92	19	21	70	14	16
6.	4b	Die Verantwortung der am Bau Beteiligten	110	71	24	15	65	22	13
7.	4c	Das Baulasten-Institut	22	10	2	10	46	9	45
			924	720	113	91	78	12	10

Legende:
Σ = Summe aller Sachgebiete nach Einzelpositionen multipliziert mit den 11 LBO
⩳ = Wörtliche bzw. grundsätzliche Übereinstimmung
≷ = Erweiterte bzw. gekürzte Fassung
./. = Fehlt bzw. völlig anders geregelt

In allen 11 Landesbauordnungen (8 vorhandenen, 2 Entwürfen und dem Fragment Hessen) wurden zusammenhängende Sachgebiete in 84 Positionen untersucht und verglichen. Das Ergebnis ist aus Tabelle 3 ersichtlich. Die größte Übereinstimmung besteht mit 87 % bei dem neuen Gebiet Baustoffe und Güteschutz, das sich schnell eingespielt hat. Die allein etwa den halben Raum der BO einnehmenden klassischen und allgemeinen Sicherheitsforderungen folgen mit einer 83 %igen Übereinstimmung, ebenso wie der breite Bereich der Verfahrensfragen. Das Bemühen um Übereinstimmung erstreckt sich auch auf Aufbau, Einteilung und Zahl der Paragraphen, die bei den meisten LBO der MBO entspricht, wobei der Bremer Entwurf einige Leerparagraphen eingefügt hat, wo man glaubte, zweckmäßig Zusammenfassungen vornehmen zu sollen oder aus organisatorischen Gründen auf einige Paragraphen verzichtete. Dadurch wahrte Bremen die Einheitlichkeit bis zum Schluß. Das ist ein Zeichen dafür, daß die MBO nach über einem Jahrzehnt nichts von ihrer Strahlungskraft eingebüßt hat.

Sogar der schwer faßbare Komplex Gestaltung und Werbung liegt mit 76 % noch sehr günstig.

Die Bewertung des einzelnen Baugrundstücks ist durch das differenzierte Problem der Abstandflächen (Tabelle 2), das noch stark in der Diskussion steht, beeinflußt, doch dürften 70 % eine optimale Gleichgestimmtheit bedeuten. Der nur 65 %ige Gleichklang bei der Verantwortung täuscht etwas, weil für eine mehr oder weniger geänderte Fassung bei grundsätzlich ähnlicher Gesamtauffassung noch 22 % hinzu gerechnet werden könnten. Überhaupt bedeuten die Prozentzahlen in der vorletzten Spalte durchaus das Anerkenntnis der MBO durch Vorschläge, die nur abgewandelt wurden. Die Einführung von Baulasten ist zu 45 % erfolgt, da sie von 5 Ländern ganz abgelehnt wurden.

Die Gesamtstatistik wäre noch günstiger, wenn Hessen nicht in die Betrachtung eingeschlossen wäre, was jedoch aus Gründen der Vollständigkeit geschah.

Tabelle 4 Grad der Übereinstimmung mit der MBO nach Ländern bzw. Stadtstaaten

	In der Reihenfolge der Übereinstimmung	Nach der Zahl der 84 Sachgebiete			in % Zahlen		
		⩳	≷	./.	⩳	≷	./.
1.	Schlesw.-Holstein	76	8	–	91	9	–
2.	Nordrh.-Westf.	75	9	–	89	11	–
3.	Bremen	72	7	5	86	8	6
4.	Berlin	72	6	6	86	7	7
5.	Saarland	71	10	3	84	12	4
6.	Bayern	67	12	5	80	14	6
7.	Baden-Württemberg	67	14	3	80	16	4
8.	Hamburg	63	11	10	75	13	12
9.	Rhld.-Pfalz	59	15	10	70	18	12
10.	Niedersachsen	56	18	10	67	21	12
11.	Hessen	44	2	38	53	2	45

Legende:
⩳ = Wörtliche bzw. grundsätzliche Übereinstimmung
≷ = Erweiterte bzw. gekürzte Fassung
./. = Fehlt bzw. völlig anders geregelt

Aus Tabelle 4 ist ersichtlich, daß die Hessische LBO, die noch nicht nach der MBO ausgerichtet ist, mit 45 % fehlenden bzw. anders geordneten Sachgebieten noch völlig aus dem Rahmen der übrigen Landesbauordnungen fällt.

Durch bemerkenswert hohe Prozentzahlen wird der Grad der Übereinstimmung nach Ländern dokumentiert. Dabei ist besonders erstaunlich, daß der Bremer Entwurf von 1971 mit 86 % kaum hinter der LBO von NW aus dem Jahre 1962 mit 89 % Übereinstimmung gegenüber der MBO zurückbleibt. Die Anerkennung und Bewährung der MBO wird weiter erhärtet durch den Entwurf von Niedersachsen, der zwar mit 67 % nur um 3 % hinter der ältesten LBO von Rhld.-Pf. zurückbleibt, mit 21 % aber einen vergleichsweise großen Anteil von geänderten Fassungen enthält, in denen meist die ARGEBAU-Richtlinien im Sinne der MBO übernommen wurden. Überhaupt hat sich die ARGEBAU als ein stets notwendiges Medium zu einer Kommission semper reformanda entwickelt, die die fortschreitenden Wandlungen der technischen Welt aufnimmt, ordnet und mit den Landesbauordnungen koordiniert.

Das scheint sich auch für die Zukunft zu bewähren, denn die am 11. November 1969 im Landtag von NW beschlossene Novellierung der LBO von Nordrhein-Westfalen, die am 1. 7. 1970 in Kraft trat, lehnt sich eng an die Empfehlungen der Arbeitsgemeinschaft der für das Bau-, Wohnungs- und Siedlungswesen zuständigen Ministerien an. Damit ist sichergestellt, daß die Einheitlichkeit auch für zukünftige Entwicklungen der Landesbauordnungen im Interesse aller über die Ländergrenzen hinweg am Baugeschehen Beteiligten erhalten bleibt. Die Änderungen betreffen vor allem eine Neugestaltung der Vorschriften über Abstandflächen und Bauwiche in Auswertung neuer städtebaulicher Erkenntnisse, sowie eine Anpassung der Bestimmungen über Stellplätze und Garagen an die Ergebnisse der Verkehrsenquete. Die anderen Länder werden voraussichtlich mit dieser Ergänzung bald folgen, bzw. sie in die noch nicht verabschiedeten Landesbauordnungen (Bremen, Niedersachsen und Hessen) einarbeiten.

Es ist also mehr erreicht als nur eine vorübergehende Gleichgestimmtheit der Landesbauordnungen mit der Musterbauordnung – allein das ist schon ein Erfolg –, sondern es sind darüber hinaus alle fachlich-technischen und rechtlichen Möglichkeiten zu einer kontinuierlichen Übereinstimmung auf lange Sicht gesichert. Es muß aber betont werden, daß eine Gleichschaltung nicht gewollt, eine flexible dauerhafte Parallelschaltung, die dem Wandel der Zeit gerecht wird, aber erreicht ist.

III. Kritische Vergleiche mit der Entwicklung der Bauordnungen außerhalb der Bundesrepublik Deutschland

Die Verschiedenheit der Meinungen ist, denke ich, eine Ursache des Fortschritts der Menschen, weil sie zur Untersuchung und Erörterung führt. [1]

Rückblick auf einen Vorentwurf für ein Deutsches Baugesetzbuch vom 21. März 1942 (DBauGB) [2]

Einen umfassenden Versuch, das ganze Baurecht einheitlich zu ordnen, bildete der bereits erwähnte Entwurf eines Deutschen Baugesetzbuches (siehe Seite 88). Der Entwurf nennt sich bescheiden Vorentwurf, behandelt aber in 450 Paragraphen, die in einem Anhang durch z. T. sehr detaillierte Ausführungsbestimmungen ergänzt sind, alle Materien des Baurechts: Die Planungs-, Umlegungs- und Baulandbeschaffungsordnung, die Erschließung und die eigentliche Bauordnung als umfangreichsten Kern. Das Gesetz erkennt im sechsten Teil mit einem Abschnitt über Sanierung erstmalig diese Zukunftsaufgabe, die Jahrzehnte später für die 70er und 80er Jahre zu einer der wesentlichsten Aufgaben des Städtebaus heranreift (siehe Seite 84).

Die überwiegend planerischen Teile

Die überwiegend planerischen Teile des Entwurfs [3] werden – dem Charakter dieser Arbeit entsprechend – nur andeutend behandelt. Erstmalig für das deutsche Reichsgebiet wird der *Bebauungsplan* als hauptsächliches Mittel städtebaulicher Planung festgelegt. Er ist von der Baubehörde der Gemeinde aufzustellen. Vorbereitende *Flächennutzungspläne* sind die Voraussetzung für eine geordnete Nutzung des Bodens und die bauliche oder wirtschaftliche Entwicklung der Gemeinde und – bis heute noch nicht allgemein durchgesetzt – benachbarter Gebiete. Beide Planungsbegriffe sind inzwischen feste Bestandteile der Gesetzgebung in beiden Teilen Deutschlands geworden. Das bezieht sich nicht nur auf die förmliche Bezeichnung, sondern auch auf die Darstellung des Inhalts, nämlich Verkehr, Bau-

und Erholungsflächen mit Untersuchung der Zusammenhänge zwischen Wohnen und Arbeiten, die Art und das Maß der baulichen Nutzung bzw. Ausnutzung, soweit sie von der Bauordnung abweichen. Für Gebiete, die von einem Bebauungsplan erfaßt werden, kann eine Veränderungssperre eingeführt werden, um wertsteigernde Veränderungen für die Dauer von zwei Jahren zu verhindern. Im Bundesbaugesetz von 1960 ist die Veränderungssperre übernommen, die DBO dagegen behandelt Planungsfragen recht untergeordnet oder schweigt sich darüber aus. Das gilt nicht nur für die Veränderungssperre, sondern auch für die Umlegungs- und Baulandbeschaffungsordnung des DBauGB. Beide Begriffe kommen in der DBO weder direkt noch indirekt vor. Die Schwierigkeit bei jeder Umlegung ist die lange Dauer des Verfahrens. Darum legt die Umlegungsordnung des DBauGB eine Frist von einem Jahr fest, die alle Beteiligten zu schnellem Handeln zwingt. Neu ist in diesem Zusammenhang die Einführung von Sachverständigen-Ausschüssen, an denen je ein städtebaulicher, vermessungstechnischer, juristischer und ein in der Bewertung von Grundstücken erfahrener Sachverständiger mitzuwirken hat. Sie regeln nicht nur die neue Verteilung der Grundstücke, sondern auch die Entschädigungen. Kommt keine Einigung mit den Eigentümern zustande, setzt die Baubehörde den Grenzregelungsplan fest. Bei Beschwerden durch Beteiligte an die Aufsichtsbehörde ist deren Entscheidung endgültig. Die Gutachten nach dem DBauGB haben keine bindende Wirkung, soweit die Beteiligten es nicht anders vereinbaren.

Sehr bemerkenswert und in die Zukunft weisend ist der Grundsatz der Baulandbeschaffungsordnung, wonach Grundflächen unter gewissen Voraussetzungen durch die Baubehörden in das Eigentum eines privaten Bauwilligen zu überführen sind, wenn er glaubhaft einen baldigen Baubeginn nachweisen kann. Die Erwerbung kann auch zugunsten der Gemeinde vorgenommen werden, doch muß sie das Grundstück ohne Gewinn an Bauwillige weitergeben, wenn sie selbst nicht baut. Diese Gedanken sind 1971 auch in das Städtebauförderungsgesetz (siehe Seite 184) übernommen. Die Ankündigung des Erwerbs hat zur Folge, daß wertsteigernde Veränderungen bei der Entschädigung außer Betracht bleiben.

Im Erschließungsteil ist festgelegt, daß die Ortsstraßen so zu bauen sind, daß sie *den gesamten fließenden und ruhenden Verkehr aufnehmen können und eine reibungslose und sichere Abwicklung dieses Verkehrs gewährleistet ist* (§ 74). Für diesen Zweck und andere öffentliche Aufgaben sind die Eigentümer bebaubarer Grundstücke zur unentgeltlichen und lastenfreien Abtretung von bis zu 35 % der

Fläche ihrer Grundstücke verpflichtet. Damit wird dem Einzelnen ein hartes Opfer zugemutet. Bei besonderen Härtefällen, die allerdings nicht expressis verbis definiert werden, ist eine Entschädigung zu gewähren. Erleidet der Eigentümer durch die Abtretung einen unzumutbaren Schaden, so kann er die Übernahme des gesamten Grundstücks zu einem angemessenen Preis verlangen.

Diese kühnen, ja revolutionären Gedanken hätten bei einer Realisierung weittragende Folgerungen gehabt. Derart kostspielige und vorausschauende Planungsideen konnten nach dem Zweiten Weltkrieg nirgends aufgegriffen werden, weil vordringlichere Aufgaben gelöst werden mußten.

Die Finanzierung dieser Forderungen läßt der Entwurf nicht ungeklärt, sondern regelt sie mit viel Phantasie. Zunächst erheben die Gemeinden zur Deckung ihrer städtebaulichen Aufgaben eine einmalige Abgabe von den Kosten aller Bauausführungen in Höhe von 1 bis höchstens 2 % als *Baukostenabgabe.* Weiter erhalten die Gemeinden aus der Wertsteigerung bei der Überführung von Rohland zu Bauland eine *Baulandabgabe* und aus der Wertsteigerung durch städtebauliche Maßnahmen eine *Wertsteigerungsabgabe.* Diese Abgaben ruhen – sofern sie nicht sofort aufgebracht werden können – als öffentliche Last auf dem Baugrundstück. Über ihre Sicherung außerhalb des Grundbuchs durch Eintragung in ein von der Gemeinde zu führendes Bauabgabebuch wird bei der Analyse des Teiles *Bauordnung* noch zu sprechen sein. Das Junktim zwischen den erwähnten Aufgaben der Gemeinden für den gesamten fließenden und vor allem den ruhenden Verkehr auf den Straßen einerseits und den Bauabgaben andererseits ist einleuchtend und zwingend. Es ist aber erstaunlich, daß weder die DBO der DDR noch das BBauG oder die Landesbauordnungen diese Gedanken direkt oder indirekt aufnehmen. Es sind nicht nur keine Zusammenhänge mit dem DBauGB zu erkennen, sondern es sind auch ganz allgemein der Aufbau dieser Gesetze und ihre Strukturen sehr unterschiedlich. Möglicherweise ist das dadurch zu erklären, daß dieser Vorentwurf des DBauGB nicht genügend bekannt geworden ist, und das einzige noch vorhandene Exemplar erst nach langem Forschen dem Verfasser dieser Arbeit durch den Vater des Vorentwurfs überlassen wurde. Weitere Ideen, u. a. über die Institution von Vorauszahlungen und einen Realsteuerzuschlag, der eine Verteilung auf möglichst breite Schultern bezweckt, um sich nicht bauhemmend auszuwirken, sind zwar für den Rahmen dieser Arbeit nicht relevant, wären es aber wert, näher untersucht zu werden, zumal der Vorentwurf hierzu sogar Ausführungsbestimmungen enthält.

Der technische und formale Bauordnungsteil [4]

Im Unterschied zu allen bisher untersuchten Bauordnungen aus alter und neuer Zeit sind im DBauGB Probleme, wie sich der Bau mit der Landschaft und Natur, mit dem Orts- und Straßenbild in Einklang bringen läßt, an den Anfang gestellt. Es ist erstaunlich, daß die Gestaltung als ein zwar bestimmender, aber stets umstrittener Faktor der Bauordnungen vor Fragen der Sicherheit, vor Art und Maß der baulichen Ausnutzung und vor den konstruktiven und sanitären Überlegungen eingeordnet ist. Es soll ein gutes, einheitliches und ausgeglichenes Landschafts- und Stadtbild entstehen mit befriedigenden Übergängen. Bauliche Anlagen sollen sich nicht nur nach Oberflächengestaltung, Material und Größe, sondern auch nach ihrem *Verwendungszweck* (§ 102) ihrer Umgebung einfügen. Es wird weiter verlangt, zwischen Bauwerk und Landschaft befriedigende Übergänge zu schaffen. § 105 sagt dazu in fast klassischer Formulierung: *Die Gesamtheit muß mehr sein, als nur die Summe der einzelnen Teile.* Diese Forderungen – relativ leicht zu formulieren, aber schwer zu beurteilen und noch schwerer zu realisieren – zeigen aber deutlich, wie sich die Zeit gewandelt hat und sich Akzentverlagerungen herausgebildet haben. In West und Ost ist das ebenfalls erkannt und findet – wenn auch in abgeschwächter Form – in den verschiedenen Bauordnungen ihren Ausdruck.

Für den einzelnen Bau bedient sich der Entwurf der allgemein üblichen Formulierung u. a. nach werkgerechter Durchbildung und Beachtung der *anerkannten Regeln der Baukunst,* des Ausdrucks anständiger und würdiger Baugesinnung nicht nur in technischer, sondern auch in baukultureller Hinsicht. Der Entwurf geht aber zu weit, indem er diese Forderungen auch in die intime Sphäre der Innenräume (§ 103) ausdrücklich einbezieht. Das ist ein deutliches Überschreiten der Grenze, die einer Bauordnung gesetzt ist. Diese Grenze wurde bisher stets respektiert.

In Bezug auf Standsicherheit wird zuviel verlangt, wenn diese auch *gegenüber zu erwartenden Erschütterungen gewährleistet sein muß* (§ 110). Die Schutzbestimmungen für Schall und Wärme sind recht allgemein formuliert, betont wird aber besonders der Nachbarschaftsschutz und der *Gemeinschaftsfrieden* (§ 121). Mit diesem Begriff taucht ein neuer Faktor in der Bauordnung auf, der erkennbare Nachteile ideeller, wirtschaftlicher oder gesundheitlicher Art umfaßt.

Grundstücke dürfen nur bebaut werden, wenn ein Bebauungsplan besteht oder die Bauabsicht nicht mit öffentlichen bzw. *erheblichen privaten Belangen in Wider-*

spruch steht (§ 125). Art und Maß der baulichen Ausnutzung sind nur recht allgemein geregelt. Einzelheiten bleiben flexibleren Verordnungen überlassen. Dem Ermessen der Baubehörde wird – ähnlich wie in der Deutschen Bauordnung der DDR – ein weiter Spielraum gegeben.

Die Abstände der Gebäude von den seitlichen und rückwärtigen Grenzen müssen die Hälfte der Gebäudehöhe, mindestens aber 2,50 m betragen. Der Begriff *Notwendiges Fenster* (§ 140), der später in der Musterbauordnung und fast allen Landesbauordnungen verwendet wird, erscheint hier erstmalig. Die Gebäudeabstände sind nicht gut ausgewogen und entweder zu gering (bei Einfamilienhäusern) oder zu groß, wenn man die MBO als Maßstab anlegt. Auf Einzeluntersuchungen soll hier verzichtet werden.

Aus Gründen einer rationalisierten Baudurchführung kann gefordert werden, daß bestimmte Baustoffe zur Verwendung kommen, wenn mit diesen der Bauzweck ebenfalls erreicht wird und keine wesentlich höheren Kosten entstehen. Ein derartiger Passus wäre in keiner Bauordnung der Bundesrepublik Deutschland möglich, weil er dem privatwirtschaftlichen Denken widerspricht. Die DBO dagegen zwingt sogar zu bestimmten Baustoffen, Bauarten und Systemen, um möglichst ökonomisch und standardisiert festgelegte Ziele im Interesse des Staates zu erreichen. Zu Beginn des Entwurfs wird den Bauherren ausdrücklich aufgegeben, jede verschwenderische und volkswirtschaftlich unzweckmäßige Verwendung von Baustoffen, aber auch von Bodenflächen, zu vermeiden.

Die großen Abschnitte über den Bau und seine Teile, Baukonstruktionen und bauliche Anlagen besonderer Art (Versammlungsräume, Hochhäuser, Krankenhäuser, Warenhäuser, gewerbliche Gebäude, Garagen usw.) werden in den §§ 151 bis 329 nur durch Überschriften erwähnt. Es wird zwar alles aufgeführt, was eine Bauordnung enthalten muß, aber auf Text verzichtet. Stillschweigend dürften wohl die grundsätzlich bewährten Festlegungen der Preuß. Einheitsbauordnung in modifizierter Form als gegeben betrachtet werden.

Im formalen Teil wird dem *Entwurfsfertiger* (§ 331) – die Bezeichnung Architekt kommt im Entwurf des DBauGB nicht vor – zwar die Aufgabe zugebilligt, für den Bauherrn einen seinen Wünschen entsprechenden ausführungsreifen Bauentwurf zu gestalten, gleichzeitig soll er sich aber als *Sachwalter der allgemeinen baulichen Belange* betrachten. *Seine Arbeit muß vor der Gegenwart und vor der Zukunft bestehen können* (§ 331). Das sind hohe Worte, aber es fehlt ein Architektengesetz, das die rechtliche und fachliche Grundlage für solche Verantwortung schafft. Die Baubehörde kann lediglich ungeeignete Planungen zurückweisen und den abgewiesenen Planfertiger in krassen Fällen zeitweise von der Vorlage von Bauentwürfen ausschließen. Ähnlich formuliert es auch die Musterbauordnung. Beanstandungen privatrechtlicher Art sind nach pflichtgemäßem Ermessen der Baubehörde zu entscheiden, sie können aber durch die ordentlichen Gerichte überprüft werden. Befreiungen sind nur unter ähnlichen Voraussetzungen zu erteilen, wie sie bereits aus der EBO, der MBO und den Landesbauordnungen bekannt sind.

Für vorhandene Bauten besteht aus Gründen der Gefahrenabwehr die Verpflichtung, sie ordnungsgemäß zu unterhalten und zu benutzen. In regelmäßigen Abständen – die Ausführungsbestimmungen sprechen von 5 Jahren – hat die Baubehörde eine Besichtigung aller Bauten vorzunehmen, um sich von ihrem Zustand zu überzeugen. Eine ähnliche Verpflichtung kennt auch die DBO, die als Begründung zusätzlich die Werterhaltung der Bausubstanz als Volksvermögen angibt, während in der BRD diese Verpflichtungen unbekannt sind und es dem Eigentümer überlassen bleibt, seine Bauten vor Verfall zu schützen.

Wie schon früher erwähnt, behandelt das DBauGB in einem besonderen Abschnitt das Wesen und den Zweck der Sanierung (§§ 389–398), um städtebauliche Mißstände und unwürdige Beschaffenheit von Wohn- und Arbeitsräumen zu beheben. Die Sanierungsplanung soll auf lange Sicht erfolgen und ist Aufgabe der Gemeinden. Ein städtebaulich vorteilhaftes Ergebnis soll durch Auskernung der Höfe, Niederlegung von Flügel- und Hintergebäuden und Herabsetzung der Bebauungsdichte erreicht werden. Das bezieht sich eindeutig auf die Sünden der Gründerzeit. Die räumliche Ausdehnung des Sanierungsgebietes ist so abzugrenzen, daß es übersichtlich bleibt, gegebenenfalls sind mehrere Sanierungsgebiete zu bilden. Den betroffenen Grundeigentümern wird eine Minderung des bisherigen Ausnutzungsmaßes bis zu $^1/_3$ des umbauten Raumes ohne Entschädigung zugemutet, sie kommen jedoch in den Genuß besonderer Mittel, die das Reich zur Verfügung stellt.

Der Entwurf regelt zweckentsprechende Umlegungen für die Ausarbeitung von Sanierungsplänen, für die detaillierte Forderungen in baurechtlicher, bodenordnungsmäßiger und finanzieller Hinsicht aufzustellen sind. Hierfür sind besondere Richtlinien als Ergänzung vorgesehen. Dabei ist vor allem auf die persönlichen, sozialen und beruflichen Verhältnisse der Bewohner Rücksicht zu nehmen. Hier handelt es sich um Vorstellungen, die vielleicht noch nicht ganz ausgereift und auch nicht unverändert auf die Gegenwart zu übertragen sind. Auf alle Fälle können sie aber die kommende Gesetzgebung durch die sprachliche Prägnanz und den logischen Ablauf im Sanierungsgeschehen befruchten. Der Sanierungsabschnitt ist ein besonders eindrucksvoller Teil des DBauGB.

Die in der DBO nicht vorhandene, bei der MBO und den meisten Landesbauordnungen schon besprochene Institution des Baulastenbuches ist im Entwurf bereits unter dem Sammelbegriff *Baurechtsbücher* (§§ 419/20) eingeführt. Das Baulastenbuch ist aus den sächsischen und baden-württembergischen Bauordnungen entwickelt. Grundsätzlich ist kein wesentlicher Unterschied zwischen den entsprechenden Bestimmungen des DBauGB und der MBO. Neu ist aber die Einrichtung eines Bauabgabenbuches, um die auf Seite 137 besprochenen Abgaben für die Durchführung von Planungsaufgaben einzutragen und zu sichern. Die Eintragung der Baukostenabgaben bzw. deren Vorauszahlung, der Bauland- und der Wertsteigerungsabgabe bewirkt, daß der jeweilige Grundstückseigentümer persönlich für die Abgabe haftet. Es ist kaum verständlich, daß eine ebenso unkomplizierte wie zweckentsprechende Einrichtung bisher in den Landesbauordnungen der BRD und der DBO der DDR nicht eingeführt wurde. Das kann nicht Unkenntnis sein, es mögen in der BRD aber zuständigkeits- und verfassungsrechtliche Fragen eine Rolle spielen.

Bei den reinen Verfahrensfragen sind deutliche Parallelen zur späteren Deutschen Bauordnung in der DDR zu erkennen. Es ist zwar fraglich, ob der Entwurf zum DBauGB in der DDR bekannt war, aber nahezu zwangsläufig kommt es wohl in autoritären Regimen zu bestimmten Parallelentwicklungen. So müssen Beschwerden gegen Entscheidungen der Baubehörden innerhalb von 14 Tagen erhoben werden. Sie sind dann zunächst vor der vollbesetzten Aufsichtsbehörde und letztinstanzlich durch den Reichsarbeitsminister rechtsverbindlich zu entscheiden. Eine Verwaltungsgerichtsbarkeit ist, wie später in der DDR, nicht vorhanden, ein sehr entscheidender Unterschied auch zur Bundesrepublik Deutschland.

Die Baubehörden haben ausgesprochen die Aufgabe, das gesamte Baugeschehen im Sinne dieses Gesetzes zu führen, zu lenken und zu fördern, sie sollen also nicht lediglich unerwünschtes Bauen verhindern, sondern das Baugeschehen positiv beeinflussen. Hier sind wieder deutliche Parallelen zur DBO zu erkennen.

Es war vorgesehen, das DBauGB am 1. Oktober 1943 in Kraft treten zu lassen, aber die Zeit war während des Zweiten Weltkrieges dafür nicht reif. Trotzdem bleibt der Entwurf für dieses Gesetzbuch ein bedeutsames Werk, denn es handelt sich um den ersten Versuch, ein einheitliches, alle Baurechtsmaterien umfassendes Gesetz zu schaffen, in dem das Baurecht nicht lediglich Teil eines Gesetzes ist, wie beim Sachsenspiegel oder dem Allgemeinen Preußischen Landrecht, sondern ein eigenständiges, das gesamte Bauwesen umschließendes Deutsches Baugesetzbuch.

Die Verwirklichung einer zentralistischen Deutschen Bauordnung in der DDR

Die rechtlichen Voraussetzungen

Die Ausgangspositionen im Westen und Osten des geteilten Deutschland unterschieden sich nach dem verlorenen Krieg mit allen Folgeerscheinungen – zerstörte Städte, Flüchtlingszustrom, Wohnungsnot – zunächst nur wenig. Das änderte sich nach der Etablierung unterschiedlicher Staatsformen schnell auf vielen Gebieten des öffentlichen Lebens und strahlte auch auf das Bauwesen aus.

In der 1. Verfassung der DDR [5] wird das Eigentum gewährleistet. *Sein Inhalt und seine Schranken ergeben sich aus den Gesetzen und den sozialen Pflichten gegenüber der Gemeinschaft* (Art. 22). Beschränkungen und Enteignungen können nach Art. 23 nur *zum Wohle der Allgemeinheit und auf gesetzlicher Grundlage vorgenommen werden.* So wurde der 100 Hektar übersteigende Grundbesitz durch Art. 24 *ohne Entschädigung aufgelöst und aufgeteilt.* Das Wort Enteignung wurde hier vermieden. Die Begründung für dieses Tun wird in dem gleichen Artikel gegeben: *Eigentum darf dem Gemeinwohl nicht zuwiderlaufen.* Besonders interessant für die Bodenpolitik ist der Passus in Art. 26, in dem festgelegt wird, daß *die Wertsteigerung des Bodens, die ohne Arbeits- und Kapitalaufwendung für das Grundstück entsteht, für die Gesamtheit nutzbar zu machen ist.* Damit sind Bodenspekulationen des Bürgers mindestens theoretisch ausgeschlossen. Jeder Mißbrauch des Eigentums zur Begründung wirtschaftlicher Macht *zum Schaden des Gemeinwohles* hat nach Art. 24 *entschädigungslose Enteignung und Überführung in das Eigentum des Volkes* zur Folge. Der Staat erhält dadurch ein Monopol, das sich bei der Bewältigung der Bau- und Bodenpolitik unter Ausschaltung der privaten Eigeninitiative vereinfachend, beschleunigend und kostenersparend auswirken kann.

Bereits nach knapp 19 Jahren wurde – *getragen von der Verantwortung, der ganzen Deutschen Nation den Weg in eine Zukunft des Friedens und des Sozialismus zu weisen* – die 1. Verfassung durch die sozialistische Verfassung von 1968 abgelöst [6]. In ihr wird festgestellt, daß sich das sozialistische Eigentum nach Entmachtung der Monopole und des Großgrundbesitzes bewährt hat (Art. 9).

Die wichtigste Form dieses sozialistischen Eigentums bildet das Staatseigentum, das recht ungenau *als gesamtgesellschaftliches Volkseigentum, als genossenschaftliches Gemeineigentum werktätiger Kollektive sowie als Eigentum gesellschaftlicher Organisationen der Bürger* (Art. 10, Abs. 1) umschrieben wird.

Den Verfassungen anderer kommunistisch regierter Staaten ist für diese Eigentumsform die Benennung Staatseigentum durchaus geläufig (UdSSR, Polen ...). Das Ausweichen vor einer exakten Bezeichnung ist nur deshalb zu erklären, weil sich ein qualitativer Unterschied zwischen Staatseigentum in demokratischen und kommunistischen Staaten kaum konstruieren läßt. Mit einer anderen Gesellschaftsordnung allein läßt sich das nicht begründen. Die gewandelten Verhältnisse können lediglich festgestellt und respektiert werden.

Das persönliche Eigentum und das Erbrecht bleiben aber erhalten, wenn es *den Interessen der Gesellschaft nicht zuwiderläuft* (Art. 11). In der alten Verfassung hieß es statt Gesellschaft Gemeinwohl. Enteignungen sind, wie bisher, auf gesetzlicher Grundlage für gemeinnützige Zwecke gegen Entschädigung mit der Einschränkung möglich, *wenn auf andere Weise der angestrebte gemeinnützige Zweck nicht erreicht werden kann* (Art. 16).

Während in der alten Verfassung der Rechtsweg bei den ordentlichen Gerichten in gewissem Umfange offengehalten war (Art. 23), ist in der neuen Verfassung davon nicht mehr die Rede. Das Fehlen einer Verwaltungsgerichtsbarkeit ist mit der *Verantwortlichkeit aller leitenden Mitarbeiter durch ein System der Rechenschaftspflicht gewährleistet* (Art. 88). Das wirkt sich nach Art. 105 so aus, daß *für Beschwerden der Leiter des Organs zuständig ist, welches die angefochtene Entscheidung getroffen hat.* Berufungen gehen nicht an die Gerichte, sondern an den Beschwerdeausschuß der zuständigen Volksvertretung, der den Antragstellern das Ergebnis mitteilt. Es wird also keine korrigierende 3. Gewalt eingeschaltet. Dieses System gilt naturgemäß auch bei Entscheidungen der Staatlichen Bauaufsicht über Probleme der Bauordnung, gegen die nach Art. 138 der alten Verfassung formal noch die Möglichkeit eines Einspruchs bei den Verwaltungsgerichten bestand. Die

Verwaltungsgerichtsbarkeit ist in der Verfassung von 1968 nicht mehr verankert, es besteht also auch formal-rechtlich keine Kontrolle von Verwaltungsentscheidungen. Das ist eine ungewöhnliche Situation, da in Deutschland eine Verwaltungsgerichtsbarkeit auf der unteren Ebene seit 1872, endgültig seit 1883, eingeführt war. Durch die Weimarer Verfassung (Art. 107) wurde das Reichsverwaltungsgericht als oberste Spruchbehörde der Verwaltung begründet. In der Bundesrepublik Deutschland bestehen in den Ländern (z. B. in NW nach Art. 74 der Verfassung) zweistufige Verwaltungsgerichte mit dem Obersten Bundesverwaltungsgericht in Westberlin. Die Verwaltungsgerichte sind zuständig für Anfechtungen von Verwaltungsentscheidungen und Streitigkeiten des öffentlichen Rechts. Ähnlich ist es auch in Österreich seit 1875 und der Schweiz seit 1943.

Während in der Bundesrepublik Deutschland die einzelnen Länder nach 1948 sogenannte Aufbaugesetze erließen, geschah dies in der DDR bereits durch ein zentrales Aufbaugesetz [7]. Nachdem die schlimmsten Kriegsschäden *aus eigener Kraft* überwunden wurden, soll der Aufbau nicht nach *rückständigen und überholten Prinzipien des Städtebaues* – welche das sind, wird nur indirekt gesagt – erfolgen. Es sollen vielmehr fortschrittliche Erfahrungen verwirklicht werden. Die zuständigen Ministerien werden beauftragt, eine Bauordnung für das ganze Gebiet der DDR und eine Verordnung über die staatliche Bauaufsicht auszuarbeiten. Hier ist die rechtliche Grundlage für die spätere Deutsche Bauordnung gegeben.

Unter den häufig wiederkehrenden Begriffen »planmäßig« und »fortschrittlich« wird zunächst die Entwicklung neuer Baustoffe, die Verbesserung des Bauens durch Normung und Typisierung mit dem Ziel fortschreitender Mechanisierung und Industrialisierung verstanden. Langfristig soll auch die Ausbildung von Architekten und Bauingenieuren so gestaltet werden, daß die Bereitstellung von Fachkräften gesichert wird. Staatliche Planung steht im Mittelpunkt, nichts soll dem offenen oder anonymen Wettbewerb oder dem freien Spiel der Kräfte überlassen bleiben. Folgerichtig werden die städtebildenden Faktoren – Industrie, Verwaltungsorgane und Kulturstätten von überörtlicher Bedeutung – mit den daraus resultierenden Bevölkerungszahlen und Wohnungen auf Vorschlag der Fachministerien von der Regierung der DDR beschlossen, Landesregierung (jetzt Rat des Bezirks) und Rat der Stadt bzw. des Kreises werden vorher gehört und ihre Ansichten der Vorlage an die Regierung beigefügt, die dann entscheidet. Die Allzuständigkeit des Rates der betroffenen Stadt, wie in der Bundesrepublik Deutschland, ist nicht gegeben.

Hier wird bereits verwaltungstechnisch ein Unterschied in den Grundauffassungen deutlich.

Nach Festlegung der städtebaulichen Faktoren entwickelt dann die Stadt aus dem Flächennutzungsplan, der die Abgrenzung und Verteilung der Baugebiete und Grünanlagen bestimmt, den Stadtbebauungsplan. In der Endphase stehen Aufbaupläne, die mit den Volkswirtschaftsplänen jeweils für einen bestimmten Zeitabschnitt in Einklang stehen müssen. Alle Pläne erlangen erst nach Bestätigung durch die Regierung Gültigkeit. In den letzten Jahren ist eine gewisse Liberalisierung eingetreten, wie aus Fachkreisen der DDR bekannt wurde.

Schwerpunktmäßig können bestimmte Städte oder Kreise zu Aufbaugebieten erklärt werden. Das hat die Inanspruchnahme von Grundbesitz für den Aufbau und eine – wie es in § 14 heißt – *dauernde oder zeitweise Beschränkung oder Entziehung des Eigentums* zur Folge. Diese Enteignungen werden entschädigt.

Wirtschaftliche Aspekte

Entkleidet man die Grundsätze des ökonomischen Systems im Bauwesen der DDR [8] aller allgemein gehaltenen politischen Redewendungen, so bleiben eine Fülle von interessanten Gedanken, die die Wandlungen in diesem Teil Deutschlands deutlich machen.

Die Staatliche Bauaufsicht (Bauordnungsbehörde) erhält eine nie gekannte Bedeutung dadurch, daß sie neben der Einhaltung der gesetzlichen Bestimmungen der Bauordnung das Bauwesen auch auf die Durchsetzung der Baupolitik zu kontrollieren und einen *entschiedenen Kampf gegen Verantwortungslosigkeit und Vergeudung* (von Material) ... *und für die Werterhaltung* (von Gebäuden) *zu führen hat.* Sie soll das gemeinsam mit anderen Kontrollorganen tun (Technische Überwachung, Banken, Material- und Prüfungsamt...) und kann dafür ehrenamtliche Mitarbeiter aus der Bevölkerung heranziehen.

Das neue ökonomische System will zwar alle Kräfte in Bau- und Montagekombinationen zusammenfassen, dabei aber bewußt die schöpferische Eigeninitiative der Werktätigen in die Planung einbeziehen. Das ist ein vorsichtiger Hinweis auf eine Wandlung gegenüber der doktrinären Anfangsepoche des Sozialismus, der inzwischen erfahren hat, daß es ohne materiellen Anreiz nicht geht. Das wird später noch deutlicher.

Der Schwerpunkt liegt stets bei der langfristigen Planung der Baumaterialkombinate für standardisierte, austauschbare und komplettierte Bauelemente, um die Montagebauweise zu entwickeln. Offenbar nicht ohne Grund wird *ein entschiedener Kampf* gegen Vergeudung und Verantwortungslosigkeit gefordert. Hier soll die Staatliche Bauaufsicht tätig werden, um die Arbeitsproduktivität zu steigern, für die sich in der sozialistischen Demokratie jeder fähige und talentierte Werktätige durch ständige Produktionsberatungen verantwortlich zeigen muß.

Zur Verbesserung der Qualität wurden, wie in der BRD, Qualitätsnormen für die wichtigsten Erzeugnisse der Baumaterialien-Industrie mit Festlegung von Gütezeichen und Erzeugnispässen eingeführt. Parallel dazu sollen nach Ermittlung von Bestzeiten durch Leistungsvergleiche Arbeitsnormen festgestellt werden. Mit allen wissenschaftlichen Mitteln sollen Typenprojekte mit einheitlichem Baukastensystem nach sowjetischen Erfahrungen gefördert werden. Vom hochindustrialisierten westlichen Bauen (USA, Skandinavien) wird – mindestens in der Praxis – keine Kenntnis genommen, doch setzt man sich in der Fachzeitschrift DEUTSCHE ARCHITEKTUR kritisch mit den westlichen Bausystemen auseinander.

Das Engagement des einzelnen Werktätigen wird sehr nüchtern beurteilt, denn anders ist nicht zu erklären, daß auf Großbaustellen ein Prämienfonds gebildet werden soll, aus dem die Werktätigen für termin- und qualitätsgerechte Arbeit *materiell interessiert werden.* Die Mittel für diesen Fonds sind selbst zu erwirtschaften.

Die Ausgangslage der Bauwirtschaft, besonders des Wohnungsbaues in der DDR, unterschied sich von der Situation in der BRD in vieler Hinsicht und wirkte sich auf die Bauordnung unterschiedlich aus.

Zunächst waren die Zerstörungen im Gebiet der heutigen DDR weniger stark als im Westen, trotz Dresden. Außerdem hatte Mitteldeutschland in der Wohnversorgung der Bevölkerung quantitativ einen günstigeren Stand. Im Gebiet der heutigen DDR gab es 1939 auf 3,35 Menschen eine Wohnung, im Gebiet der heutigen BRD mußten sich dagegen 3,70 Personen mit einer Wohnung begnügen [9].

Noch 1958 war das Verhältnis nicht ganz ausgeglichen, denn in der DDR war eine Wohndichte von 3,40, in der BRD von 3,53 Personen je Wohnung vorhanden. Bei Berücksichtigung der Flüchtlingsbewegungen von Ost nach West ist dieser Tatbestand trotz der starken Wohnbautätigkeit im Westen erklärbar. Allerdings gibt die Statistik keinerlei vergleichende Aufschlüsse über die Wohnungsgrößen.

Anders steht es um die Qualität der Normalwohnungen nach ihrer Grundriß-Struktur und den sanitären Anlagen. Nach K. D. Arndt [10] waren 66 % des Gebäudebestandes in Mitteldeutschland älter als 40 Jahre, in Westdeutschland nur 45 %. Weitere 25 % waren in Mitteldeutschland zwischen 1918 und 1945 errichtet, in Westdeutschland nur 21 %. Umgekehrt war es bei Neubauwohnungen einschließlich Instandsetzung von 1945 bis 1960. Im Osten waren es 9 %, im Westen dagegen 34 %. Es ist also ersichtlich, daß der Wohnungsbestand in der DDR gegenüber der BRD stark überaltert ist und die Qualität der Normalwohnungen erheblich unter dem Durchschnitt dessen liegt, was in der BRD als Normalwohnung (sanitäre Einrichtungen, Heizung) gefordert wird. Der Qualitätsabstand hat aber noch andere Gründe, denn bis weit in die 50er Jahre gab es in der DDR nur provisorische Planungen und unzureichende Materialversorgung. Aus Materialmangel wurde sogar noch eine Lehmbauweise propagiert, die einen erzwungenen Rückschritt der Bautechnik darstellte, anschließend dann umschlug in eine übersteigerte Fertigteil-Bauweise, bei der aus ideologischen Gründen oft der zweite Schritt vor dem ersten getan wurde. Das führte zwar zu einer relativ schnellen Fertigstellung von Wohnungen, jedoch mit qualitätsmindernden Auswirkungen, besonders beim Schall- und Wärmeschutz. Gesteigert wurde der Wohnungsbau seit Ende der 50er Jahre durch Beschränkung auf wenige Bautypen. Hatten bis dahin die Architekten noch relativ gute Möglichkeiten zur Entwicklung von Grundrissen, so gab es bei der allgemeinen Industrialisierung und Typisierung nur noch einen ganz engen Rahmen für einen individuellen Wohnungsbau. Die jährlichen Bauleistungen stiegen zwangsläufig je Wohnungseinheit an, gleichzeitig sank aber die Durchschnittswohnfläche der Wohnungen von 63 qm im Jahre 1955 auf 58 qm 1958 und 51 qm 1960 [11]. Auch die sanitären, die schall- und wärmetechnischen Forderungen in den Bestimmungen für den Wohnungsbau blieben notgedrungen hinter den als zeitgemäß erkannten Notwendigkeiten zurück.

Die Besorgnis, statistische Zahlenangaben der DDR seien frisiert und nicht glaubwürdig, kann durch keine konkreten Angaben bewiesen werden. Gewissenhaftigkeit und korrekte Auswertung des Zahlenmaterials sind durch die künstlichen Grenzen nicht behindert. Allerdings ist eine Auswertung nicht ganz einfach, weil sie Kenntnisse der zugrundeliegenden Begriffe voraussetzen, die infolge schwieriger Orientierungsmöglichkeiten nicht immer erreichbar und zudem oft schwer lesbar sind.

Charakteristische Beispiele konsequenter Industrialisierung und Typisierung durch Großplattenbauten in Großblockbauweise sind die Wohnstädte der Kombinate der Grundstoffindustrie in Eisenhüttenstadt (bis 1954 Stalinstadt), und Hoyerswerda mit dem Braunkohlenkombinat *Schwarze Pumpe*. Hier findet die gesellschaftliche Umformung städtebaulichen Ausdruck, wo alles nach Planungsnormen aufeinander abgestimmt werden soll. Eine Untersuchung des Für und Wider der wirtschaftlichen und bautechnischen Zusammenhänge würde den Rahmen dieser Arbeit sprengen.

Entwurf einer Deutschen Bauordnung (DBO) von 1956 [12]

Ohne Kenntnisse der dargelegten Zusammenhänge und der Wandlungen in der politischen, wirtschaftlichen und gesellschaftlichen Struktur im anderen Teil Deutschlands ist die DBO in ihrem Werden, Aufbau und Inhalt nicht zu begreifen. Schon die für ein zentral geleitetes Staatswesen lange Zeit von 6 Jahren für die Ausarbeitung des Entwurfs deutet auf Schwierigkeiten und Spannungen hin, die allerdings nicht so transparent werden, wie das bei der Musterbauordnung bzw. den Landesbauordnungen in der BRD dargelegt wurde. Aus dem vorher Gesagten ergibt sich, daß der Entwurf nicht nur das Ergebnis von Beratungen in Ausschüssen, Fachkommissionen usw. ist, sondern vom Ministerium für Aufbau (jetzt Ministerium für Bauwesen) erarbeitet wurde, das jedoch die eben erst durch das Aufbaugesetz (1950) geschaffene, dem Ministerium aber unterstellte Deutsche Bauakademie und die Räte der nachgeordneten Behörden mitwirken ließ. Der Einfluß der unteren Organe auf die Willensbildung der entscheidenden politischen Stellen beschränkt sich also praktisch auf die Unterbreitung von Vorschlägen, behält also stets konsultativen Charakter.

Der Entwurf wurde in mehreren tausend Exemplaren an Entwurfsbüros, Baubetriebe, Verwaltungen und Organisationen des Bauwesens übergeben, um eine gründliche Diskussion zu erreichen [13].

Die genannten Fachgruppen erhielten zur Vorlage von Änderungs- und Verbesserungsvorschlägen einen Zeitraum von 4 bis 5 Monaten (15. 7. 1956) zugebilligt, um das Gesetz Anfang 1957 erscheinen zu lassen.

Der Entwurf der DBO erstrebt eine vorausschauende, einheitliche und fortschrittliche Ordnung der baulichen Entwicklung anstelle der überholten Bauordnungen der Vergangenheit, um den gesellschaftlichen und ökonomischen Perspektiven der Arbeiter und Bauern gerecht zu werden. Die Worte *gesellschaftlich* und *fortschrittlich* werden stark strapaziert und variiert angewendet. Mit *öffentlich* und *modern* sind sie nur unvollkommen interpretiert. Die Wandlungsfähigkeit beider Vokabeln ist immer wieder erstaunlich und deutet die Sprachverwirrung an, die das Verstehen zwischen beiden Teilen Deutschlands oft schwer macht.

Der Entwurf bereitet erstmalig ein einheitliches Baugesetz für die DDR vor und zwar für städtebauliche, gestalterische und konstruktive Erkenntnisse mit großen Befugnissen für die örtlichen Organe des Staates, deren Verantwortlichkeit dadurch gesteigert werden soll. Sein Ziel ist, *die hohe Qualität der Bauwerke und die Sicherheit ihrer Erbauer und Benutzer zu gewährleisten* [14].

Der Entwurf ist in 2 Hauptteile gegliedert: Städtebauliche Vorschriften und Bautechnische Vorschriften.

Der 1. Teil ist, rein vom Umfang her gesehen, recht knapp gehalten. Von insgesamt 632 Paragraphen entfallen auf den Städtebaulichen Teil 113 Paragraphen. Der Entwurf enthält keine phrasenhaften Belehrungen, sondern bleibt nüchtern in der sachlichen Atmosphäre der Fachsprache. Die Grundgedanken des Aufbaugesetzes werden aufgenommen und erweitert, aber kaum durch eigene Gedanken bereichert. Die Einschaltung von freiberuflich tätigen Architekten bei der Aufstellung von Baudurchführungsplänen wird von der Zustimmung des Ministeriums für Aufbau abhängig gemacht, sie dürfte also eine Ausnahme bleiben. Alle Pläne sind vor Ablauf von 5 Jahren zu prüfen, ob sie noch der gesellschaftlichen und ökonomischen Entwicklung des Plangebietes entsprechen (§ 26), eine sinnvolle Anordnung, die auch in der BRD überlegt werden sollte. Landesplanung wird hier nicht berührt, ja es finden sich kaum grundlegende planerische Gedanken oder Anregungen, von Vorschriften ganz zu schweigen. Um so eingehender wird die städtebauliche Einordnung von Einzelbauwerken behandelt. Da findet sich der interessante Passus, daß alle Bauwerke vor Erteilung der Baugenehmigung eine sogenannte städtebauliche Bestätigung (§ 35) benötigen. Vorher darf das Baugenehmigungsverfahren gar nicht eingeleitet werden. Grundsätzlich wird die städtebauliche Bestätigung nur erteilt, wenn ein rechtskräftiger Bebauungsplan vorliegt, ein heilsamer Zwang für die Gemeinden, nicht in Rückstand zu kommen. Grundstückseigentümer, denen ein Bebauungsplan die Nutzung ihrer Grundstücke beschränkt, können daraus keine Entschädigungsansprüche ableiten (§ 54). Eine Baunutzungstafel ordnet das Maß der baulichen Nutzung, wobei auffällt, daß die Geschoßzahl im Einzelfall überschritten werden kann, wenn die zulässige flächenmäßige Nutzung für die geringere Geschoßzahl unterschritten bleibt (§ 67). Das kann eine städtebauliche Belebung einer Straße bedeuten.

Der bautechnische Hauptteil ist gewissenhaft und mit Akribie zusammengestellt. Wesentliche Unterschiede gegenüber den Grundanforderungen der Sicherheit in der BRD sind kaum vorhanden. Manches wirkt etwas subaltern, wenn z. B. die Rede davon ist, die Tätigkeit der Staatlichen Bauaufsicht sei *nach fortschrittlichen Prinzipien im Sinne demokratischer Gesetzlichkeit a*uszuüben (§ 3 der Verfahrensvorschriften). Verpönt ist der *Bauherr*, er wird in *Bauauftragsgeber* umgetauft. Wie weit es möglich ist, über Bauanträge innerhalb von 18 Arbeitstagen – wie verlangt wird – zu entscheiden, fragt sich. Doch mag ein solcher Druck hilfreich sein.

Die eigentlichen bautechnischen Bestimmungen sind derart eingehend und mit einer Fülle von Maßen belastet, wie sie in ein schwer veränderbares Gesetz nicht hereingehören, daß es fast peinlich wirkt. – *Aborttüren müssen absperrbar sein* (§ 304), *ein Schornstein dient ... zur Abführung verbrauchter ... Luft ...* (Begriffsbestimmung) – Die Großzügigkeit der MBO, die alle Einzelfragen den Verordnungen überläßt, fehlt. Es lohnt sich daher nicht, darauf einzugehen. Es muß aber betont werden, daß die 460 Paragraphen im bautechnischen Teil klar, übersichtlich, sprachlich und sachlich gut geordnet sind. Das ist bei der Fülle der Vorschriften – allein bei dem Abschnitt Schornsteinanlagen und Feuerstätten sind es 102 Paragraphen – nicht nur eine Fleißleistung.

Unterschiedlich geregelt sind die Hochhaus-Richtlinien. Hochhäuser beginnen bereits bei 7 Geschossen mit allen Konsequenzen für Treppenhäuser usw. Die Abstände zu anderen Gebäuden mit Fenstern für Aufenthaltsräume – nicht von der Grenze – sind mit 1 H recht gering. Ist die Gebäudefront kleiner als 16 m genügen sogar nur 0,75 H. Das ist im Schnitt gerechnet etwa die Hälfte dessen, was in der MBO und den LBO gefordert wird, obwohl doch in der DDR weit mehr Raum zur Verfügung steht als in der BRD.

Die lichte Geschoßhöhe ist mit 2,40 m festgesetzt und die Mindestforderung an Wohnraum-Grundfläche je Person beträgt 4 qm, eine Bestimmung, die in den westdeutschen Bauordnungen überhaupt nicht enthalten ist und nur bei der Finanzierung des frühen sozialen Wohnungsbaues eine Rolle spielt, dort aber mehr als 3 mal so hoch lag.

Baudenkmale verdienen nicht nur bei künstlerischer, sondern auch bei geschichtlicher Bedeutung besonderen Schutz. Hier wirkt offenbar die Erregung nach, die der überhastete Abbruch des Berliner Schlosses in der Öffentlichkeit hervorgerufen hat. Es bleibt aber ungewiß, ob sich der Denkmalschutz städtebaulich-politischen Argumenten gegenüber durchsetzen kann.

Bei Gestaltungsfragen wird der Ausbildung des Daches besondere Aufmerksamkeit geschenkt und vorgeschrieben, in welchem Gebiet nur Dachpfannen (Mecklenburg), Biberschwanzkronendeckung (Brandenburg), Biberschwanz-Doppeldach (Sachsen) usw. zugelassen sind. Wie weit das auch wirklich durchgeführt wird, ist schwer festzustellen.

Die Dachdeckung soll nicht nur technischen Erfordernissen dienen, sondern *auch einer landschaftlich gebundenen Gestaltung entsprechen* (§ 38 Anlage 12). Dachneigungen werden übrigens nicht nach Grad, sondern nach Prozent vorgeschrieben.

Den laufenden technischen Kontakten ist die Tatsache zu verdanken, daß zahlreiche DIN-Bestimmungen für Baustoffe, Lastenannahmen, Berechnungsgrundlagen, Wärme- und Schallschutz offiziell eingeführt sind.

Aufs Ganze gesehen läßt der Entwurf jede Großzügigkeit vermissen und verliert sich in einer Fülle von Einzelbestimmungen, die naturgemäß wenig flexibel abgefaßt sind.

Die Deutsche Bauordnung (DBO) vom 2. 10. 1958 [15]

Nicht nur die Terminsetzung, sondern vor allem die Diskussion über den Entwurf hat ihren Zweck ganz offensichtlich nicht verfehlt, denn nach gut 2 Jahren war die DBO fertig, und zwar nach Aufbau und Inhalt in stark gewandelter Form.

Sie faßt Planung, Gestaltung und Ausführung von baulichen Anlagen verfahrensrechtlich und bautechnisch zu einem großen einheitlichen Gesetzeswerk zusammen. Die DBO behauptet in einem nicht gezeichneten Vorwort, das Bauen habe in der Geschichte der Menschheit stets eine wesentliche Rolle gespielt und *es wurde daher stets im Sinne der herrschenden Klasse durch baurechtliche Normen geregelt.* Feststellungen dieser und ähnlicher Art, die versteckt mehrfach vorkommen, werden weder durch Beispiele noch Erläuterungen belegt. Im Rahmen der DBO wird deutlich, daß die Bearbeiter das ALR und die speziell baurechtlichen Gesetze des Reiches und der Länder kennen. Sachsen, Bayern, Württemberg und vor allem die preußische Einheitsbauordnung von 1919 werden kritisch erwähnt und dabei betont, daß es nun mit der Zersplitterung aufhöre. Diese mit Recht gerügte Zersplitterung der Bauordnungen sei zur *Geheimwissenschaft* geworden und ein *Unterdrückungsinstrument der Großbourgeoisie im bürgerlich-kapitalistischen Staatsapparat.* Die tatsächlichen Beweggründe für die Zersplitterung wurden im Rahmen dieser Arbeit untersucht. Sie spiegeln den Wandel der sich ständig verändernden Welt wider, der speziell in Deutschland häufig partikularistische Ausprägungen zeitigte, die zu überwinden aber oft das erklärte Ziel der besten Köpfe war.

Eine erste Fassung der DBO war bereits am 1. 8. 1957 mit 3 Teilen erschienen: Verfahren, Allgemeine bautechnische Bestimmungen und Anforderungen an besondere Bauwerke. Sie wurden allgemein als unbefriedigend angesehen, obwohl über 1000 Verbesserungen gegenüber dem Entwurf eingearbeitet waren. Nach einer Baukonferenz der DDR und später folgenden Arbeitstagungen im April 1958, an der Vertreter der Ministerien, der Bau- und Projektierungsbetriebe, der Bezirks- und Kreisbauämter teilnahmen, entwickelte sich die endgültige DBO mit den zusätzlichen Teilen *Städtebauliche Einordnung von Einzelbauwerken* sowie *Garagen und Parkplätze.*

In Abschnitt I der DBO (Verfahrensrechtliche Bestimmungen) bleibt es im wesentlichen beim Entwurfsmodell. Der Bauauftraggeber ist der Staatlichen Bauaufsicht gegenüber für alles Baugeschehen verantwortlich. Ihm gegenüber haftet der Entwurfsverfasser, während die Bauauftragnehmer (Handwerker und Baugeschäfte) für Eignung, vorschriftsmäßige Verwendung der Baustoffe und ihren sparsamen Verbrauch, sowie für die Einhaltung der DBO, des Arbeitsschutzes usw. verantwortlich sind (§ 13). Eine saubere und einleuchtende Teilung der Verantwortung.

Alle Bauwerke müssen sich in die städtebauliche Ordnung einfügen. Deshalb gehen der Baugenehmigung voraus die Standortgenehmigung als das Ergebnis der Überprüfung des Standortes in ökonomischer und technischer Hinsicht und die städtebauliche Bestätigung, daß sich das Bauvorhaben in Übereinstimmung mit dem Flächennutzungsplan des Gebietes oder der Stadt und dem Bebauungsplan befindet. Diese Überprüfung darf die Frist von 14 Tagen nicht überschreiten. Erst dann ist das Projekt reif für das eigentliche Baugenehmigungsverfahren, das in 30 Tagen abgeschlossen sein muß (§ 31).

Die vereinfachte Bauanzeige wie in der BRD genügt für die Errichtung von untergeordneten Bauwerken bis 25 qm Grundfläche (in der BRD meist nur 20 bis 30 cbm). Sie muß innerhalb von 15 Tagen beantwortet sein. Diese Termine sind hart, aber hilfreich und außerdem populär. Sie werden nach vorliegenden Berichten allerdings oft nicht eingehalten. Widerrechtlich errichtete Bauvorhaben können *im Interesse von Staat und Gesellschaft*, d. h. nach westlichem Sprachverständnis: im öffentlichen Interesse, auf Kosten des Pflichtigen beseitigt werden (§ 26). In Bezug auf Bauvorlagen, Befreiungen und Abnahmen sind die Regelungen kaum anders als in der MBO und den LBO.

Merkwürdigerweise ist der schon recht dürftige städtebauliche Hauptteil I des Entwurfs in dem Abschnitt Planung weiter gekürzt, ohne daß dafür – auch nicht zwischen den Zeilen – eine Begründung gegeben wird. Insgesamt muß der Teil II (Städtebauliche Einordnung von Einzelbauwerken) als der schwächste Teil der DBO bezeichnet werden, weil er rein verwaltenden Charakter hat, ohne schöpferische Gedanken auch nur anzudeuten. Hier ist die Gesetzgebungsqualität in der BRD erheblich fortschrittlicher und reifer.

Die Begriffsbestimmungen für Planungsvorstellungen stehen in ihrer Knappheit im Gegensatz zum ausführlichen bautechnischen Teil. Dasselbe muß auch für die Definition der Nutzungsgebiete (Art der baulichen Nutzung) gesagt werden, deren Einteilung ähnlich ist wie in der BRD.

Das Maß der baulichen Nutzung in den verschiedenen Gebieten ist im Prinzip ähnlich aufgebaut nach Geschoßzahlen, Höchstwerten der bebaubaren Grundstücksflächen und nach Gebäudemindestabständen. Grenzabstände werden – sehr zum Unterschied mit den Bauordnungen der BRD – nicht vorrangig behandelt. Der Begriff *Bauwich* kommt in der DBO nicht vor, seitliche und rückwärtige Grenzabstände sind im Wohngebiet nicht vorgeschrieben, sie können lediglich indirekt abgeleitet werden aus der zulässigen Grundstücksausnutzung, die im städtischen Wohngebiet je nach Geschoßzahl zwischen 40 % bei einem Geschoß und 25 % bei 5 Geschossen liegt. Grenzbebauungen – allerdings ohne Fenster – kann der Nachbar also nicht verhindern, da es den Unterschied zwischen offenem und geschlossenem Wohngebiet weder in der Stadt noch auf dem Lande gibt. Natürlich hat der Nachbar dann das Recht, anzubauen. Das freistehende Einfamilienhaus wird auf diese Weise zur Ausnahme. Die städtebaulich relevanten Gebäudeabstände betragen zwischen Stirnwänden 1,2 H, zwischen Längswänden 2,5 H. Das kann bei eingeschossigen Flachbauten bedeuten, daß die Häuser nur 3,60 m voneinander entfernt stehen (§ 91). Das schien aber aus Gründen des Brandschutzes dann doch bedenklich zu sein, und in § 178 wird ein Gebäudemindestabstand von 5 m festgelegt, der praktisch den städtebaulichen Abstand aufhebt. Bei zweigeschossiger Bauweise (etwa 6 m Höhe) ist ein Gebäudeabstand von 1,2 H mit 7,20 m recht hoch und liegt etwa bei den Regelungen der Landesbauordnungen (6,00 bis 8,00 m).

Die Tendenz zum Geschoßbau im Wohnungswesen wird durch eine Anordnung unterstrichen [16], die für den städtischen, staatlichen und genossenschaftlichen Wohnungsbau – in Abänderung der DBO – die Wohngebäude mindestens viergeschossig vorschreibt.

Ein neuer, städtebaulich entwicklungsfähiger Gedanke gilt für vielgeschossige Häuser und Hochhäuser: *wenn deren größte schattenwerfende Breite weniger als 25 m beträgt* ermäßigen sich die Abstände von 2,5 H im Wohngebiet auf 1,5 H und im Industriegebiet von 1,0 H auf 0,75 H. Die Bemühungen zur Förderung einer vielgeschossigen Bauweise sind immer wieder erkennbar.

Erstaunlicherweise sind im Gewerbegebiet auflockernde Grenzabstände von 0,6 H, mindestens aber 3 m vorgeschrieben. Die Grundstücksfläche darf bei einem Bauvolumen bis zu 9 cbm/qm zu 50 % bebaut werden. Die Bebauung des Industriegebietes ist mit einem Bauvolumen von 11 cbm/qm (3,0 bis 9,0) bei 60 % Höchstausnutzung (70 %) [17] des Grundstücks erheblich höher als in der BRD.

Ein Vergleich mit den Ausnutzungsziffern und Gebäudeabständen zwischen der BRD und der DDR ist bei der unterschiedlichen Bewertungsart nur näherungsweise möglich. Es ergibt sich, daß nach der DBO im 1- bis 2geschossigen Wohngebiet mit 0,4 (0,3) eine engere, im 4- und mehrgeschossigen Wohngebiet eine lockerere Bebauung mit 0,28 bis 0,22 (0,40) als in der BRD möglich ist. Im Mischgebiet sind die Unterschiede gering. Die erforderliche nicht bebaubare Fläche kann nach § 98 ausnahmsweise auf dem Nachbargrundstück liegen, wenn durch eine Grunddienstbarkeit die Unbebaubarkeit dieser Fläche sichergestellt bleibt. Eine Baulast-Regelung kennt aber die DBO nicht, obwohl sie u. a. in Sachsen ihren Ursprung hat.

Gegenüber dem Entwurf ist der allgemeine bautechnische Teil III zwar ganz erheblich gestrafft (er enthält nur noch 244 statt 460 Paragraphen), bleibt aber stecken in einer Fülle von Begriffsbestimmungen, Details und Maßen, die nicht den geringsten Ermessensspielraum zulassen.

Während beispielsweise die Regelung der Brandabschnitte in den LBO nur grundsätzlich angesprochen ist, hat die DBO ein ganzes System ausgearbeitet, in dem die Brandabschnitte nach 5 Brandgefahrenklassen, 4 Feuerwiderstandsklassen nach Geschoßzahlen und Grundflächen festgelegt werden (§§ 220 bis 241). Interessant ist auch die recht theoretische Verpflichtung, daß die Eigentümer spätestens alle 5 Jahre *eine gründliche Untersuchung ihrer Bauwerke auf den allgemeinen baulichen Zustand* durchführen lassen müssen, deren Ergebnis festzulegen und der Staatlichen Bauaufsicht vorzulegen ist, die notwendige Instandsetzungsarbeiten anordnen kann, wenn es *im öffentlichen Interesse* erwünscht ist (§§ 347 bis 351).

Trotz aller mangelnden Großzügigkeit sind bei der intensiven Kleinarbeit kaum grundsätzliche Unterschiede zu der MBO bzw. den LBO zu erkennen.

Bei den bautechnischen Bestimmungen für Räume und besondere Bauwerke ergeben sich einige Abweichungen. So darf die lichte Raumhöhe für Wohnungen allgemein 2,40 m (BRD 2,50 m) für gewerbliche Betriebe bis zu einer Benutzerzahl von 4 Personen 2,65 m, sonst 2,90 m (3,0 m) betragen.

Für Hochhäuser wird im Unterschied zum Entwurf und der MBO eine Differenzierung vorgenommen. Danach gibt es *vielgeschossige Häuser* mit 7 bis 10 Geschossen und Gebäudehöhen von 20 bis 30 m und *Hochhäuser* mit 11 und mehr Geschossen oder über 30 m Gebäudehöhe. Hochhäuser können als Punkt-, aber auch als Reihenhäuser errichtet werden. Für alle gelten die gleichen Richtlinien, jedoch müssen nur Hochhäuser, bei denen der Fußboden 30 m über Gelände liegt, 2 Treppen oder ein Sicherheitstreppenhaus haben, sofern hier der Rückzugsweg ausreicht. Die Sicherheitsgrenze liegt bei der MBO und bei allen LBO einheitlich bei 22 m. Auch hier ist der Wunsch erkennbar, den Hochhausbau zu fördern und man ist dabei in Bezug auf Sicherheitsbestimmungen bei Gebäuden zwischen 22 und 30 m großzügiger als in der BRD.

Der ganze Abschnitt V mit Bestimmungen über Garagen und Parkplätze gehört wegen seines besonders flexiblen Spezialinhalts eigentlich in eine VO und nicht in ein schwer veränderbares Gesetz. Aber das trifft im allgemeinen nur zu in einer parlamentarischen Demokratie mit allen pluralistischen Einwirkungen der Öffentlichkeit, die auch zeitlich einen verzögernden Einfluß haben.

Die Zahl der Stellflächen im Wohngebiet wird nicht nach der Zahl der Wohnungen berechnet, sondern auf 1000 Einwohner rechnet man 120 Stellflächen (Anlage 6 zu Abschnitt V). Praktisch ist das zwar nicht wesentlich anders als im Westen, doch dürfte die jeweilige Einwohnerzahl schwer zu ermitteln sein, zumal diese ständig wechselt. Die Stellflächen für *gesellschaftliche Bauten* (Verwaltungen, Warenhäuser, Läden, Gaststätten, kulturelle Gebäude) werden nach qm der Gebäudenutzfläche berechnet, z. B. auf 40 qm Ladenfläche eine Stellfläche. Etwa dasselbe ist auch in den Verordnungen zu den verschiedenen LBO üblich. Für haltende und weniger als ½ Stunde parkende Fahrzeuge sind zusätzlich Stellflächen bereitzustellen, die das 0,3- bis 0,8fache der Mindestzahlen betragen und in der Regel außerhalb der Straßenverkehrsfläche liegen sollen. Eine gute und nachahmenswerte Bestimmung.

Die Rechtsmittel gegen Entscheidungen der Staatlichen Bauaufsicht sind gering. Es ist hierfür eine Frist von 2 Wochen zulässig, und innerhalb 1 Woche muß der Beschwerdeführer die Antwort erhalten, oder die Beschwerde geht an die übergeordnete Staatliche Bauaufsicht weiter, deren Entscheidung innerhalb von 3 Wochen endgültig ist. Ein Beschwerdeführer hat also bereits nach 3 Wochen endgültige und rechtsverbindliche Klarheit über seine Beschwerde, da eine Verwaltungsgerichtsbarkeit – wie bei den *rechtlichen Voraussetzungen* bereits ausgeführt wurde – nicht besteht.

Alle Leiter der Staatlichen Bauaufsicht üben ihre Funktionen *eigenverantwortlich* aus. Ihre Verantwortung setzt *ein hohes Staatsbewußtsein* voraus. [18]

Die Ausbildung ist genau wie in der BRD, jedoch müssen sich alle leitenden Kräfte ständig in Lehrgängen der Deutschen Bauakademie qualifizieren. In diese Weiterbildung ist ein systematischer Austausch zwischen Bauverwaltung und den Fachkräften aus Projektierungsbetrieben, Großbaustellen und wissenschaftlichen Instituten eingeschlossen, um eine praxisnahe Tätigkeit zu sichern. Entsprechende Einrichtungen sind in der BRD erst 10 Jahre später entstanden und z. Zt. vielfach noch der Initiative der Baubehörden überlassen.

Ähnlich wie in der BRD ist das Problem von Spezialprüfungen durch Prüfingenieure geordnet. Zwar führen besonders qualifizierte Leiter der Staatlichen Bauaufsicht zusätzlich die Bezeichnung Prüfingenieur, aber es erfolgen noch gesonderte Zulassungen für Statik durch das Ministerium für Bauwesen. Die Kontrolle für neue Bauweisen und Typenelemente liegt in der Hand eines speziellen Organs der Staatlichen Bauaufsicht bei der Deutschen Bauakademie. Besondere Kontroll-Leistungen der Staatlichen Bauaufsicht werden prämiiert [19]. Die Mittel dazu kommen vom Ministerium. Nur ganz allgemein heißt es, daß die Prämiierungen *unter Berücksichtigung der Qualität und der Ergebnisse der Kontrolltätigkeit* erfolgen.

Die Bauordnung hat in der DDR eine Wandlung erfahren. Sie beschränkt sich nicht auf den Schutz von Sicherheit, Gesundheit und Wohlfahrt der Bürger, sondern hat im Unterschied, ja im Gegensatz zu früheren Epochen, auch den Interessen des Staates und seiner politisch-ökonomischen Struktur zu dienen. Die Planung, Projektierung und Ausführung von Bauwerken muß im Sinne konsequenter Anwendung von Typenelementen und Industrialisierung des Bauens durch die Organe der Bauordnung überwacht und in ihrer Arbeitsproduktivität gefördert werden. Durch die Deutsche Bauordnung soll der technische Fortschritt bei der sozialistischen Entwicklung der Städte und Dörfer im Sinne der herrschenden Ideologie und Gesellschaftsordnung gelenkt und kontrolliert werden.

Österreich mit föderalistisch nach unten verlagerten Verantwortungen

Analyse der Bauordnungen von 8 Bundesländern

Ein Querschnitt durch die Landesbauordnungen der einzelnen Bundesländer zeigt eine verwirrende Vielfalt. Sie bezieht sich zunächst nicht so sehr auf den materiellen Teil, der immer wieder novelliert wurde, sondern auf eine erstaunliche Überalterung. So haben die Baugesetze von Steiermark und Kärnten das ehrwürdige Alter von über 100 Jahren. Es ist in gewisser Weise tröstlich zu sehen, daß die Bauordnung für das Herzogtum Steiermark die Wirren dreier Kriege überstand. Sie war 1857 durch eine Kundmachung der Statthalterei bekannt gegeben. Das war im 9. Jahre der Regierung von Kaiser Franz Josef I. Zu diesem Gesetz erschienen – wenn man die Stadt Graz mit eigener Bauordnung einschließt – von 1864 bis 1952 26 Novellen und Durchführungsverordnungen, vor allem in den für Österreich entscheidungsschweren Zeiten von 1872, 1919, 1934, 1941, 1946 und 1952.

Kärnten folgte 1866, brachte es aber bis 1951 nur auf 14 Novellen.

Oberösterreichs Bauordnung stammt aus dem Jahre 1875 und erlebte bis 1950 23 Novellen und örtliche Bauordnungen.

Salzburg erhielt seine Bauordnung 1879. Sie wurde bis 1954 durch 17 Novellen und örtliche Bauordnungen ergänzt.

Niederösterreichs Bauordnung stammt aus dem Jahre 1883 und ist heute noch gültig [20]. Sie wurde viermal novelliert und erschien bis 1950 in 3 Auflagen mit zahlreichen Änderungen. Die Bauordnung von Niederösterreich wurde durch die Verwaltungsrechtswissenschaft in wesentlichen Erkenntnissen fortentwickelt, nur bedingt kann man aber sagen, daß sie grundlegend modernisiert ist. Sinngemäß gilt das auch für die anderen Bauordnungen, die aus Raumgründen nicht alle analysiert werden können. Rein bautechnisch gesehen bestehen keine großen Unterschiede zu den deutschen Bauordnungen, jedoch sind die planungsrechtlichen Bestimmungen in den ersten 15 Paragraphen noch enthalten. Die Einheit der Baugesetzgebung blieb somit gewahrt.

Auch die in der *deutschen* Zeit eingeführten Gesetze blieben – wie bei den meisten Landesbauordnungen – weiter in Kraft, u. a. das Wohnsiedlungsgesetz von 1933 (in Österreich eingeführt 1939), die auf Seite 83 bereits besprochene Baugestaltungsverordnung und die Reichsgaragenordnung.

§ 2–15 behandeln überwiegend planerische Bestimmungen, so ist in § 2 kurz und bündig festgelegt: Hauptverkehrsstraßen müssen wenigstens 15 m, alle übrigen Straßen und Gassen mindestens 12 m breit sein. Die Entstehung von Sackgassen ist nach § 8 (2) *möglichst hintanzuhalten.* § 5 verpflichtet die Gemeinden zur Aufstellung von *Regulierungsplänen.* In diesem Zusammenhang ist ein Urteil des VwGH interessant. Danach kann die offene Bauweise nur durch einen Regulierungsplan vorgeschrieben werden. Solange das nicht geschehen ist, kann *das Heranrücken einer Baulichkeit an die Nachbargrenze nicht untersagt werden* [21].

Erstaunlich ist die Regelung, daß der für die Projektierung neuer Straßen erforderliche Baugrund ohne Entgelt an die Gemeinde zu übergeben ist, sofern vorher Baulinien bestimmt sind (§ 14.1) und die Breite von 23 m außerhalb der Baulinie nicht überschritten wird. Und ganz vernünftig heißt es (§ 13.5) dazu: *Über die Frage, wie die Baulinie gezogen und welche Grundfläche abgetreten werden muß, findet der Rechtsweg nicht statt.* Es bleibt also bei einer politischen Entscheidung des Gemeinderates bzw. dem Vorschlag des zuständigen Fachamtes.

Wie langsam sich die politischen Veränderungen oft auch im Bauordnungsrecht auswirken, ist in früheren Abschnitten mehrfach erwähnt (siehe Seite 54), hier stellt man schmunzelnd fest, daß noch 1964 Urteile des VwGH von 1907 und 1909 zur Bauordnung von Prag, 1886 zur Bauordnung von Böhmen, 1904 zur BO von Triest, 1907 zur BO von Pilsen und 1910 zur BO von Galizien rechtsverbindlich zahlreichen Paragraphen zugeordnet sind. Das stand übrigens nicht nur sachlich noch völlig in Übereinstimmung mit der zeitgenössischen Wirklichkeit, sondern entsprach auch dem im Codex Justinianus verankerten und von Kaiser Friedrich Barbarossa 1159 im Reichstag von Roncaglia neu bekräftigten Grundsatz, daß Gewohnheit wohl neues Recht schaffen, aber niemals altes Recht außer Kraft setzen kann.

Bei Bauten in der Umgebung eines kaiserlich-königlichen Schlosses ist nach § 32 vor Erteilung des Baukonsenses die Zustimmung des k.k. Hofamtes einzuholen. Nur eine dünn gedruckte Fußnote stellt lapidar fest – fast ist man für den diese BO herausgebenden Hofrat versucht zu sagen: leider –: *überholt durch die geänderte staatsrechtliche Lage*. So geschehen 1964.

Bei nachbarlichen Einwendungen gegen einen Bau entscheidet nach dem Versuch einer gütlichen Einigung der Gemeindevorsteher, sofern es sich um öffentliches Recht handelt (§ 25.1).

Die in Deutschland stets hart umstrittene Verantwortung der am Bau beteiligten Personen wird ganz unkompliziert geregelt, denn die Bauwerber (Bauherren) müssen einen Bauführer nachweisen. Dieser trägt die *volle Verantwortung* nicht nur für die Einhaltung der Bestimmungen der Bauordnung, sondern auch für die Ausführung des Baues und die Verwendung der Baumaterialien. Der Bauführer kann strafrechtlich belangt werden, wenn er gegen die Bestimmungen (§ 40–42) verstößt.

Bei einer derart deutlichen Verantwortlichkeit ist es verständlich, daß manche Regelungen dehnbar sind und nicht engherzig in Zahlen und Prozenten festgelegt wurden. So heißt es z. B. in § 55, die Hoffläche bei Neubauten solle mit Rücksicht auf die Höhe des Hauses *zureichend geräumig* sein. Es wird also dem Ermessen ein erheblicher Spielraum gegeben.

Tirols Bauordnung stammt aus dem Jahre 1900 und wurde bis 1949 14 mal novelliert.

Die Landesbauordnungen der beiden kleinsten Bundesländer Vorarlberg (1924) im westlichen und Burgenland (1926) im östlichen Grenzgebiet sind – relativ gesehen – jung. Während im Burgenland, wo bis zum Inkrafttreten der ersten und z. Zt. noch unverändert geltenden Bauordnung vom 14. 1. 1926 noch Ungarisches Recht galt, novellierte Vorarlberg allein bis 1952 6 mal. Eine ungewöhnliche, in keiner anderen BO Deutschlands oder Österreichs zu findende Bestimmung steht in

Vorarlbergs BO (§ 71 Abs. 2): *Bei Bauten der Behörden und gemeinnützigen Baugenossenschaften kann der bestellte Bauleiter auch als Bauunternehmer zugelassen werden.*

Analyse der Wiener Bauordnung

Es ist verständlich, daß die Bauordnung für Wien [22] einen besonderen Status einnimmt, zumal sie ja auch die modernste ist, was allerdings wieder als ziemlich relativ bezeichnet werden muß. Sie wurde 1929 erlassen und trennt – wie allgemein in den anderen Landesbauordnungen – nicht die Planung von den Bestimmungen für den einzelnen Bau, sondern faßt alles zusammen einschl. der Festsetzung von Bebauungsplänen, der Umlegung, Enteignung, Anliegerleistungen und den eigentlichen Baupolizei-Bestimmungen für Gesundheit, Konstruktion, Sicherheit, bauliche Ausnutzung der Grundstücke. Dabei bleiben technische Einzelheiten, die starken Wandlungen unterworfen sind, Verordnungen vorbehalten.

Erkenntnisse des VwGH haben im Laufe der Zeit bestimmend auf die BO eingewirkt und sie fortentwickelt. Mit verständlichem Stolz wird diese Einflußmöglichkeit der Juristen auf das praktische Baugeschehen immer wieder von ihnen erwähnt.

Die bis 1930 geltende BO für Wien stammt aus dem Jahre 1883 und galt schon damals als reformbedürftig, weil sie im wesentlichen die Bauordnungen von 1829, 1859 und 1868 übernommen hatte. Nach der ersten Wiener Bauordnung vom 13. 12. 1829 durfte kein privater Bau ohne *obrigkeitliche Genehmigung* errichtet werden, Ausnahmen: Bauausführungen des Kaiserhauses, des Adels und der Kirche! (§ 1). Versuche zu einer Modernisierung im Jahre 1895 und nach dem 1. Weltkrieg 1922 scheiterten. Es blieb bei wiederholten Novellierungen Stückwerk. 1929/30 wurde alles nachgeholt und zusammengefaßt. Dabei ist die Entwicklung in Deutschland ausdrücklich zum Vorbild genommen worden. Das bezog sich materiell u. a. auf die Bauordnungen von Berlin und Hamburg, das preußische Wohnungsgesetz (siehe Seite 62) und die Württembergische Bauordnung (siehe Seite 58), jedoch blieb es bei der erwähnten Einheit der gesamten Baurechtsmaterie. Hier folgte man also nicht den Einheitsbauordnungen in Preußen (Seiten 62 u. 77) und blieb somit zugunsten einer Einheitlichkeit im Gesetz unbeweglicher.

Eine für die Stadtplanung 1930 fast revolutionäre und bis heute merkwürdigerweise kaum wiederholte Regelung ist die Einrichtung eines Fachbeirats (§ 3). Er besteht aus unabhängigen und ehrenamtlich tätigen Architekten, Ingenieuren und Fachleuten für Verkehr, Volkshygiene, Denkmalspflege, Handel und Industrie, sowie einem Zivilgeometer. Der Fachbeirat hat alle Flächenwidmungs- und Bebauungspläne verantwortlich zu beurteilen. Er ist nicht zu verwechseln mit den aus Parteivertretern gebildeten Bauausschüssen der Gemeindevertretungen.

1939 wurde die Bestimmung aufgehoben, wonach Mitglieder dieses Fachbeirates für die Stadtplanung weder ein besoldetes Amt in der Gemeindeverwaltung bekleiden, noch gewählte Gemeindevertreter sein dürfen. Vernünftigerweise wurde dieses 1947 wieder rückgängig gemacht. Es sind aber erstaunlicherweise bis heute keine Ausführungsbestimmungen über die Beschlußfähigkeit und die Geschäftsordnung des Fachbeirats erschienen, obwohl eine entsprechende Verordnung bereits 1930 vorgesehen war. Dadurch wurde jedoch die Tätigkeit des Fachbeirates nicht berührt, wie Dr. Krzizek [23] in einer Fußnote zum Fachbeiratsparagraphen ausdrücklich erwähnt. Offenbar funktioniert in Wien diese heute höchst aktuelle und viel diskutierte Einrichtung ohne ein besonderes Reglement. Liegt das daran, daß sämtliche Mitglieder technische Fachleute sind? Der Fachbeirat kann – wie 1965 ergänzend eingeführt wurde (§ 67,2) – auch mit der Begutachtung städtebaulich bedeutsamer Bauvorhaben befaßt werden. Ob der Fachbeirat dazu beigetragen hat, die schöpferische und fruchtbare Spannung zwischen sachlich-schlichten Formen der Architektur und der dem Österreicher angeborenen schmückenden Gestaltungsfreude zu erhöhen? Die Antwort mag offen bleiben, sie wäre aber wohl eine Untersuchung wert.

Die Wiener BO regelt auch das Liegenschafts- und Umlegungswesen. Jeder Grundstückgseigentümer kann eine Umlegung beantragen. Baugesuche müssen *binnen 2 Wochen* entschieden werden (§ 70). Voraussetzungen für diese ungewöhnliche Frist, die gut gemeint ist, aber doch wohl nur theoretischen Charakter haben dürfte, ist das Vorliegen eines kompletten Baugesuches. Im Kommentar heißt es dann auch lakonisch zu den 2 Wochen, daß *dies die Regel bilden soll.* In keiner deutschen Bauordnung gibt es derart drakonische Fristen. Sogar die keineswegs zimperliche Deutsche Bauordnung in der DDR verlangt immerhin 30 Tage (Werktage heißt es erläuternd) und schaltet realistisch eine 14-tägige Überprüfung vor (siehe Seite 152).

Im eigentlichen Bauordnungsteil sind – abgesehen von manchen örtlich bedingten Bezeichnungen – kaum Abweichungen gegenüber den reichsdeutschen Bauordnungen festzustellen. Der Begriff der sogenannten *notwendigen Fenster*, der durch fast alle deutschen Landesbauordnungen geht, ist 1930 in Wien treffender als Hauptfenster bezeichnet und in § 82 entsprechend definiert.

Interessant ist auch die Möglichkeit der Festlegung einer inneren Baufluchtlinie, mit der Wien der Zeit weit voraus eilt.

1965 wurde die BO für Wien neu herausgegeben [24], 3 ½ Jahrzehnte nach dem Stammgesetz von 1929, das seitdem 15 mal novelliert wurde. Es ist erstaunlich, daß nicht nur der Aufbau, sondern auch der Text kaum verändert wurde, ja es blieb sogar die Einteilung in 138 Paragraphen bestehen und im Abschnitt über das Liegenschaftswesen wurden – wohl aus Gründen einer recht schwierigen Umstellung – die Vorschriften über die ungewöhnlichen Maßstäbe von 1:2880 bzw. 1:360 für Katastralmappen (§ 15) beibehalten. Aufs Ganze gesehen sind also bei dieser konservativen Grundeinstellung nur geringe Abweichungen vorgenommen. Neu eingeführt wurde eine unentgeltliche und lastenfreie Verpflichtung zur Grundabtretung für öffentliche Zwecke, z. B. Schulen und Krankenhäuser (§ 17 a) sowie eine Enteignungsmöglichkeit für Grundstücke im Wald- und Wiesengürtel zu dessen Erhaltung als Schutzgebiet (§ 41 a). Weitere Enteignungen unbebauter oder nicht entsprechend bebauter Grundstücke sind zugunsten der Gemeinde, aber auch – mit ihrer Zustimmung – zugunsten Dritter möglich, wenn dadurch eine städtebaulich erforderliche Bebauung erreicht wird (§ 41 b). Die Enteignungsbestimmungen in Wien sind die weitestgehenden aller österreichischen Bauordnungen. Es werden zwar einige Einschränkungen gemacht, aber Liegenschaften, die aus finanziellen Gründen länger als 2 Jahre ungeordnet bebaut sind, müssen mit der Enteignung rechnen. Das ist eine Maßnahme, die vom Ansatz her durchaus positiv zu beurteilen ist.

Im Abschnitt über die bauliche Ausnutzung der Grundstücke wurden die zulässigen Gebäudehöhen in allen Bauklassen leicht verändert, meist etwas verringert. Im allgemeinen unterscheiden sich jedoch die effektiven Gedanken wenig von den deutschen, auch wenn der Aufbau der Bauordnung anders strukturiert ist.

Die schon in der BO von 1929 etwas unverbindliche Verpflichtung des Bauherrn, sich zur Durchführung der Bauarbeiten eines Bauführers zu bedienen – die volle Verantwortung nach der BO von Niederösterreich fehlt – ist 1965 wörtlich übernommen. Dasselbe gilt auch für die interessante Bestimmung, daß jeder Baugewerbetreibende bei Gefahr verpflichtet ist, jede verlangte Unterstützung in seinem Fach zu gewähren.

Über 500 *»Erkenntnisse«* des Verwaltungsgerichtshofes und des Verfassungsgerichtshofes mit allgemein gültigen Rechtssätzen des Baurechtes sind den einzelnen Bestimmungen zugeordnet. Unter ihnen sind alle wiedergegeben, die seit 1930 rechtskräftig wurden, darüber hinaus aber auch einzelne, die bis zum Jahre 1888 zurückreichen. Weiter enthält die Wiener BO über 1000 Fußnoten mit einer Fülle von technischen Erfahrungen, Hinweisen auf Sondervorschriften, interessanten Auslegungen strittiger Bestimmungen und Ermessensentscheidungen. Das alles steht *unter dem Strich,* beeinträchtigt also nicht die Übersichtlichkeit. Dennoch bleibt die Frage, ob es nicht an der Zeit wäre, mindestens für Wien eine Bauordnung herauszubringen, deren Text nicht zu mehr als 50 % aus Fußnoten und Gerichtsentscheidungen besteht.

Aufschließung und Enteignung [25]

Die Aufschließung ist – nicht anders als in Deutschland – die Verbindung eines zur Bebauung bestimmten Gebietes mit dem bestehenden Straßennetz, im weiteren Sinne auch der Anschluß an die öffentlichen Versorgungsleitungen (Wasser, Kanal, Gas, Strom, Fernheizungs- und Fernmeldeleitungen ...). Durch den Grad der Anbaureife wird – hier wie dort – der Wert des Baugrundes gesteigert und der Grundstückseigentümer hat zu den Kosten einen Beitrag zu leisten. Zu den Anliegerleistungen gehört nach allen österreichischen Bauordnungen auch die Grundabtretung für Verkehrszwecke nach Festlegung der Baulinien in das Eigentum der Gemeinde oder *in das Verzeichnis über das öffentliche Gut.* [26]

Die Frage des Entgelts ist in den einzelnen Bauordnungen unterschiedlich geregelt. Bei neuen Verkehrsflächen wird z. B. keine Entschädigung geleistet, lediglich Steiermark macht hier eine Ausnahme. Eine vollständige Verpflichtung zur unentgeltlichen Grundabtretung besteht nur nach der Bauordnung Salzburg-Land (§ 29), während in allen anderen Bauordnungen das Ausmaß der Abtretungspflicht beschränkt ist (z. B. Oberösterreich 8 m, Burgenland 12 m, Niederösterreich 23 m, Klagenfurt 18 m, Wien 20 m). Der über diese Grenzen hinaus erforderliche Baugrund muß gegen Entschädigung in Land oder Geld eingelöst werden.

Eine interessante Regelung enthält die BO für Innsbruck. Dort kann die Baubehörde eine Baubewilligung versagen, wenn der erforderliche Straßengrund nicht unentgeltlich abgetreten wird.

Die Pflicht zur Anlage des Gehsteiges ist unterschiedlich geordnet: manche Bauordnungen verpflichten die Gemeinden, andere – z. B. Niederösterreich – den Eigentümer eines neuen Gebäudes (§ 70) zur Herstellung, während die Gemeinden dann die Unterhaltspflicht haben. Die Wiener BO verpflichtet jeden Bauherrn, einen Gehsteig anzulegen (§ 54). Das gilt sogar, wenn lediglich eine Einfriedigung an der Baulinie hergestellt wird. Völlig ungeregelt ist die Gehsteigverpflichtung in den Bauordnungen für Kärnten, Steiermark, Oberösterreich und Salzburg-Land.

Für den erstmaligen Anbau an neue Verkehrsflächen kann nach den Bauordnungen von Wien (§ 51) und Linz (§ 38) ein Beitrag zu den Kosten der Herstellung erhoben werden. Die Höhe richtet sich vor allem nach der Frontlänge des Bauplatzes. Einfamilienhäuser sind im allgemeinen beitragsfrei!

Für die Ableitung der Schmutz- und Niederschlagswässer hat der Grundeigentümer zu sorgen. Es besteht aber nicht in allen Bauordnungen Anschlußzwang an die öffentliche Kanalisation.

Das bereits erwähnte Recht der Länder auf Raumordnung und Baulandbeschaffung hat dazu geführt, daß Bauwillige auf dem Wege der Enteignung gegen den Willen des Eigentümers Bauland erwerben können. Auch wenn eine Enteignung selten durchgeführt wird, genügen doch die entsprechenden Möglichkeiten in allen Bauordnungen, eine gewisse Bereitschaft bei den Eigentümern auszulösen, weil der von einer Enteignung Bedrohte weiß, daß er bei einem freihändigen Verkauf einen höheren Preis erzielen kann als bei einer Enteignung. Voraussetzung für eine Enteignung ist im allgemeinen, daß eine Wohnungsnot besteht, ungesunde Wohnviertel saniert, Baulücken geschlossen oder abbruchreife Gebäude im öffentlichen Interesse umgebaut werden müssen.

In diesem Zusammenhang ist interessant, daß das deutsche Reichsleistungsgesetz von 1939, das den denkbar weitesten Rahmen für Enteignungen geschaffen hat, durch übereinstimmende Rechtssprechung beider Gerichtshöfe des öffentlichen Rechts (§ 2 des Rechts-Überleitungsgesetzes) Bestandteil der österreichischen Rechtsordnung geworden ist.

Die österreichischen Bauordnungen bleiben Sammlungen des gesamten Baurechts.

Einschneidende Veränderungen des Baurechtes brachten die 7 Jahre der Zugehörigkeit Österreichs zum Deutschen Reich 1938–1945. Durch die Einführung der deutschen Gemeindeordnung wurden die Angelegenheiten der Baupolizei – bisher selbständiger Wirkungsbereich der Gemeinden – nunmehr eine jederzeit widerrufliche Auftragsangelegenheit durch das jeweilige Bundesland.

Eine große Anzahl reichsdeutscher Baugesetze blieb auch nach 1945 in Kraft oder wurde teilweise wieder eingeführt. Das bezieht sich u. a. auf das Wohnsiedlungsgesetz von 1933, das 1939 eingeführt, nach 1945 aufgehoben und 1952 für zahlreiche Bundesländer (Niederösterreich, Kärnten, Steiermark und Tirol) auf dem Umweg über Landesgesetze wieder angewendet wurde.

Neben dem Reichsleistungsgesetz gelten übrigens – entsprechend modifiziert – auch andere bauliche Nebengesetze aus der deutschen Zeit, z. B. das Reichsnaturschutzgesetz, die Reichsgaragenordnung, die sinngemäß als Bestandteile der Landesbauordnungen anzusehen sind. [27] Aus dem deutschen Rechtskreis blieben u. a. weiter bestehen: Das Gesetz über die Neugestaltung deutscher Städte von 1937, eingeführt 1939, die Baugestaltungsverordnung von 1936 (1939) und zahlreiche andere Baurechtsvorschriften. Möglicherweise geschah das nur deshalb, weil ihr Ersatz durch entsprechende österreichische Vorschriften auf unterschiedliche Schwierigkeiten stieß. Grundsätzlich wurden solche deutschen Vorschriften Landesrecht. Die Zuständigkeit der Baupolizei ging wieder an die Gemeinden über.

Alle österreichischen Bauordnungen enthalten raumordnende Vorschriften, die bestimmen, daß Bebauungs- und Flächenwidmungspläne aufzustellen sind. Es fehlt im Unterschied zur Bundesrepublik Deutschland ein Bundesbaugesetz. Die Beschlußkraft liegt bei den Gemeinden. Die Planungen können nicht materiell, sondern lediglich wegen Gesetzwidrigkeit beim Verfassungsgerichtshof angefochten werden.

Für den Grundeigentümer ergibt sich eine Anfechtungsmöglichkeit auch dann, wenn sein Baugesuch unter Hinweis auf den geänderten Bebauungsplan abgelehnt wird. Hier ist dann das Verwaltungsgerichtsverfahren – ähnlich wie in Deutschland – gegeben. Durch diesen zweigleisigen, komplizierten Rechtsweg ist eine weitgehende Lahmlegung der Planung möglich. Zahlen über eine superdemokratische Inanspruchnahme beider Möglichkeiten sind nicht bekannt.

Grundsätzlich ist – wie dargelegt – das gesamte Bauwesen nach Gesetzgebung und Vollziehung Sache der Länder [28]. Dazu gehören die Vorschriften der Bauordnungen, aber auch Raumordnung, Landesplanung und Bauplatzbeschaffung. Die Länder haben auch das Recht, Bestimmungen des Straf- und Zivilrechtes zu treffen, soweit diese in einer zwingenden Verbindung mit der Hauptmaterie stehen [29]. Eine Bundesraumordnungs-Gesetzgebung soll aber als Rahmen die notwendige vertikale und horizontale Koordinierung der Planungen von Ländern und Gemeinden sichern.

Ausnahmen von der grundsätzlichen Länderzuständigkeit sind die Bundestheater und bundeseigene Bauten, Eisenbahn, Verkehr u. a. Allgemein ist der Bund zuständig, wenn – es ist humorvoll, dies festzustellen – dem eine bestimmte Materie bezeichnenden Ausdruck das Wort *Wesen* angefügt wird, [30] z. B. Verkehrswesen, Enteignungswesen, Forstwesen, Bergbauwesen, Eisenbahnwesen usw. Allerdings trifft das nicht zu für die allgemeine Bezeichnung Bauwesen!

Wenn das so nüchtern verfügt wird, könnte man Ota Sik [31] recht geben, der befürchtet, autoritäre Bürokraten und Technokraten würden eines Tages Sozialismus und Kapitalismus im Sinne einer unverstandenen Konvergenztheorie eliminieren.

Alle Landesbauordnungen weichen strukturell stark voneinander ab. Bei ihrer zeitlich unterschiedlichen Entstehung – zwischen der Steiermarks und der Wiens liegen 72 Jahre! – nicht verwunderlich. Schwerwiegende materielle Differenzen sind zwar nicht zu erkennen, aber Architekten und Bauherren können wohl verzweifeln bei den unübersichtlichen und partikularistischen Formulierungen.

Die meisten Landesbauordnungen enthalten den Grundsatz, daß der Bauherr sich eines bautechnisch vorgebildeten Bauführers zu bedienen hat. Bauführer und Baumeister sowie die am Bau tätigen Handwerker müssen nach dem Baugewerbegesetz konzessioniert sein, wenn sie Hochbauten leiten oder ausführen wollen. Die Überwachung geschieht nach dem Ziviltechnikergesetz durch die staatlich vereidigten Architekten [32]. In dieser Hinsicht ist Österreich der BundesrepublikDeutschland weit voraus.

Zusammenfassend ist festzustellen, daß das Baurecht in Österreich nicht nur stark überaltert, sondern infolge der unübersichtlichen Fülle von Landesgesetzen, Novellen und Verordnungen selbst von Spezialisten des Baurechtes kaum noch zu übersehen ist. Das Baurecht ist zersplittert in Bundes- und Landesgesetze, die z. T.

österreichisches Rechtsgut sind, aber auch – wie erwähnt – aus dem deutschen Rechtskreis entstammen. Neben Vorschriften aus den 50er und 60er Jahren sind noch solche aus dem vorigen Jahrhundert in Kraft.

1945 wurde in Österreich das deutsche Raumordnungs- und Landesplanungsrecht aufgehoben (siehe Anm. 24, Heft 14,1). Über die früheren und jetzigen Zuständigkeiten hat der Verfassungsgerichtshof 1954 eine *Erkenntnis* [33] aufgestellt, wonach Landesplanung Ländersache ist. Einige Bundesländer haben seitdem eigene Raumordnungsgesetze erlassen, weil sie erkannten, wie wichtig in den immer dichter besiedelten Räumen eine sinnvolle Ordnung ist. Die Zuständigkeit der Länder wird aber nicht nur vom Bund eingeschränkt, sondern vor allem durch den verfassungsgesetzlich gewährleisteten selbständigen Wirkungsbereich der Gemeinden. Nach dem Reichsgemeindegesetz von 1862 (!) [34] gehört die Handhabung der Bauordnung und die Erteilung der baupolizeilichen Baubewilligungen zum selbständigen Wirkungsbereich der Gemeinden. Dieses Recht darf den Gemeinden durch die Länder weder eingeschränkt noch entzogen werden.

Die Zersplitterung des Bauordnungsrechtes dürfte nach dem zweiten Weltkrieg dazu beigetragen haben, daß sich der Wiederaufbau im allgemeinen auf die konzeptlose Schließung von Baulücken beschränkte. Bei neuen Wohnblock-Bebauungen ging man von der bisher üblichen Reihenstellung der Gebäude längs der Straßenfront ab zugunsten einer offeneren Bebauung und individuelleren Auflockerung. Die bis dahin gültigen Grundbegriffe der Bauordnung nach Bauhöhe und Baudichte verloren damit weitgehend ihren Sinn und bedurften einer Neuorientierung.

Die innerpolitische Lage des viergeteilten Österreich normalisierte sich erst nach dem Staatsvertrag vom Mai 1955, der dem Lande die volle Unabhängigkeit brachte. Die geographische Lage Wiens blieb aber schwierig, denn aus dem wirtschaftlichen Umschlagplatz eines großen Einzugsgebietes war eine Endstation geworden: Salzburg und Innsbruck liegen weiter von Wien entfernt als Budapest, Preßburg, Brünn oder Prag. Das zwingt zu einem ständigen Prozeß der Umstrukturierung.

Da die verfassungsrechtliche Situation Österreichs dem föderalistischen Grundgesetz der Bundesrepublik Deutschland ähnelt – eine zentrale Bundesbaugesetzgebung also nicht möglich ist – dürfte eine optimale Vereinheitlichung ohne Verfassungsänderung nur auf dem Wege über eine Musterbauordnung durchführbar sein. Im übrigen ist die förderative Verfassungswirklichkeit von ziemlich beschädigter

Effektivität, denn die wesentlichen Voraussetzungen selbständiger Länder – die Finanz- und Steuerhoheit – sind in den Jahren nach 1945 sehr stark zugunsten des Bundes ausgehöhlt worden. Österreich ist wohl zu klein, um sich einen Föderalismus auf allen Gebieten leisten zu können. In einer Gegenwart, die Zeit und Raum weitgehend überwindet, sind unterschiedliche Bauvorschriften auf engstem Raum ein Anachronismus, der vor allem zu einer bautechnischen Gesellschaft am wenigsten paßt.

Das erkannte die Forschungsgesellschaft für Wohnen, Bauen und Planen und vergab einen Forschungsauftrag für eine Musterbauordnung. [35] Dieses Modell einer Landesbauordnung wurde unter Mitarbeit juristischer und bautechnischer Fachleute aller Bundesländer und des Bundes erstellt. Die Landesregierungen und interessierte Organisationen sollen durch diese Arbeit angeregt werden, ihre Bauordnungen zu modernisieren.

Diese Österreichische Musterbauordnung erschien 1961 und wurde dreimal – zuletzt 1969 – *novelliert.* Schon 1948 wurde vom Österreichischen Städtebund eine Musterbauordnung erstellt, um ein einheitliches Vorgehen der Länder zu ermöglichen, jedoch war die Zeit offenbar noch nicht reif und diese MBO geriet in Vergessenheit. Die einzelnen Bundesländer blieben also auf sich allein gestellt und haben sich – wie bereits ausgeführt – recht und schlecht mit Novellen beholfen.

Die vorliegende Musterbauordnung bildet eine fachliche Beratungsgrundlage, kann aber naturgemäß die politische Willensbildung der Landtage nur indirekt im Sinne einer möglichst großen Angleichung aller österreichischen Bauordnungen beeinflussen. Die Parallelen mit der Bundesrepublik Deutschland sind deutlich, auch wenn die Vorgeschichte unterschiedlich ist.

Die Väter der österreichischen Musterbauordnung haben erkannt, daß die dynamische Entwicklung der technischen Wissenschaft eine ständige Anpassung der Bauordnungen an den jeweiligen Stand der wissenschaftlichen Erkenntnisse erfordert. Das gilt für die Raumplanung ebenso wie für die bautechnischen Vorschriften, für die zunächst einheitliche Begriffsbestimmungen festgelegt wurden.

Die Vorschriften für Gebäude und Gebäudeteile sind wenig anders als in Deutschland. Die Höhe für Aufenthaltsräume ist auf die lichte Höhe abgestimmt, die mit 2,60 m Mindesthöhe etwas höher liegt als in den deutschen Landesbauordnungen. Die Hochhaus-Richtlinien und die Bestimmungen für Bauten besonderer Art (Versammlungsräume) sind kaum anders. Sicherheit ist eben nicht austauschbar. Interessant ist, daß für die verschiedenen Flächenwidmungsgebiete mit Rücksicht auf den Ruheschutz nach den Erfahrungen der Wissenschaft die höchstzulässigen Störwirkungen durch Festlegung von Schallpegeln zu bestimmen sind. Es wird allerdings schwer sein, das zu praktizieren.

Die Verantwortlichkeit am Bau ist kompliziert unterteilt unter den Planverfasser, den Verfasser von Detailplänen und Berechnungen, den Bauführer und den Bauausführenden.

Die Normen und Gütevorschriften sind in der Musterbauordnung enthalten und zur bauaufsichtlichen Einführung vorgesehen.

Ausdrücklich schließt die ö.MBO die Schaffung einzelner Stadtbauordnungen aus, da in der ö.MBO auf die besonderen Verhältnisse der Städte Rücksicht genommen ist.

Die Erläuterungen zur ö.MBO gehen in einem besonderen Band bis ins einzelne auf die Vorschriften ein und ergänzen sie. Text und Erläuterungen sind nicht buchmäßig gebunden, sondern durch ein Loseblattsystem leicht zu ergänzen.

Die weitere Entwicklung des österreichischen Baurechtes der letzten Jahre deutet darauf hin, daß die meisten Bundesländer bereit sind, die Musterbauordnung als Grundlage für neue Landesbauordnungen zu verwenden, mindestens aber das grundsätzliche Gedankengut und die Gliederung zu berücksichtigen.

Bei aller Zersplitterung der österreichischen Bauordnungen, deren Gründe dargelegt wurden, bleibt es bemerkenswert, daß sie nicht lediglich die Errichtung und Erhaltung von Hochbauten behandeln. Die österreichischen Bauordnungen sind gewissermaßen Sammlungen sämtlicher Baurechtsvorschriften im weitesten Sinn, die bestimmen, wo und wie gebaut werden soll. Zu ihren Eigenarten gehört es weiter, daß Bauplatzbeschaffung, Grundstücksteilungen und Anliegerleistungen im Zusammenhang mit der Raumordnung als Landeszuständigkeit betrachtet und in den Landesbauordnungen geregelt werden. Die Gemeinden aber haben alle Angelegenheiten des eigenen Wirkungsbereiches auch in eigener Zuständigkeit im Rahmen der Gesetze zu verantworten.

Wie die eigenwillig-föderalistische Schweiz den Erfordernissen einer zeitnahen Bauordnung gerecht wird

In der gesamten Schweiz ist die Baugesetzgebung grundsätzlich Sache der 25 Kantone. Nach den kantonalen Rahmen-Baugesetzen haben die Gemeinden ihre eigene Bauordnung aufzustellen. Durch die starke Betonung der Gemeinde-Autonomie ergibt sich eine weitere Vielfalt von Bauordnungen.

Geschichtliche Entwicklungsphasen

Vom Mittelalter bis zum Beginn des 19. Jahrhunderts finden sich in der Schweiz noch nirgends einheitlich geordnete Vorschriften über das Bauwesen. Es bestanden nur Einzelerlasse meist feuerpolizeilicher Art. Ein Sonderfall war die erste BO von Winterthur vom 5. II. 1314, die den Steinbau gegenüber dem Holzbau stark begünstigte. Von schrankenloser Baufreiheit kann aber keine Rede gewesen sein, im Gegenteil bestanden in den Städten bestimmte gewachsene Beschränkungen, etwa die Pflicht zum Zusammenbauen, der Zwang, sein Haus in die Fluchtlinie zu stellen oder sich in der Gestaltung mit den Nachbarn abzustimmen. Herkommen und gewachsene Bindungen verhinderten unangemessene Bodenausnutzungen. Im übrigen aber herrschte jahrhundertelang Baufreiheit.

Das änderte sich mit dem Beginn des Maschinenzeitalters und den damit verbundenen Wandlungen in den Städten, deren traditionelle Grenzen durch den wirtschaftlichen Aufschwung gesprengt wurden. Zunächst schreckte eine liberale Staatsauffassung davor zurück, die Baulust der Grundeigentümer einzuschränken, aber die Verschlechterung des Stadtbildes und das Entstehen von Elendsquartieren in den größeren Orten zwang dazu, die überflutende Bautätigkeit in geordnete Bahnen zu lenken.

In Zürich wurde das schon recht früh aber unzureichend durch zwei Gesetze versucht: 1. das Gassengesetz vom 19. 12. 1834 mit Bestimmungen über die Minimalbreiten von Haupt- und Nebenstraßen, minimale Grenzabstände von 6 Fuß = 1,80 m nach allen Seiten, und 2. das Gesetz betreffend die privatrechtliche Befugnis zu bauen vom 27. 1. 1835, das den Grundeigentümern das Recht gibt, nach Belieben zu bauen, wenn nur dem Nachbarn weder Sonnenlicht noch Helligkeit entzogen wird. Diese allgemeinen Regelungen wirkten sich negativ aus und konnten den Renditeüberlegungen beim Bau von Miethäusern keinen Einhalt bieten. Die BO vom 30. 10. 1863 für die Städte Zürich und Winterthur macht einen ersten umfassenden Anlauf, die Übelstände vergangener Zeiten zu beseitigen und das Hinzukommen neuer Unzulänglichkeiten zu verhindern. Die Gebäudeabstände werden auf das Doppelte hinaufgesetzt, Gebäude dürfen nicht höher sein als 18 m, wobei diese Höhe nur bei Straßenbreiten von mindestens 12 m zulässig ist. Wohnräume müssen mindestens 8 Fuß = 2,40 m hoch sein, Brandmauern werden eingeführt und massive Treppenhäuser.

Die kantonale Baugesetzgebung

Die kantonale Baugesetzgebung in der Schweiz soll hier beispielhaft an dem Baugesetz des Kantons Zürich vom 23. 4. 1893 [36] untersucht werden. Dieses Gesetz, das seitdem vielfältig modifiziert wurde, fußt auf der BO von 1863. Der Kanton Zürich ist bevölkerungsmäßig nicht nur der größte der Schweiz, sondern weist auch mit 550 Einwohnern je km² eine Bevölkerungsdichte auf, die den Landesdurchschnitt um mehr als das Vierfache übersteigt. Hier ist also die Notwendigkeit einer sinnvollen Bauordnung besonders erkennbar. Das Baugesetz findet Anwendung auf Städte und Gemeinden, die sich ihm durch Gemeindebeschluß unterstellt haben oder durch Beschluß des Kantonsrates unterstellt werden. Das noch heute gültige Gesetz mit seinen 150 knapp gefaßten Paragraphen ist durch zahlreiche Ergänzungen durchaus zeitgerecht. Es behandelt sowohl das Planungs- als auch das eigentliche Bauordnungsrecht gemeinsam. Die Art der Bebauung wird nicht durch den Bebauungsplan, der nur eine Richtplanfunktion hat (§ 7), sondern durch den Zonenplan in Verbindung mit der BO geregelt. Es ist schwer, den Bebauungsplan ständig auf neuestem Stand zu halten, weil das für seine Revision erforderliche schwerfällige Verfahren – Kompetenzbereich der Gemeindeversammlung – dem entgegen steht. Für den Bürger hat der Bebauungsplan keine Rechtswirkungen. Diese gehen erst von den Bau- und Fluchtlinien aus, für deren Ziehung allerdings der Bebauungsplan die Grundlage bildet. So gibt es auch keine Rechtsmittel gegen die Aufstellung eines Bebauungsplanes.

Ausdrücklich wird in einem Zusatzparagraphen 1959 die Möglichkeit angeregt, daß mehrere Gemeinden eine zusammenhängende Verbandsplanung aufstellen (§ 8 b).

Eine schweizerische Eigenart ist der private Quartierplan. Weder in Deutschland noch in Österreich ist eine ähnliche Privatinitiative gesetzlich verankert. Das Baugesetz des Kantons Zürich setzt ein besonderes Vertrauen in die Fähigkeit der Grundeigentümer und gibt ihnen die Möglichkeit, durch eigene Aktivitäten bei Baulanderschließungen auf dem Verhandlungswege einen Ausgleich der Interessengegensätze ohne staatliche Hilfe zu finden. Der Gesetzgeber hat dem Privatverfahren für die Aufstellung von Quartierplänen den Vorrang eingeräumt, und nur subsidiär kann der Gemeinderat eingreifen, wenn eine private Einigung nicht zustande kommt. In diesem Fall ist jeder einzelne Grundeigentümer berechtigt zu verlangen, daß der Quartierplan durch den Gemeinderat festgesetzt wird (§ 22). Das schweizerische Beispiel hat zwar kein gesetzliches Vorbild, aber es findet sich auf ähnlichem Gebiet in Deutschland eine interessante Alternative in der sogenannten *Eigentümergesellschaft*. Eine solche öffentlich-rechtliche Körperschaft war im Entwurf der Opposition zum Städtebauförderungsgesetz (1971) für eine Zeit von 30 Jahren vorgesehen. Diese Gesellschaft sollte eine freiwillige Bodenordnung durchführen und sich verantwortlich an der Durchführung der Erneuerung und Entwicklung der Sanierung beteiligen.

Dem Quartierplan selbst – auch die Bezeichnung ist ein schweizerischer Sonderfall – muß ein Bebauungsplan vorangehen, bevor er die Einteilung und Erschließung des zwischen den Straßen liegenden Gebietes festlegt und in vollem Umfang baureif macht. Dazu gehören Baulinien, Grenzbereinigungen, Projektierung der Straßen mit Erschließung und Bereinigung aller Grundstücke auf eine zur Bebauung optimale Form hin. Die im Quartierplan zustande gekommenen Baulinien haben die gleichen Rechtswirkungen wie diejenigen, die im amtlichen Verfahren (§ 9) festgesetzt wurden. Es gibt hierbei aber keine Möglichkeiten zu einer entschädigungslosen prozentualen Landabgabe für öffentliche Zwecke wie z. B. in Österreich. Vielmehr hat jeder Grundstückseigentümer grundsätzlich Anspruch auf Landersatz, wenn er sein Grundstück *einwirft*.

Durch Umfragen und Tagungsberichte konnte ermittelt werden, daß bisher die Aufstellung von Quartierplänen durch die Grundeigentümer eine Ausnahme ist, und das amtliche Verfahren die Regel bildet. Immerhin eine nachahmenswerte Anregung in einer Zeit, die immer wieder von Bürgerinitiative spricht.

Die Gemeinderäte besitzen erstaunlicherweise kein direktes rechtliches Mittel, um ein Quartierplanverfahren gegen den Willen der Beteiligten zu erzwingen. Sie können lediglich – übrigens recht wirksam – jede Baugenehmigung so lange verweigern, bis feststeht, daß der Bau einen späteren Quartierplan nicht ungünstig präjudiziert (§ 20).

Bei den Bestimmungen für den einzelnen Bau fällt auf, daß die Grenzabstände mindestens 3,50 m betragen und sich um das Maß der Mehrhöhe vergrößeren, wenn die Höhe des Gebäudes 12 m übersteigt.

Die Gebäudehöhe darf bei schmalen Straßen die Straßenbreite nicht überschreiten, jedoch bei Straßen von 16–20 m Breite 1–2 m höher sein. Alle Gemeinden sind verpflichtet, eigene Bauordnungen aufzustellen mit Ausnutzungsziffern und Bauzonen, die nicht hinter der kantonalen Baugesetzgebung zurückstehen. Wesentlich andersartige Bestimmungen in bezug auf Sicherheit, Gesundheit, Wohlfahrt und Nachbarschutz sind nicht gegeben, ein deutliches Zeichen dafür, wie sich gewisse Selbstverständlichkeiten auch ohne Koordinierung und Absprachen angleichen.

Sinnvoll ist eine detaillierte Brandmauer-Regelung, wenn die Verständigung der Nachbarn nicht klappt (§ 83): wer zuerst baut, hat die Brandmauer auf eigenem Grundstück in festgesetzter Stärke und Tiefe zu errichten, und der Nachbar muß später die Hälfte der verwendeten Bodenfläche und der Mauer bezahlen, bevor er bauen kann. Die Brandmauer wird Eigentum beider Nachbarn.

Bei einsturzgefährdeten Gebäuden (§ 124) kann der Gemeinderat dem Eigentümer den Abbruch *befehlen* und, wenn dem *Befehl keine Folge geleistet* wird, das Gebäude *zum Abbruch versteigern.*

Gebäude über 20 m Höhe dürfen nur bewilligt werden, wenn sie sich städtebaulich und landschaftlich einfügen. Die Grundstücksausnutzung und Bauvorschriften dürfen nicht überschritten werden. Dem Baugesetz für den Kanton Zürich haben sich seit 1894 nach dem Stand vom 1. 10. 1967 169 Gemeinden unterstellt, die meisten in den 50er und 60er Jahren.

Entstehung und Beispiele von Ortsbauordnungen

In den Kantonen herrscht weithin eine Verwirrung der Begriffe, die im Bauwesen verwendet werden. Das ist bei 25 kantonalen Baugesetzen nicht verwunderlich, zumal etwa ein halbes Dutzend Kantone weniger als 50 000 Einwohner haben und kaum über die erforderlichen Fachkräfte verfügen. Welches Staatswesen dieser

Größe kann sich außerhalb der Schweiz eine derart differenzierte Baugesetzgebung erlauben?

Der Zonenplan konkretisiert Straßenplan und Baulinien sowie die Versorgungseinrichtungen. Die Bauordnung behandelt alle Zuständigkeiten der Gemeinde, die sich auf die Besiedelung und Erschließung, auf Wohnen, Arbeiten und öffentliche Anlagen im weitesten Sinne beziehen.

Die Bauordnung ist also die rechtliche Grundlage für die gesamte Ortsplanung, zu der naturgemäß auch die Zonenplanung gehört. Hier stellt sich für die Schweiz zwangsläufig die Frage der Eigentumsbeschränkung, sei es im hergebrachten Sinn einer liberalen Staatsauffassung oder durch Eingriffe im weiteren öffentlichen Interesse, etwa des Verkehrs, der Wohlfahrt, Gesundheit, aber auch z. B. des Heimatschutzes. Selbst in der Schweiz setzt sich zunehmend die wohlfahrtsstaatliche Auffassung in den Bauordnungen durch, die eine staatsfreie Individualsphäre und das Eigentum durch die dem Bauherrn in steigender Zahl auferlegten Pflichten stark einengt [36]. Der Grundsatz der Sozial- und Pflichtgebundenheit tritt gegenüber einer beliebigen Verfügungsfreiheit des Grundeigentümers immer mehr in den Vordergrund. Schwerwiegende Eigentumsbeschränkungen können aber nach einem Entscheid des Bundesgerichtes auch dann überprüft werden, wenn sie im öffentlichen Interesse vorgenommen werden [38].

Bei der Gestaltung der Bauordnungen in der Schweiz wird allgemein die Zielsetzung als wesentliches Element erkannt. Hier sind es besonders zwei Anliegen: die Gestaltung und Erhaltung der Ortschaft, des heimatlichen Bodens einerseits und die Sicherstellung der örtlichen Entwicklung mit wirtschaftlich tragbaren Mitteln andererseits. Beides läßt sich nur dort realisieren, wo es gelingt, Baugebiet und freie Landschaft bzw. Nichtbaugebiet voneinander zu trennen, d. h. praktisch, daß Neubauten nur auf baureifen Grundstücken erstellt werden dürfen.

Naturgemäß können bei der Vielschichtigkeit der Gesamtmaterie nicht alle Fragen des Baurechtes in der BO behandelt werden. Militär- und Eisenbahnwesen sind Bundessachen; aber auch in gewissem Umfang die Fabrikgesetzgebung, vor allem in bezug auf Arbeitshygiene, ähnlich wie in Deutschland die staatliche Gewerbeaufsicht. Allerdings sind in der Schweiz die Kompetenzen oft fließend und kompliziert. Da das übergeordnete Planungsrecht – ausgenommen die Zonenplanung – von den Kantonen abschließend normiert wird, können die Gemeinden in ihren Bauordnungen keine vom Baugesetz abweichenden Vorschriften über Bebauungsplan, Baulinien usw. aufstellen. Das gilt auch z. B. für Bausperren (höchstens 5 Jahre) und Hochhäuser, deren Definition bei der kantonalen Baugesetzgebung liegt.

Zur Ortsbauordnung mit Zonenplanung gehören alle Vorschriften über Ausnutzungsdichte, Grenz- und Gebäudeabstände, Geschoßzahl und die Regelung der Überbauungsdichte in Form von Überbauungsprozenten und Baumassenziffern. Mit Hilfe der durch Prozentziffern ausgedrückten Beschränkungen sollen die aus der Anwendung der übrigen Bauordnungsvorschriften entstehenden Ungleichheiten korrigiert werden, um dem Bauherrn ein gewisses Maß architektonischer Freiheit zurückzugeben.

Seit 1959 ist in den Bauordnungen den Bauenden die Pflicht zur Schaffung von Abstellplätzen für PKW auf eigenem Grund auferlegt. Merkwürdigerweise wird diese Pflicht in übereinstimmender Ideenlosigkeit wie in der BRD, der DDR und Österreich den sowieso finanziell angespannten Bauherrn zugemutet, gleichgültig, ob sie ein Auto besitzen oder nicht. Eine Regelung, nach der der Käufer eines PKW mit der Zulassung einen Stellplatz in geeigneter Form nachweist, ist bisher nirgends (Ausnahme sind die Großstädte Japans) eingeführt.

Die klassischen Elemente der BO sind auch in der Schweiz vertreten. Dazu gehören in erster Linie alle Fragen der Gestaltung, des Nachbarrechtes, der Grenzabstand im Verhältnis zur Gebäudehöhe, ferner vor allem die Vorschriften über Sicherheit, Wohnhygiene und den Innenausbau, z. B. Raumhöhen, Mindestfensterflächen, Belüftung und Besonnung aller Aufenthaltsräume.

Eine Musterbauordnung gibt es in der Schweiz nicht, wohl aber einen populären Leitfaden zum Erlaß einer BO [39], in dem eine breite Öffentlichkeit über Sinn und Nutzen einer BO orientiert wird. Das geschieht durch Beispiele und durch Hinweise darauf, womit sich eine BO zum Nutzen des Bürgers und zum Schutze des Nachbarn zu beschäftigen hat.

Aus der Fülle der Ortsbauordnungen sei vor allem die modernste und m. E. auch besonders sorgfältig ausgearbeitete Bauordnung der Stadt Winterthur von 1970 [40] näher analysiert.

Winterthur kann in bezug auf Bauordnungen eine gute Tradition nachweisen. Als die Stadt 1312 abbrannte, bestellte der österreichische Vogt 3 Vertrauensmänner, die den Rat der Stadt am 5. 2. 1314 die erste Winterthurer Bauordnung beschließen ließen, einen ausgesprochen casuistischen Beschluß, der den Steinbau gegenüber dem Holzbau begünstigte.

Es wäre jetzt verlockend zu verfolgen, wie sich in Winterthur und anderswo die Bauordnungen weiter entwickelten, doch würde das den Umfang dieser Arbeit sprengen. Nur soviel sei erwähnt, daß man in den folgenden Jahrhunderten oft recht geschäftstüchtig war und die Bauvorschriften in engen Zusammenhang brachte mit der Abnahme von Bauholz aus den städtischen Waldungen. 1741 wurde dann die Bauholzabgabe an die Bedingung geknüpft, daß bei Neubauten die Vorderseite bis unter Dach gemauert sein müsse. Ab 1826 mußten endlich Fassaden und Brandmauern ganz aus Steinen hergestellt werden. Wer sein Dach statt mit Holzschindeln mit Ziegeln umdeckte, erhielt seit 1512 einen Teil der Dachziegeln von der Stadt geschenkt. Seit 1671 bekam jeder Bürger für seinen Bau 100 Ziegel zum Geschenk.

Unter dem Einfluß der Französischen Revolution von 1789 setzen sich freiere Auffassungen durch, die das Bauen weitgehend der Entscheidungsfreiheit des einzelnen überließen, doch kam es niemals zu einem bauordnungsfreien Zustand, vielmehr wurde 1863 eine BO vom Rat beschlossen, der in einer Vorbemerkung *auf die verheerenden Auswirkungen der bisherigen, fast zügellosen Baufreiheit* hinwies. [41] Seitdem kamen mehrere Spezialbauordnungen heraus, z. B. für bestimmte Stadtteile, eine Arkadenbauordnung, eine BO zum Schutze des Stadt- und Landschaftsbildes u. a. Es fehlte aber eine Gesamtkonzeption, an der seit 1960 gearbeitet wurde. 1966 wurde die neue BO vom Großen Gemeinderat zwar einstimmig gutgeheißen, doch gab es 50 »Rekurse«, die einige Abänderungen erforderten. Das Ergebnis ist nun die Bauordnung der Stadt Winterthur von 1970. In diese BO wird ausdrücklich in einem *Ingreß* das gesamte kantonale Baurecht einbezogen (Straßenwesen, Natur- und Heimatschutz, Wasserbau, Enteignung usw.).

Die Bauordnung ist in 76 Paragraphen derart aufgegliedert, daß nach fast jedem Paragraphen eine allgemeine Erläuterung zum Text erfolgt und anschließend absatzweise die Bestimmungen kommentiert werden. Das geschieht in übersichtlicher und hilfreicher Weise, ohne den Zusammenhang zu stören.

Nach einem kurzen allgemeinen Teil behandelt der 2. und 3. Teil das klassische Bauordnungs-Recht. In Schemazeichnungen werden die recht komplizierten Grenz- und Gebäudeabstände, die höchstzulässigen Gebäudehöhen und die Ausnutzungsziffern leicht ablesbar dargestellt. Beim Grenzabstand wird davon ausgegangen, daß er grundsätzlich der Wahrung privater, beim Gebäudeabstand der Wahrung öffentlicher Interessen dient. Durch nachbarliche Genehmigung eines *Näherbau-*

rechtes darf also der zulässige Gebäudeabstand nicht unterschritten und muß außerdem noch grundbuchlich eingetragen werden (§ 10). Bei Abweichungen der Gebäudehöhe ist in erster Linie das öffentliche Interesse maßgebend (§ 19). Hochhäuser über 20 m gelten nicht als reguläre Bauform. Es besteht für sie auch dann kein Rechtsanspruch auf eine Baugenehmigung, wenn alle baurechtlichen Voraussetzungen erfüllt sind. Die Genehmigungskompetenz des kantonalen Regierungsrates ist in bezug auf Hochhäuser eine rein negative, d. h. er hat lediglich ein Vetorecht. Die Entscheidung hat der Stadtrat (§ 26), der vor allem die Einordnung in das Stadt- und Landschaftsbild beurteilen soll.

Der 4. Teil beinhaltet Sondervorschriften für die einzelnen Bauzonen. Die Ausnutzungsziffern in den einzelnen Zonen sind relativ hoch, aber kaum höher als z. Zt. in der BRD nach der Baunutzungsverordnung. Interessant ist aber, daß keine Dispense bewilligt werden können (§ 38). An Baugruppen werden besondere ästhetische Anforderungen gestellt, weil bei ihnen das öffentliche Interesse über das normale Maß hinausgeht. *Die architektonische Gestaltung der einzelnen Gebäude soll das Mittelmaß deutlich übersteigen* heißt es im Kommentar zu § 44. Das ist eine mutige Forderung, die an das Ermessen der Baupolizeibehörden – wie die Bauordnungsämter noch heißen – einige Anforderungen stellt.

Interessant ist die Vorschrift, daß in den Zonen für Einfamilienhausgruppen keine Abweichungen von den zonengemäßen Vorschriften möglich sind, es sei denn bei einer zusammenhängenden Fläche von über 3000 m^2. Bei einheitlichem Bau von Mietwohngebäuden liegt die Gesamtfläche, unter der Dispense nicht möglich sind, bei 2000 m^2 unter der Voraussetzung, daß die Gewähr für gleichzeitige Ausführung und städtebaulich besonders gute Gestaltung gegeben ist. Nach § 70 besteht für Bestimmungen, die Gebäudehöhe und Geschoßzahl betreffen, ein relatives Dispensverbot. Etwa beabsichtigte Dispense müssen vor einer Erteilung öffentlich bekannt gemacht werden. Die Bestrafungen bei Überschreitungen der Bestimmungen sind hart. Die Bauordnung der Gemeinde Wildberg (Kt. Zürich) [42] von 1963 soll hier für viele andere kleine Kommunen erwähnt werden, da sie einige Besonderheiten enthält. Sie ist insofern interessant, als ihr ein mehrfarbiger Zonenplan zugeordnet ist. Er unterteilt die Gemeinde in eine Dorfzone, zwei Wohnzonen, in denen ein- bzw. zweigeschossig gebaut werden darf, ferner in eine Wald- und Freihaltezone. Sehr überlegt ist der Grenzabstand geregelt: Es ist ein großer Grenzabstand gegenüber der am stärksten gegen Süden orientierten größeren Gebäudeseite und ein kleinerer Grenzabstand gegenüber den übrigen Gebäudeseiten einzuhalten. In der eingeschossigen Wohnzone z. B. beträgt der große Grenzabstand 10 m, der kleine 5 m. Die Gebäudeabstände müssen mindestens der Summe der Grenzabstände entsprechen.

Sämtliche Wohnungen müssen mindestens von 2 Seiten oder von Süden besonnt sein, bei einer Grundfläche über 40 m² müssen sie Querbelüftung aufweisen. Es ist bemerkenswert, daß ein kleiner Ort solchen Wert auf Sonne und Lüftung legt.

Weitsichtig sieht Art. 31 der 40 Artikel umfassenden Bauordnung z. B. vor, daß bei jeder Garage ein Vorplatz von wenigstens 15 m² so anzulegen ist, daß ein PKW dort abgestellt werden kann, ohne den Bürgersteig zu beanspruchen. Leider finden sich ähnlich eindeutige Bestimmungen in keiner deutschen Landesbauordnung.

Probleme der Erschließung und der Bodenordnung

Die Gefahr einer Zersiedelung der Landschaft ist in der Schweiz besonders deutlich erkannt. Es ist dringend erforderlich, beschleunigt eine Funktionsteilung des Bodens in Bau- bzw. Bauerwartungsland und Erholungsgebiet bzw. landwirtschaftliches Land zu erreichen. Es genügen ja oft wenige Bauten, um eine Landschaft zu zerstören. Darum wird bei Bauten, die nicht lediglich provisorischen Charakter haben, im allgemeinen eine ordnungsgemäße Erschließung des betreffenden Grundstücks gefordert. Praktisch kommt eine solche Forderung in den Bauordnungen, wenn sie generell ausgesprochen wird, einem – mindestens vorläufigen – Bauverbot gleich und verstößt nach Auffassung des Schweizerischen Bundesgerichts gegen die Eigentumsgarantie [43].

Wird der Erschließungszwang aber modifiziert in der Bauordnung festgelegt und im einzelnen fachlich begründet, so ist eine solche Festlegung mit der Eigentumsgarantie zu vereinbaren. Zu diesem Urteil kam am 11. 5. 1966 das Bundesgericht gegen einen Entscheid des Verwaltungsgerichtes Basel-Land, allerdings nur mit einer Mehrheit von 4 zu 3 Stimmen. Auf diese Weise wird die Schweiz weitgehend vor einer Streubauweise bewahrt, die letzte Verantwortung aber den Gemeinden überlassen, die oft widerstreitenden Interessen ausgesetzt sind. Das ist um so schwieriger, weil fast die Hälfte der über 3000 Gemeinden der Schweiz noch keine Zonenplanung haben, die für eine ordnungsgemäße Bebauung und Erschließung ebenso wie für Bauverbote Voraussetzung ist.

Wird aber durch Recht und Praxis eine hinreichende Erschließung verlangt, dann erscheint der Schutz der Landschaft langfristig gesichert, denn mit einer fachgebundenen Regelung der Erschließung als Voraussetzung einer Baugenehmigung steht und fällt die Möglichkeit der Freihaltung schöner Gebiete im öffentlichen Interesse. In den Nachkriegsjahren wurde in der Schweiz der Wunsch nach einer neuen Bodenordnung lebendig, weil die Bodenpreise in starke Bewegung kamen. Es wurden Stimmen laut, die eine Kommunalisierung des Bodens und Aufhebung des privaten Grundeigentums forderten [44]. Es setzte sich aber die Auffassung durch, daß Bodenordnung nicht im Gegensatz zu Freiheit und privatem Eigentum steht, vielmehr beides nur dort bestehen kann, wo Ordnung herrscht.
1969 erhielt die Verfassung der Schweiz zwei neue Artikel über Bodenrecht und Landesplanung.

Bis dahin war die Eigentumsfreiheit nur ungeschriebenes Grundrecht. Sie war wohl in den meisten Kantonsverfassungen enthalten, in der Bundesverfassung aber nicht ausdrücklich aufgeführt. Das bisher ungeschriebene Verfassungsrecht wurde nun kodifiziert, und der Bund erhielt gewisse Kompetenzen für die Landesplanung [45].

Eigentumsbeschränkungen sind nur im öffentlichen Interesse möglich und müssen voll entschädigt werden. Weiter ist der Bund verpflichtet, Grundsätze für eine durch die Kantone zu schaffende zweckmäßige Nutzung des Bodens aufzustellen und sie zum Erlaß von Zonenordnungen anzuhalten, für die die Gemeinden zuständig sind. Der Bund verfügt also nach den erwähnten beiden Artikeln nur über indirekte Planungsbefugnisse – etwa das Herausstellen von Leitbildern –, die ihm aber, sofern er zum Handeln entschlossen ist, alle Planungsinitiativen offen lassen, die sich in einem föderalistischen Staat mit liberaler Wirtschafts- und Gesellschaftsordnung bieten.

Nicht nur für die Schweiz läßt sich feststellen, daß das Regieren durch Überzeugen in einer Demokratie sehr mühsam ist, viel Geduld und Zeit braucht, zuletzt aber doch zu optimalen Ergebnissen führen kann.

Abschließende Gedanken

Bei allen Veränderungen, die die Bauordnungen im Wandel der Jahrhunderte durchgemacht haben, blieben die Grundgedanken mit der Verantwortung gegenüber der Öffentlichkeit und der Sorge um die Sicherheit bestimmende Faktoren. In jeder Epoche hat der Staat die Bedeutung und Notwendigkeit dieser positiven Aufgabe erkannt, und sie mit wechselnden Mitteln und unterschiedlichem Erfolg zu lösen versucht.

In unserer pluralistischen Gesellschaftsordnung fallen dem Staat immer weitere Aufgaben zu, die über die Grenzen der Wirksamkeit, die einst Wilhelm von Humboldt und heute Heinrich Böll [46] ihm zubilligten, hinausgehen:

Die Anforderungen an die überkommenen Begriffe von Sicherheit und Ordnung haben sich – wie dargelegt wurde – besonders in den letzten Jahrzehnten erheblich ausgeweitet, und es ist noch kein Ende dieser Entwicklung zu erkennen, die eine immer kompliziertere interdisziplinäre Zusammenarbeit vieler Fachbereiche verlangt. Wir bauen mit den Methoden und Materialien von gestern und vorgestern, mit den Menschen und Meinungen von heute für Zwecke von morgen, die wir trotz aller Futurologie weitgehend nur erahnen können, um für unsere Städte, Wohnungen und Betriebe ein Höchstmaß an Lebensgerechtigkeit zu erhalten.

Die Tatsache, daß sich das Leben mit seinem technischen, wirtschaftlichen und soziologischen Gefüge schneller wandelt als das Recht und ihm oft weit voraus eilt, führt zwangsläufig zu einem natürlichen Spannungsverhältnis zwischen Freiheit und Bindung, zwischen Bauherrn und Bauordnung, zwischen verantwortlicher Planung und möglicher Realisierung.

Die Wandlungen, die uns erwarten, erfordern, daß wir sie sinnvoll in die zukünftige Zeit hineinprojizieren und dabei die aus der Vergangenheit ablesbaren Tatbestände geistig verarbeiten und im Bewußtsein der Verantwortung gegenüber der Öffentlichkeit fortentwickeln.

Literaturverzeichnis und Anmerkungen

Teil I

[1] Joh. Wolfg. v. Goethe: *West-östlicher Diwan*, Buch des Unmuts. Chr. Wegner-Verlag, Hamburg, 1952 Band II, S. 49

[2] Aloys Meister: Deutsche Verfassungsgeschichte von den Anfängen bis ins 15. Jahrhundert. Verlag Teubner, Leipzig/Berlin 1907, S. 54

[3] K. A. Eckhardt: Land- und Lehnrechtsbücher. Sachsenspiegel, Landrecht in hochdeutscher Übertragung. Verlag Hahnsche Buchhandlung, Hannover 1967 und K. A. Eckhardt: Monumenta Germaniae-Historica: Sachsenspiegel 1933, Hahnsche Buchhandlung Hannover

[4] Der Sachsenspiegel. Heidelberger Handschrift (Ldr. Buch III, Art 33, §§ 1,2) Nicht im Rahmen dieser Arbeit, aber für den heutigen Zeitgenossen und Beobachter der Weltlage (1968/69) interessant ist die Vorschrift über die Kur des Kaisers:

> *Bei der Kur des Kaisers sollen die ersten sein die Bischöfe ... Unter den Laien ist die Reihenfolge Der Pfalzgraf vom Rhein, Der Herzog von Sachsen, Der Markgraf von Brandenburg. Der Schenke des Reiches, der König von Böhmen, der hat keine Kur, weil er nicht deutsch ist.* (Ldr. III, 57 § 2)

[5] J. von Pflugk-Hartung: Weltgeschichte, Die Entwicklung der Menschheit in Staat, Gesellschaft, Kultur und Geistesleben. Berlin, Verlag Ullstein 1909. Bd. II, S. 302 ff

[6] Erstmalig geschah das im Reichsbeweistum vom 9. 8. 1281 durch Rudolf von Habsburg.

[7] Wasserfurth, Kuno: Die Umlegung als Problem des Städtebaues. Dissertation Aachen 1949, S. 49

[8] J. J. Moser in F. Hartung: Deutsche Verfassungsgeschichte, Verlag Teubner, Leipzig–Berlin 1928, S. 6

[9] Die Ablichtungen – Titelbild und Inhaltsangabe – sind dem Originalwerk entnommen, das sich in der Universitätsbibliothek in Frankfurt/Main befindet.

[10] Heinz Ladendorf: Andreas Schlüter, Rembrandt-Verlag, Berlin 1937, S. 108–128

[11] Allgemeines Landrecht für die Preußischen Staaten vom 1. Juni 1794, Bd. 1 bis 4, Berlin 1817, Verlag G. C. Nauck

[12] a. a. O. Patent wegen Publikation, S. 11 Ziff. I

[13] a. a. O. Teil I, Titel 8 § 142

[14] a. a. O. Teil I, Titel 8 § 145

[15] a. a. O. § 65

[16] a. a. O. § 66

[17] a. a. O. Teil I, Titel 8 § 38

[18] Mit dem heute üblichen Wort Polizei wurde nach dem Lateinischen politia bis zum Ausgang des Mittelalters die gesamte Staatsverwaltung bezeichnet. Erst später wurden – wie auf den Seiten 37 und 40 angedeutet – einzelne Verwaltungszweige abgesondert und bildeten Fachverwaltungen (u. a. für Justiz, Finanzen, Militärwesen). Die Bezeichnung Baupolizei hielt sich bis nach 1945, und der alte Begriff Bauordnung bzw. Bauordnungsamt bürgerte sich als Verwaltungsname erst langsam wieder ein.

[19] Bismarck regierte ohne Etat, da Artikel 99 der Preußischen Verfassung nichts aussagte, wenn ein Gesetz nicht zustande kommt, (Lückentheorie)
F. Hartung: Deutsche Verfassungsgeschichte, Verlag Teubner, Leipzig–Berlin 1928, S. 157 flgd.

[20] Dr. jur. P. Schubart: Die Verfassung und Verwaltung des Preußischen Staates, Verlag von Wilhelm und Gottl. Korn, Breslau 1910

[21] a. a. O. VII, B, 7 S. 196

[22] Dr. Max Proebst, Regierungsrath im k. bayrischen Staatsministerium des Innern: Die Verfassung des Deutschen Reiches vom 16. 4. 1871, Beck'sche Verlagsbuchhandlung München 1895

[23] U. a. berichtet gelegentlich in diesem Sinne die Zeitschrift Der Baumeister, Verlag Callwey, München, zu Anfang der 50er Jahre.

[24] Verordnung die Bauordnung für Bayern betreffend vom 17. 2. 1901
Allgemeine Bauordnung für Hessen (entstanden aus dem Gesetz vom 30. 4. 1881 mit zahlreichen Ergänzungs-Verordnungen,

zuletzt nach dem Stand)	vom 7. 8. 1902
Bauordnung für Anhalt	vom 10. 6. 1905
Bauordnung für die Stadt Bremen und Landgeb.	vom 21. 10. 1906
Badische Landesbauordnung	vom 1. 9. 1907
Landesbauordnung für Württemberg	vom 28. 6. 1910
Allgemeines Baugesetz für Sachsen	vom 1. 7. 1910

[25] Das Städtebauförderungsgesetz versucht in seinem Hauptteil *Sanierung* die rechtliche und finanzielle bundeseinheitliche Voraussetzung für die längst fällige Durchführung der Sanierung zu schaffen.
[26] BOen für die Stadt Münster mit Abänderungen von 1892, 1903 und 1905
Hamburger Baupolizeigesetze von 1865 bis 1918
Baupolizeiverordnung für das platte Land des Regierungsbezirks Münster von 1901
BO für die Stadt Mülhausen im Elsaß von 1904
BO für Stadt und Land Bremen von 1906
BO für den Landkreis Recklinghausen vom 31. 7. 1910
BO für die Stadt Zabern im Elsaß 1911
[27] In § 18 der BO für den Landkreis Recklinghausen vom 31. 7. 1910, die auch für Bottrop, Gladbeck und Osterfeld übernommen wurde, heißt es: *Als Schutzmaßnahme während der Bauausführung ist auf jeder Baustelle, wo eine Baubude erforderlich wird, ... eine Abortanlage mit Pissoir zur Verfügung zu stellen. ... Scheidewände sind anzubringen ... die Anlage muß entlegen* (sic!) ..., *mindestens aber 6 m von den Fenstern benachbarter Gebäude entfernt liegen. Scheidewände zwischen den Sitzen sind anzubringen, ... die Zellen sind regendicht zu überdachen ..., in reinlichem Zustand zu halten ... und die Verrichtung von Bedürfnissen an einer anderen Stelle als in den Abort- und Pissoirräumen verboten.* Im schönsten Amtsdeutsch heißt es am Schluß: *Übertretungen werden, sofern nicht weitergehende Strafbestimmungen Platz greifen, mit Geldstrafen bis zu 30.– Mark geahndet.* So streng waren damals die Ansichten.
[28] Das Gesetz ist mit diesem Namen populär geworden. Sein formaler Name lautet in umständlicher Verwaltungssprache: *Gesetz, betreffend die Anlegung und Veränderung von Straßen und Plätzen in Städten und ländlichen Ortschaften.* Diese Bezeichnung gibt allerdings sehr treffend den Inhalt des Gesetzes wieder.
[29] a. a. O., § 5, Abs. 2

Teil II

[1] Joh. Wolfgang v. Goethe: Gedichte (Natur und Kunst) Verlag: Cotta'sche Buchhandlung, Stuttgart, S. 881
[2] Preußisches OVG Nr. 34 387
[3] Preußisches OVG Nr. 26 330 vom 13. 1. 1894

[4] Baltz-Fischer: Preußisches Baupolizeirecht, 6. unveränderte Auflage 1954, Carl Heymanns Verlag KG., Berlin-Charlottenburg S. 273–396

[5] Baunutzungsverordnung vom 26. 6. 1962 § 17

[6] OVG vom 11. 11. 1904, Pr. VBl. 26 430

[7] Heinrich Schürmann: Sonderbauordnungen. Textsammlung der neben den allgemeinen bezirklichen oder örtlichen Bauordnungen geltenden Bauvorschriften. Werner Verlag GmbH., Düsseldorf, aufgearbeiteter Stand vom Juli 1954

[8] OVG vom 14. 2. 1929, Pr. VBI. 50 301

[9] OVG v. 16. 4. 1931, Pr. VBl. 52 778

[10] Ländliche BO für den Reg.Bez. Lüneburg	vom 2. 5. 1922
BO für die Stadt Berlin	vom 3. 11. 1925
BO für den gesamten Umfang des Reg.Bez. Aachen	vom 15. 9. 1927
BO für den Stadtkreis Wandsbeck	vom 15. 12. 1928
BO für den Stadtkreis Bonn	vom 1. 1. 1929
BO für die Stadt Köln	vom 26. 1. 1929
BO für die Stadtgemeinden des Reg.Bez. Köln	vom 22. 5. 1930
Landes-BO und Landes-Baupolizeiverordnung für Thüringen	vom 2. 9. 1930
Baupolizeiverordnung für die Stadt Wuppertal	vom 24. 3. 1931
Bauordnung für die Landgemeinden des Reg.Bez. Köln	vom 30. 4. 1932
Allgemeines Baugesetz f. Sachsen	vom 29. 7. 1932
Baupolizeiverordnung (BO) für das platte Land der Provinz Niederschlesien	vom 12. 9. 1932
Baupolizeiverordnung (Landes-BO) für das Land Oldenburg	vom 8. 12. 1937
[11] Baupolizeiverordnung für die Hansestadt Hamburg	vom 8. 6. 1938
BO des Verbandspräsidenten für den Siedlungsverband Ruhrkohlenbezirk	vom 24. 12. 1938
BO für den Stadtkreis Aachen einschl. Bauklassenverzeichnis	vom 1. 4. 1939
BO für den Reg.Bezirk Düsseldorf	vom 1. 4. 1939
Sonderbaupolizeiverordnung d. Stadt Wuppertal	vom 2. 9. 1939
Staffel-BO f. d. Stadt Bremen und das Landgebiet	vom 23. 3. 1940
BO für den Stadtkreis Köln	vom 28. 5. 1941
Baupolizeiverordnung der Stadt Wolfsburg	vom 16. 6. 1941

Zusammenstellung von Baupolizeivorschriften für den Stadtkreis Wuppertal, gesammelt und herausgegeben im Jahre 1945

[12] Vierteljahreshefte zur Statistik des Deutschen Reiches. Herausgegeben vom Statistischen Reichsamt 1933/38: 18,8 Millionen Haushaltungen und 17,4 Millionen Wohnungen.

[13] Reichsgesetzblatt I 1936 S. 938

[14] Reichsnaturschutzgesetz in der Fassung vom 1. 12. 1936
Gesetz zum Schutz von Baudenkmälern, Straßen- und Landschaftsbildern vom 10. 11. 1934

[15] OVG-Urteil vom 1. 6. 1933 Nr. 2017

[16] Die offizielle Bezeichnung heißt: Gesetz über städtebauliche Sanierungs- und Entwicklungsmaßnahmen in den Gemeinden. Es wurde am 1. August 1971 rechtswirksam.

[17] Verordnung über Garagen und Einstellplätze (Reichsgaragenordnung – RGaO) vom 17. 2. 1939

[18] Rderl. des Preußischen Finanzministers vom 18. 9. 1936 und des Reichsinnen- u. Preußischen Arbeitsministers vom 8. 9. 1936 betr. Anbau an Verkehrsstraßen

[19] Das gilt u. a. für die Bauordnungen von Bayern, Bremen, Ruhrkohlengebiet, Schleswig-Holstein, Wuppertal

[20] Grundgesetz für die Bundesrepublik Deutschland vom 23. 5. 1949 in der Fassung der Änderungs- und Ergänzungsgesetze (BGBl. I, S. 581)

[21] Vorentwurf der Referate für Aufbau und Allgemeines beim Reichsarbeitsministerium vom 21. 3. 1942 zu einem »Deutschen Baugesetzbuch« (Archiv Prof. Dr. Wilhelm Dittus, Berlin 45) – siehe Seite 135 –

[22] Rechtsgutachten des Bundesverfassungsgerichts Karlsruhe vom 16. 5. 1954 über die Zuständigkeit des Bundes z. Erlaß eines Baugesetzes (BVerf.GE Bd. 3 der Entscheidungssammlung S. 407 ff – 2 BPvV 2/52 –)

[23] Teil A.I des Gutachtens und Bundestagsdrucksache Nr. 3669, 230. Sitzung vom 17. 9. 1952

[24] a. a. O. Ziff. C. II 7

[25] Urteil des Bundesverfassungsgerichts vom 1. 7. 1953, BVerfGE 2,401

[26] Saarländisches Baugesetz von 1955

[27] Hessische Bauordnung vom 6. 7. 1957 (in Kraft getreten am 1. 1. 1958) Behörden- und Industrieverlag, Frankfurt/Main, mit neuen Auflagen. Die 5. Änderung von 1967 und die 6. Änderung vom 5. 10. 1970 (GVBl. I S. 598) berück-

sichtigen aber noch nicht die MBO selbst. Eine neue LBO wird zwar vorbereitet, der Zeitpunkt der Fertigstellung ist noch nicht zu erkennen

[28] Englert – Mang: Bayerische Bauordnung vom 17. 2. 1901. 11. Neubearbeitete Auflage. C. H. Beck'sche Verlagsbuchhandlung, München 1957 mit einschlägigen Bestimmungen des Bundes und der Länder, sowie Erläuterungen

[29] Jaeckel – Förster: Bauordnung für Berlin vom 21. 11. 1958. Ausgabe vom 1. 10. 1959 Ullstein-Fachverlag Berlin

[30] Musterbauordnung für die Länder des Bundesgebietes einschl. des Landes Berlin vom 1. 1. 1960. Schriftenreihe des Bundesministers für Wohnungsbau Bd. 16, Kommunal-Verlag Recklinghausen 1960

[31] Schriftenreihe des Bundesministers für Wohnungsbau Bd. 17/18, Kommunal-Verlag Recklinghausen, 1960

[32] Bisher galt immer noch die RGaO von 1939 – siehe Seite 84 –. Hier sei auf ein Kuriosum – oder war es eine Panne? – hingewiesen, denn in der 2. Auflage der BO für den Regierungsbezirk Düsseldorf vom 1. 5. 1953 (Werner-Verlag, Düsseldorf) ist die RGaO vom 17. 2. 1939 abgedruckt mit folgender Vorbemerkung: *Die Förderung der Motorisierung ist das vom ... und Reichskanzler gewiesene Ziel. Die Zunahme der Kraftfahrzeuge im Straßenverkehr erfordert, daß ...* S. 73

[33] Artikel 14 (2) GG.

[34] Die Literatur zu beiden EBO (Baltz – Fischer), das Stadtarchiv München, das Archiv des Deutschen Städtetages in Köln und das Hamburger Staatsarchiv wurden auf diese Frage untersucht

[35] 7. Teil: Gemeinsame Bestimmungen. IV Baurechtsbücher §§ 419/420. (siehe Teil III (2) dieser Arbeit)

[36] Dr.-Ing. Josef Weidenbacher: Die Fuggerei in Augsburg. Verlag Weidenbacher, Augsburg 1926

[37] Ernst Neufert: Bauordnungslehre. Handbuch für rationelles Bauen nach geregeltem Maß. Ullstein-Fachverlag, Frankfurt/M.–Berlin 1961

[38] Aus einem Gutachten des Koenigl. Staatsraths am 12. Jan. 1830 (Staatsarchiv Berlin-Dahlem)

[39] Amtsblatt der Koenigl. Preuß. Regierung vom 16. Nov. 1870 Nr. 46 (1)

[40] Dr. Günther Haase: Landesbauordnungen und Musterbauordnung. Hanseatisches Druck- und Verlagshaus Hamburg 1968

[41] G. Weiler: Landesbauordnung für Rheinland-Pfalz. Deutscher Gemeindeverlag, Mainz, Nr. 20 1963

[42] W. Schlöbcke: Gesetz über die Bauordnung für das Land Nordrhein-Westfalen (BAUONW) vom 25. 6. 1962, Wernerverlag, Düsseldorf 1962

[43] Dr. W. Panz und H. A. Degmair: Bayrische Bauordnung vom 1. 8. 1962 Kommunale Schriften für Bayern Nr. 5

[44] Paul Holch und Dr. Helmut Sauter: Landesbauordnung für Baden-Württemberg, 3. erweiterte Auflage 1966, Kohlhammer-Verlag, Stuttgart

[45] H. Pfisterer / W. Limburg / A. Köhl: Bauordnung für das Saarland, Textausgabe mit Einführung. Verlag Raueiser, Saarbrücken 1965

[46] Förster / Schmidt / Grundei / Willert: Bauordnung für Berlin, Ullstein-Fachverlag Berlin 1966

[47] Das geht aus der Drucksache 995 der IV. Wahlperiode hervor, die eine Gegenüberstellung der Texte von MBO und BauO. Berlin bringt und Abweichungen erklärt und begründet.

[48] Eberhard Holstein: Landesbauordnung Schleswig-Holstein, Textausgabe mit Einführung, 4. erweiterte Auflage, Deutscher Gemeindeverlag 1969 Kiel

[49] Der Entwurf einer Hamburgischen BO lag der Bürgerschaft mit Drucksache Nr. 158 vom 9. 4. 1968 vor. Er wurde am 20. 12. 1969 beschlossen und trat am 1. 10. 1970 als Hamburgische Bauordnung (H BauO) in Kraft

[50] Referentenentwurf der Bremischen Landesbauordnung, 3. Fassung vom 1. 10. 1968 und Entwurf vom 1. 1. 1971, der mit geringen Änderungen – Bauvorlagerecht in § 88 a und Fortfall des Instituts der Baulasten mit den §§ 107/108 – kaum vor 1972 Rechtskraft erlangen wird.

[51] Entwurf einer Niedersächsischen Bauordnung (NBauO) Regierungsvorlage Drucksache Nr. 664 vom 30. 1. 1969. Unverändert neu eingebracht: Drucksache Nr. 50 vom 21. 8. 1970

[52] Urteil OVG Münster vom 5. 3. 1963 (DVBL 1963, 638)

[53] In NW durch das Nachbarrechtsgesetz vom 15. 4. 1969, hier § 24 und 25, auch im BGB § 903 ff.

[54] Urteil des BVerwG. vom 28. 6. 1955 Nr. Ic 146/53 BBauBl. S. 583

[55] In einer Großstadt in NW wurde 1961 ein über 5 m langer Schriftzug auf einem Wohn- und Geschäftshaus der Innenstadt oberhalb der Traufe auf einem Ziegeldach wegen Verunstaltung abgelehnt (Überschneiden von Baugliederungen).

Die staatliche Aufsichtsbehörde bestätigte nach Besichtigung durch den Justitiar die Ablehnung wegen *Störung der Einheitlichkeit von Architektur und Straße.* Eine Klage wurde nach Ortsbesichtigung durch einen Richter des VG in Gegenwart beider Parteien mit Urteil des VG Düsseldorf 1963 abgewiesen: *...ein gebildeter, für architektonische Harmonie aufgeschlossener Betrachter empfindet diese Reklame als häßlich und Unlust erregend.* Das OVG Münster gab trotz dieser beiden Entscheidungen der Berufung unter Hinweis auf die eben genannte Entscheidung des BVerwG. statt, da *auf den gebildeten Durchschnittsbetrachter diese Werbung nicht störend wirkt, weder nach Maßstab noch unter Berücksichtigung der Umgebung.* (OVG Münster, Januar 1965)

[56] In diesem Zusammenhang ist interessant, daß es ein wenig beachtetes Gesetz zum Schutz gegen Baulärm gibt (Gesetz zum Schutz gegen Baulärm vom 9. 9. 1965 Bundesgesetzbl. I, S. 1214). Es will nicht nur vor Gesundheitsgefahren, sondern bereits vor Belästigungen schützen. Die Industrie hat schnell reagiert und versucht, dem Gesetzgeber zuvorzukommen. Sie hat bei Baumaschinen neuerer Produktion Geräuschminderungen vor allem bei Kompressoren, Drucklufthämmern und Betonmischmaschinen eingebaut und anstelle von Ottomotoren geräuscharme Elektromotore oder statt mechanischer Getriebe hydraulische verwendet. – Eine allgemeine Verwaltungsvorschrift zum Schutze gegen Baulärm und Geräuschimmissionen ist am 19. 8. 1970 erlassen und in Beilage Nr. 26/70 zum Bundesanzeiger Nr. 160 vom 1. 9. 1970 veröffentlicht.

[57] Es gibt Probleme, über die in der Öffentlichkeit völlige Einmütigkeit besteht, z. B. Verlagerung der Schulhoheit von den Ländern auf den Bund, aber es bleibt trotzdem alles mehr oder weniger beim alten, weil die Institutionen ein zu starkes Eigengewicht haben. – Ein Bundesplanvorlagegesetz ist noch nicht in Sicht, alle Lösungen auf Länderebene sind bei einer großräumigen Wirtschaft nur eine Behelfslösung.

[58] OVG Berlin, Beschluß vom 29. 3. 1968

Teil III

[1] James Fox: Aus einer Rede vom 1. April 1794, Speeches in the House of Commons, Herausgegeben von J. Wright 1815

[2] Der mir vorliegende Urentwurf trägt die Bezeichnung *Vertraulich*, doch ist er für eine kritische Analyse in dieser Arbeit erstmalig freigegeben

[3] a. a. O. Erster bis Vierter Teil mit den §§ 1–98

[4] a. a. O. Fünfter bis Siebter Teil mit den §§ 101–448 DDR

[5] Gesetz über die Verfassung der Deutschen Demokratischen Republik vom 7. Oktober 1949. Kongreß-Verlag GmbH, Berlin 1952

[6] Verfassung der DDR vom 6. 4. 1968, Staatsverlag der DDR Berlin 1968

[7] Gesetz über den Aufbau der Städte in der DDR und der Hauptstadt Deutschlands, Berlin vom 6. 9. 1950 (Gesetzblatt der DDR Nr. 104 vom 14. 9. 1950)

[8] Beschluß des Ministerrats der DDR vom 14. 6. 1963 über die Anwendung der Grundsätze des neuen ökonomischen Systems der Planung und Leitung der Volkswirtschaft im Bauwesen. Gesetzblatt der DDR vom 18. 7. 1963 Teil II Nr. 63 S. 437 bis 452

[9] Dr. Dietrich Storbeck: Wohnungswirtschaft in Mitteldeutschland. Deutscher Bundesverlag – Bonn 1963, S. 13/15

[10] K. D. Arndt: Wohnverhältnisse und Wohnbedarf in der DDR. Deutsches Institut für Wirtschaftsforschung, Sonderheft Nr. 50, Berlin 1960

[11] Statistisches Jahrbuch der DDR 1960/61 Ost-Berlin 1961, S. 387

[12] Deutsche Bauordnung – Entwurf des Ministeriums für Aufbau der DDR, VEB Deutscher Zentralverlag Berlin 1956

[13] Erfreulicherweise waren Kontaktgespräche mit Kollegen aus der DDR durchaus möglich.

[14] Präambel des Entwurfs S. 7

[15] Deutsche Bauordnung (DBO) vom 2. 10. 1958, Herausgeber Ministerium für Bauwesen und Deutsche Bauakademie. VEB-Verlag-Technik, Berlin 1958

[16] Anordnung Nr. 5 über bautechnische Bestimmungen im Bauwesen vom 16. 2. 1961 (Änderung der DBO vom 2. 10. 1958) Sonderdruck des Gesetzblattes Nr. 287

[17] Die eingeklammerten Vergleichszahlen ergeben sich aus § 17 der BaunutzungsVO vom 26. 6. 1962. Bundesgesetzblatt 1962, Teil I Nr. 23

[18] 1. Durchführungsbestimmung zur 2. Verordnung über die Staatliche Bauaufsicht vom 30. 10. 1958. Gesetzblatt Teil I Nr. 67/1958, S. 833

[19] Verordnung zur DBO über die Aufgaben und Arbeitsweise der Staatlichen Bauaufsicht vom 14. 5. 1964, Gesetzblatt Teil II Nr. 51/1964, S. 405/19.

Österreich

[20] Die Bauordnung für Niederösterreich mit Erläuterungen und den Erkenntnissen des Verfassungsgerichtshofes und des Verwaltungsgerichtshofes.
Manzsche Gesetzausgaben. Sonderausgabe Nr. 7
Herausgegeben von Dr. Friedrich Krzizek, Wien 1964.
Manzsche Verlags- und Universitätsbuchhandlung
[21] VwGH vom 15. 6. 1932 Slg. Nr. 17.217
[22] Landesgesetzblatt für Wien. Jahrgang 1930 vom 3. 2. 1930 Stammgesetz: Gesetz vom 25. 11. 1929, womit eine neue Bauordnung für Wien erlassen wird.
Die Bauordnung für Wien: Herausgegeben von Dr. Richard Wolf und Ing. Hugo Schmid. Wien 1930 Österreichische Staatsdruckerei mit Ergänzungsband nach dem Stande vom 1. 3. 1932
[23] Dr. Fritz Krzizek, ehemaliger Hofrat des Verwaltungsgerichtshofes in Wien, war lange der führende Baujurist in Österreich.
[24] Die Bauordnung für Wien mit Erläuterungen und Erkenntnissen des Verfassungsgerichtshofes und des Verwaltungsgerichtshofes. Herausgegeben von Dr. Friedrich Krzizek, Hofrat des VwGH, Wien 1965, Manzsche Verlags- und Universitätsbuchhandlung, Sonderausgabe Nr. 9
[25] Baurechtliche Vorschriften des Wohnungsbaues in Österreich Heft 14, 1 Verfassungsrechtliche Grundlagen und Gesetze
2 Die wichtigsten Institutionen des österreichischen Baurechts
3 Die Aufschließung des Baulandes
von Dr. F. Krzizek, Rat des VwGH, Springer-Verlag – Wien I 1959
[26] a. a. O. Heft 14,3 Seite 75
[27] Erkenntnis des VwGH vom 16. 11. 1956 Zl. 374/54
[28] Generalkompetenz des Art. 15 Abs. 1 Bundesverfassungsgericht
[29] Erkenntnis des Verfassungsgerichtshofes Slg. Nr. 528
[30] Erkenntnis des Verfassungsgerichtshofes vom 5. 10. 1951 Slg. Nr. 2192
[31] Wirtschaftsminister der Prager Reformregierung 1968, jetzt in ST. Gallen, Institut für Angewandte Wirtschaftsforschung (1971)
[32] Bundesgesetz vom 18. 6. 1957, BGBl. Nr. 146
[33] Erkenntnis des Verfassungsgerichtshofes vom 23. 6. 1954 Zl. K II – 2/54
[34] § 8 Abs. 5 des Verfassungs-Überleitungsgesetzes von 1920 gilt hier noch und

ebenso Art. V Ziff. 9 des österreichischen Reichsgemeindegesetzes vom 5. 3. 1862 RGBl. Nr. 18

[35] Österreichische Musterbauordnung mit Erläuterungen.
Herausgegeben von der Forschungsgesellschaft für den Wohnungsbau Wien. Im Selbstverlag Wien 1961. 1.–3. Novelle (Dezember 1969)

Schweiz

[36] Baugesetz des Kantons Zürich für Ortschaften mit städtischen Verhältnissen vom 23. 4. 1893. Neudruck 1967

[37] Dr. Dieter von Schulthess: Gesetzliche Regelung der Gesamtüberbauung. Ein Beitrag zur Lehre der öffentlich-rechtlichen Eigentumsbeschränkungen, erläutert am zürcherischen Baurecht, Bern 1963 Verlag Stämpfli

[38] Bundesgerichtsentscheide 91 I 329 und 333/1965

[39] Leitfaden zum Erlaß einer Bauordnung
Schriftenfolge Nr. 4 Schweizerische Vereinigung für Landesplanung Zürich 1961

[40] Bauordnung der Stadt Winterthur. Ein Beispiel des züricherischen Bauordnungsrechtes – Dr. R. Friedrich u. a.
Verlag Schellenberg Winterthur 1970

[41] Amtsblatt des Kantons Zürich, 1863, I. Abteilung, S. 571 ff.

[42] Bauordnung der Gemeinde Wildberg (Kt. Zürich) vom 2. 10. 1963

[43] Bundesgerichtsentscheid 76 I 330

[44] 1967 wurde ein *Volksbegehren gegen Bodenspekulation* eindeutig abgelehnt

[45] In einer Volksabstimmung vom 14. 9. 1969 wurden die Verfassungsartikel über Bodenrecht und Landesplanung mit einer Wahlbeteiligung von nur 31,5 % angenommen. Die Städte Zürich und Winterthur, deren Bauordnungen hier besprochen wurden, stimmten dagegen. Es gab jedoch keine Alternative.

[46] Rede beim Festakt zur Eröffnung des Wuppertaler Schauspielhauses (Architekt: Prof. Graubner) am 24. Sept. 1966

Verzeichnis der Abbildungen

Teil I

Teil II

Abkürzungen

ALR	= Das Allgemeine Preußische Landrecht von 1794
ARGEBAU	= Arbeitsgemeinschaft der für das Bau- und Wohnungswesen zuständigen Länderminister (Senatoren) hier: Fachkommission *Bauaufsicht*
Bay.	= Bayern
BBauBl	= Bundesbaublatt
BGB	= Bürgerliches Gesetzbuch
BGBl	= Bundesgesetzblatt
Bln.	= Berlin
BO	= Bauordnung
Br.	= Bremen
BRD	= Bundesrepublik Deutschland
BVerwG	= Bundesverwaltungsgericht
B.-W.	= Baden-Württemberg
DBauGB	= Deutsches Baugesetzbuch
DBO	= Deutsche Bauordnung der DDR
DDR	= *Deutsche Demokratische Republik*
EBO	= Preuß. Einheitsbauordnung von 1919 bzw. 1938
ETB	= Ausschuß für einheitliche technische Baubestimmungen
Hbg.	= Hamburg
Hess.	= Hessen
LBO	= Landesbauordnung
Ldr.	= Landrecht
MBO	= Musterbauordnung von 1959
Ns.	= Niedersachsen
NW	= Nordrhein-Westfalen
OVG	= Oberverwaltungsgericht
RGaO	= Reichsgaragenordnung von 1939
Rhld.-Pf.	= Rheinland-Pfalz
Saar	= Saarland
SBO	= Sonderbauordnung
Schl.-H.	= Schleswig-Holstein

VEB	=	Volkseigener Betrieb
VG	=	Verwaltungsgericht
VO	=	Verordnung
VwGH	=	Österreichischer Verwaltungsgerichtshof